QU'AS-TU FAIT DE TES FRÈRES ?

DU MÊME AUTEUR

Biographies

CHAMFORT, Éditions Robert Laffont, 1988 (prix Fénéon ; prix Léautaud ; prix de l'essai de l'Académie française). Pluriel, 1990

COCTEAU, Gallimard, NRF biographies, 2003

Romans

LE CAMÉLÉON, Grasset, 1994 (prix Femina du premier roman)

LE JEU DES QUATRE COINS, Grasset, 1998

Essais

QUI DIT JE EN NOUS, Grasset, 2006 (prix Femina de l'essai). Pluriel, 2008

BABEL 1990, ROME, NEW YORK, SAINT-PÉTERSBOURG, Gallimard, Folio/Senso, 2008

Divers

LES SALONS, *théâtre* (en collaboration avec B. Minoret), Éditions J.-Cl. Lattès, 1985

Pour en savoir plus, aller sur le site : http://www.claude-arnaud.fr

CLAUDE ARNAUD

QU'AS-TU FAIT DE TES FRÈRES ?

roman

BERNARD GRASSET
PARIS

Photo de bande : © Jean-Luc Bertini

ISBN 978-2-246-77111-1

Pour Geneviève

Anticipation

Vous errez à la lisière d'une grande ville, dans une zone annexée un siècle plus tôt, sans qualités ni couleurs, presque indéfinissable…

Il est minuit, il n'y a pas un chat dans les rues, vous êtes au milieu de nulle part, à la sortie ouest de Paris.

Vous ne croisez ni voiture ni passant, seule la veilleuse d'un taxi en maraude vous fait signe dans la brume. Un vrai Finistère, cette porte de Saint-Cloud.

Vous traversez un jardin public désert.

Une barre de béton, érigée sur neuf étages, chevauche la frontière avec Boulogne-Billancourt : deux rues passent entre ses jambes, à deux cents mètres de distance…

Vous arrivez en vue du 35 avenue Ferdinand-Buisson.

Approchez sans bruit de la cage vitrée de l'entrée.

Rejoignez le 8e étage de l'escalier B et insérez la clef Fichet à trois têtes qui commande la barre Hercule. Palpez le mur de votre main gauche, jusqu'à percevoir l'interrupteur : vous découvrez un quatre pièces clair et fonctionnel comme une maquette d'architecte, dont les fenêtres donnent sur Boulogne-Billancourt d'un côté, de l'autre sur la toute fin du XVIe arrondissement, que les agents immobiliers appellent *le mauvais XVIe*, un quartier très décoté.

Passez l'entrée et gagnez le salon : il ne comporte que des meubles des XVIIe, XVIIIe et XIXe siècles – des copies pour la plupart, mais n'en dites rien aux parents, cela les peinerait. Mettez les patins, avancez sans bruit dans le couloir et entrebâillez la première porte à droite : vous tomberez sur un châlit de bois suédois à deux étages.

En bas du lit gigogne, dans un pyjama en Tergal qui le gratte, un garçon de sept ans lit *Ils arrivent !*, une fresque retraçant la percée allemande de juin 40, tout en portant à ses narines les doigts de sa main gauche, après s'être gratté l'entrecuisse ; à l'étage, son frère aîné Philippe, le front plissé, dévore les *Mémoires d'outre-tombe*.

Poussez discrètement la double porte qui mène à la chambre jumelle, toujours sans faire de bruit : Pierre, le plus âgé, lit Thucydide, un gros dictionnaire Bailly à la main ouvert sur le mot *polemon*, afin de parfaire la version grecque qu'il doit rendre le lendemain.

Les trois corps sont orientés sud/sud-ouest, en direction de Billancourt et des usines Renault, dont les toits en triangle se découpent dans l'encoignure de la fenêtre. Ils ne rêvent pas, ils lévitent entre les défilés des Ardennes où les blindés de Guderian se ruent, l'ambassade de France à Rome, avec l'envoyé de Charles X, et la capitale de Périclès, en pleine guerre du Péloponnèse. Des appels aux armes, ponctués de salves tirées par les orgues de Staline, résonnent dans leurs têtes survoltées ; liés par le cordon ombilical de leurs livres, ils brassent les mêmes thèmes, incubent les mêmes canonnades – l'appartement est pourtant aussi silencieux qu'une tombe.

Sortant de la grande chambre donnant sur la capitale, un homme de haute stature, vêtu d'un pyjama de soie rayé, se rue pour les surprendre. Les lampes de poche rentrent sous les draps, les respirations se figent, les trois frères retombent sur terre.

Furieux d'être encore désobéi, le père dérape sur le parquet tout juste ciré, tente de se rattraper à une poignée et se casse le nez en tombant tête la première sur le parquet. Il se relève péniblement, découvre avec gêne le sang qui poisse sous ses semelles et teinte les lattes de bois, déverse sa colère contre son aîné, qui met sa santé en péril et donne *le pire exemple* à ses cadets.

Il ignore que ce sont ses derniers mois de bonheur.

Le 35

En voyant ces buildings de neuf étages surgir de terre, au milieu des années 50, les habitants du quartier avaient su que la page de la guerre était tournée, avec son cortège de misère et d'humiliations, et que la France remettait cap vers l'avenir. Des dizaines de familles, en échange, y avaient gagné l'impression d'être à Paris sans en subir les inconvénients, ni se sentir relégués pour autant : petits aristocrates fauchés, Juifs et rapatriés des colonies d'Afrique du Nord, bourgeois de province inquiets de perdre leur rang. Faire des enfants, construire des immeubles, produire des voitures, des machines à laver et des téléviseurs, tels étaient les mots d'ordre d'une Reconstruction en voie d'achèvement.

Au 35, tous les ménages sont équipés selon les standards nouveaux de la classe moyenne américaine, désormais indispensables au bonheur domestique. C'est la banlieue, mais sans délinquance : les problèmes ont été repoussés vers les usines de Billancourt, ou vers Malakoff et ses blousons noirs. Il y a si peu de sujets de tension que tout le monde sait déjà que M. Arnaud s'est cassé le nez en demandant à ses fils d'éteindre, et qu'il a été opéré avec succès.

Longue et massive, notre barre d'immeubles est jugée résidentielle. Les entrées sont vastes et claires, les halls, scandés par des plantes grasses et des boîtes aux lettres en pin dont la perspective infinie obéit aux règles de l'architecture moderniste. Les portes en verre des loges laissent juste entrevoir le tronc et la tête des concierges, derrière leurs comptoirs de bois ; peints en vert minium, les balcons sont disposés avec fantaisie.

La vue est plaisante, côté XVIe. La présence du tiers supérieur de la tour Eiffel et des courts de tennis voisins, des stades Jean-Bouin et Pierre-de-Coubertin, montre la face sportive et moderne du quartier. Une cohorte noire déboule parfois de l'avenue de Versailles, en se frayant un chemin à coups de sifflet. La formation de motards, casques ronds et vestes de cuir, contourne la porte de Saint-Cloud, suivie d'un cortège de DS dont l'arrière touche au sol : on ne sait jamais dans laquelle se tient le président de la République, qu'un attentat a failli tuer alors qu'il rejoignait déjà l'héliport de Villacoublay. Marie-Antoinette elle-même, après ses nuits de bamboche à Paris, empruntait la route de la Reine voisine pour s'en retourner à Versailles.

J'ai sept ans, les joues rondes et un sourire malicieux, un torse qui pointe et des cuisses dodues. Le fouillis de boucles auburn qui se dressent sur ma tête, comme autant de points d'interrogation, m'a fait surnommer Clodion le chevelu, du nom du premier souverain mérovingien. Tout m'intrigue, me dépasse, m'enchante. Je rêve les yeux ouverts, je me lève la nuit pour visiter le Frigidaire en récitant « rosa, rosa, rosam ». Je révise mes leçons en dormant et parviens ainsi à me maintenir à flot à l'école. Mon somnambulisme est si actif que mes frères accourent parfois pour me voir parler aux murs. Je poursuis les oiseaux dans les jardins, les poches remplies de gros sel, comme le garçon des boîtes Cérébos, dans l'espoir d'en tuer. Je regarde en l'air, ailleurs, à gauche, à droite, j'entre dans tous les piliers et les réverbères, des cicatrices labiales en témoignent. Les choses de la vie m'impressionnent au plus haut point, des initiales brodées sur les chemises masculines aux morceaux de pain qui barbotent dans l'urine des vespasiennes. Privées pour la plupart de signification à mes yeux, elle s'entourent d'un halo général déroutant.

J'ai ordre de refuser les bonbons qu'un homme pourrait m'offrir, mais on m'a caché l'enlèvement du petit Eric Peugeot, dans le parc de Saint-Cloud voisin, qui a traumatisé les parents du quartier. Je dois impérativement contourner toutes les poubelles, sans savoir que les partisans de l'Algérie française pourraient y avoir caché un pain de penthrite – une bombe a éventré la maison de Malraux à Boulogne, tout près de chez nous, mutilant la petite Delphine Renard. J'évolue en fonction d'interdits inexpliqués qui donnent à ce quartier si paisible des petits airs de Far West : des Indiens peuvent surgir au moindre frémissement du feuillage.

J'ai confiance en autrui, néanmoins. Je suis serviable, spontané, versatile. J'adore le chocolat noir jusqu'au jour où la maîtresse nous révèle qu'il contient *systématiquement* de la vaseline : rejet définitif. J'aime rire, jeter des « bombes algériennes » dans la cour de récréation et suis le premier à crier *OAS-FLN !* à la cantine, sans comprendre à quoi je fais allusion, afin de signifier aux autorités : *On A Soif, Faites Le Nécessaire !*

Je suis né avec l'œil gauche à demi fermé. Collé à mes lunettes, un cache en plastique rose aveugle mon œil droit afin d'encourager l'autre à s'ouvrir. Ma mère s'emporte quand ma paupière gauche s'effondre, sous l'effet conjugué de la fatigue et du ptôsis : *Tu as l'air bête, quand tu observes*, dit-elle en me claquant le beignet. L'œil crevé et la mâchoire pendante, je deviens la risée de mes frères. Je finis par jeter mon cache en entendant Philippe me traiter de *demeuré* : plus jamais je ne porterai de lunettes en public.

Ma mère est belle, mon père se tient très au-dessus de la mêlée. Comme la quasi-totalité des femmes de l'immeuble elle ne travaille pas, si l'on considère qu'élever trois fils n'est pas un *job* à plein temps ; il est le directeur commercial parisien d'une usine d'aciers spéciaux située dans le Nord, qui emploie trois cents ouvriers. Doté de deux frères aînés dont tout le monde loue l'intelligence et la vivacité, je jubile quand nous nous retrouvons *au complet* : notre famille nombreuse pèse plus lourd que les autres, on nous dévisage avec respect.

De sept ans mon aîné, de trois ans celui de Philippe, Pierre impressionne. Il a le double de mon âge, 50 centimètres de plus que moi, des airs de Méditerranéen ombrageux. Un pacte non dit nous lie depuis qu'il m'a sauvé en plongeant dans le bassin chloré de la piscine Molitor, où un homme m'avait fait couler en se jetant à l'eau. Très conscient de ses responsabilités d'aîné, il m'aide à réviser mes leçons et trouve encore le temps de jouer au tennis en toutes saisons, sur terre battue. De même, il me protège contre les appétits prédateurs de Philippe avec qui je me bats sans cesse, sans vraie raison : saint Georges arrive toujours à temps pour terrasser le dragon.

L'été, Pierre conduit le hors-bord des R., une famille du 35 qui possède une maison de vacances à Théoule, sur la Côte d'Azur, et une villa pour le week-end à Ponthierry, à la sortie est de Paris (M. R. est trésorier-payeur général, une charge juteuse de collecteur d'impôts, et son fils Didier est le meilleur ami de Pierre). Chemises Lacoste et pantalons Frank et fils, Pierre incarne l'idéal parental des années 50 : grand, musclé, sportif et sérieux, il réussit ses épreuves de grec comme ses examens de ski nautique, ses interrogations de maths et ses doubles messieurs. Premier ou second dans la plupart des disciplines, il maîtrise aussi bien le thème grec que les tables de trigonométrie. Une discipline de Romain dans un corps d'Athénien, une foi chrétienne exaltée par la culture laïque de la République : *Mens sana in corpore sano.*

Abonné à une revue trimestrielle en latin, Pierre peut interpeller la rédaction dans la langue de Virgile sur un point de grammaire, ou lui suggérer une traduction latine pour le mot « ordinateur ». Il est aussi à l'aise dans l'étude du passé que dans la prospection de l'avenir : ses professeurs le présenteront au Concours général de 1963 dans trois matières différentes.

« Tu es Pierre et sur cette pierre je bâtirai mon église », disait le Christ au premier de ses disciples : notre père attend de son aîné des résultats comparables, à son niveau. Sérieux, grave, Pierre est l'enfant sur qui reposent tous ses espoirs, l'héritier qui franchira toutes les étapes de la filière A′ pour intégrer les meilleures écoles de France – notre père lui-même a manqué de peu le concours d'entrée à l'Ecole navale.

Toutes les familles du 35 l'envient d'avoir un tel fils.

Le seul défaut de Pierre est d'en faire trop, notre père s'y est cassé le nez. Son professeur de latin-grec va mettre en marge de ses cahiers, tout en lui accordant un 16/20 : « Excellent, mais ne pas me donner les références », Pierre ajoutant à chaque mot analysé des : « IL. 7.450 » ou « HDT 1.180 » qui renvoient à des passages de l'*Iliade* ou d'Hérodote. Les maîtres en viennent à se plaindre de son zèle, comme s'ils craignaient d'être pris en faute un jour par cet élève trop savant qui donne l'impression, lorsqu'il referme ses livres, d'en avoir avalé toute la substance. Il parle sans jamais se reprendre, écrit sans la moindre rature, brille dans la plupart des matières, étudie jusqu'à minuit parfois comme s'il était en charge de tout le savoir du monde. Une encyclopédie vivante, un calme de statue.

Un jour de 1964, la pression accumulée se libère. Tendu jusqu'à rompre, Pierre ose contredire notre père, qui lui reproche encore de lire trop tard. Notre mère s'interpose, Pierre la gifle, elle s'indigne et menace, il la gifle encore plus fort, j'en tremble. La scène se répète six mois plus tard, cette fois Pierre frappe notre mère à coups de poing – des scènes si embarrassantes qu'on ne les évoquera plus jamais. Comme si un autre Pierre était entré en scène, par accident, et qu'on ne pouvait croire en cet *alien*.

Pierre n'oublie sa condition de jeune adulte que l'été, en jouant au ping-pong, au badminton ou à saute-mouton, sur les plages de Lavasina, de Miomo ou de Toga, à la sortie nord de Bastia. Alors il redevient l'enfant préféré de Hubert et Marie-Paule, l'espoir de la Reconstruction, teint hâlé et cheveux noirs de jais.

Il est plus difficile de savoir de quel milieu, de quel ordre et même de quel pays Philippe vient. Une peau bistre, un regard ombrageux, de larges épaules et des cuisses fuselées, des poignets interminables qui s'effilent en doigts longs et spatulés dont on devine chaque osselet, il semble plus égyptien que français, oriental que corse. Ironique et orgueilleux, il évoque les danseurs d'Asie quand il fixe, un sourire énigmatique aux lèvres, un adulte accumulant avec zèle les lieux communs. Aucun mensonge ne lui fait peur, tous les prétextes pour sortir de notre pré carré sont bons, il va jusqu'à me confier à voix basse qu'il descend de princes moghols.

Il a quelque chose d'insolent. Parce qu'il a de la chance et parce qu'il se sait supérieur (on dirait « différent » aujourd'hui). Quand on marche en regardant nos pieds, pour compenser le très peu d'argent de poche qu'on nous donne, c'est toujours lui qui trouve les pièces qui serviront à acheter des boules de coco ou qu'on lancera, du 8e, aux Tziganes venus jouer du violon dans la « cour ». C'est encore lui qui ramasse le plus d'argent quand on rampe sous le manège à petits chevaux du jardin de la porte de Saint-Cloud, le jour de relâche – j'hérite toujours des grosses pièces de deux centimes ornées du profil du maréchal Pétain, de la francisque et du légendaire : Travail, Famille, Patrie, en un métal mou que je peux tordre avec les dents. Le genou sans cesse agité, les ongles rongés jusqu'au sang, le visage mangé par les grimaces, mon second frère est une vraie *pelote de nerfs*. Personne ne lui fait peur, ni les interdits ni les lois, rien n'existe à ses yeux : il « dévisage » le rubis de Monseigneur Feltin, l'archevêque rondouillard de Paris, comme un bijou suspect, en baisant son anneau lors de sa communion solennelle, en l'église Sainte-Jeanne-de-Chantal.

Un démon s'empare de lui, quand on veut le contraindre à manger ce qu'il n'aime pas : il repousse de la main son assiette d'endives, de carottes ou de betteraves. Notre père insiste, menace, s'emporte. Philippe se lève de table en reversant sa chaise et part en claquant la porte – « La prima donna ! », murmure en levant les yeux Hubert, qui n'oublie jamais de rappeler que « Philou » est né près du Cirque d'Hiver. Il n'a qu'à lui intimer de cesser de se ronger les ongles ou de se mordiller frénétiquement la langue pour que mon second frère défie son autorité en s'adonnant de plus belle à ses « vices », caché derrière sa serviette. Je suis à la fois effaré et admiratif.

Prêt à défendre *mordicus* ses choix, Philippe peut lui aussi devenir violent, viser avec sa fronde les lunettes d'un rival et hurler de joie en voyant couler le sang : il aurait pu finir voyou, dans une autre banlieue. Notre père sort le martinet qu'il garde dans une armoire, près du revolver qu'il n'a pas rendu au sortir de la guerre, lui arrache ses culottes et le fouette cul nu devant sa mère. Philippe serre les dents et prépare sa revanche.

Il n'aime pas Hubert, déteste en général l'autorité et les matières à apprendre « par cœur ». La physique, la chimie, les mathématiques le barbent ; il s'intéresse juste aux langues et à la littérature, au dessin et à l'histoire. Quand un professeur « rasoir » outrepasse son temps de parole, il siffle dans les gros boutons de bois de son duffle-coat, mais si un enseignant le passionne, il peut aller lui parler interminablement dans la salle des professeurs. Je ne sais pas où il trouve son argent, mais il est toujours parfaitement *sapé*, pantalons cigarette, chemises à fleurs, *pull-over* en vigogne.

Grand, altier, imposant, notre père tente régulièrement de le mater. Le différend s'envenime, Philippe part s'enfermer dans notre chambre, reste à dessiner des bolides et des avions de chasse, des Mercedes E et des Norton Commando. La réclusion peut durer des heures, il ne s'ennuie *jamais*. Tous les livres et les disques lui sont *personnellement* destinés ; il en aurait été de même des appareils photo et des projecteurs Kodak si Hubert ne s'en était fait une exclusivité.

Mes huit ans sont célébrés avec faste. J'entre dans l'âge mûr, je m'engage à ne plus jamais sucer mon pouce ni ronger mes ongles. Je reçois un magnétophone magnifique, dernier cri de la technologie allemande ; à peine ai-je sorti du carton mon Grundig TK 140 que Philippe s'en empare pour improviser un monologue dont je suis la cible. La moquerie s'étend à nos oncles corses, tourne au *talk-show* familial, rend l'atmosphère inimitable des 24 heures du Mans. Le hennissement des Formule 1, au sortir des virages en épingle à cheveux, finit par recouvrir la logorrhée du *speaker* qui hurle un nouveau record de vitesse.

Le spectacle se reproduit chaque jeudi : les « studios » passent le micro à Lucien Jeunesse, lequel présente son Jeu des mille francs depuis une bourgade de la France profonde, comme il le fera durant trente ans. L'instituteur du cru et la directrice du bureau de poste rivalisent d'ardeur pour retrouver la date de la bataille d'Hastings ou la nationalité de l'escroc qui a peint une dizaine de faux Vermeer dans la première moitié du XXe siècle. Le roi du Cambodge tient une conférence de presse grandiloquente depuis le salon chinois de l'Elysée tandis que Geneviève Tabouis, la chroniqueuse radio, émet des avis plus que tranchés sur les risques de réchauffement de la guerre froide. Saint-Granier n'a pas fini d'analyser le comportement de l'ambassadeur d'URSS, avec qui il a dîné la veille au pavillon d'Ermenonville, que « sa » voix se met bizarrement à chevroter dans la gorge de Philippe : nous sommes au Panthéon alors que « Malraux » répand son lyrisme sur la tombe de Jean Moulin. Enfin le directeur du cours Sautrot à Vincennes, reconnaissable à sa diction branlante, décroche son combiné pour proposer à la supérieure d'un pensionnat de jeunes filles de la Seine-Saint-Denis que ses lads, dirigés par le colonel de Guerrelasse, viennent parachever leur éducation auprès des jeunes oies blanches de son institution, faute de quoi leur tempérament impétueux pourrait les pousser aux *dernières extrémités* – même une sourde aurait reconnu la voix de Francis Blanche.

Je ne reverrai jamais mon magnétophone. Je l'abandonne à ce frère faustien qui s'amuse à contrefaire le théâtre des adultes, comme s'il savait tout de leurs ficelles. Philippe n'a pas besoin d'applaudissements ; à peine s'est-il emparé du micro que je l'entends devenir lyrique, à travers les cloisons. J'ai l'impression d'entrer dans la Maison de la Radio voisine, fierté de l'architecture gaulliste, ou les studios de la rue Cognac-Jay, source de toutes les transmissions hertziennes. Il peut imiter le passage d'une formation de canards au-dessus du Vatican, cancans et volées de cloches mêlés, aussi bien que les grognements d'un lama qui refuse d'être monté, au zoo de Vincennes. Rien n'échappe à son entreprise de bouffonnerie généralisée.

Qu'il chante, rie ou se batte, Philippe m'évoque un volcan prêt à engloutir tout ce qui freinerait son expansion, tout ce qu'il juge convenu ou vieillot, bête ou insignifiant. Vivre à ses côtés, c'est être sans cesse animé et vite contaminé par l'envie de soutenir ce qu'il prône. Les légumes qu'il rejette s'imposent eux-mêmes comme des objets de répulsion *désirable* : les refuser d'un geste, c'est jouir de sa détermination à n'avaler que ce qu'il aime, sortir du flou de l'enfance, avec son incapacité à faire valoir ses goûts, pour devenir un sujet souverain.

Nos deux êtres sont si bien emmêlés que je me mets à pleurer dès qu'on nous sépare et ne m'apaise qu'en le retrouvant. Tout me paraît vide et ennuyeux, loin de lui. Privé de l'aiguillon de sa nervosité, je me mets à trembler aussi du genou et me ronge deux fois plus fort les ongles. Je soigne son absence à coups de mimétisme.

Accablé d'un sérieux inconsolable d'adolescent, Pierre aime profondément son cadet, qu'il a soumis en son temps aux mêmes pressions que j'endure. Mais notre aîné supporte aussi mal que notre père de voir son autorité mise en cause. Classique jusqu'à l'excès, il n'aime ni la désinvolture, ni l'arrogance de Philippe, n'apprécie pas toujours son ironie et tolère mal son hystérie. L'influence que ce dernier prend sur moi l'irrite. Il sent son pouvoir décliner au sein de la fratrie, la compétition se règle à coups de poing.

Battu par des garçons plus âgés à l'école, j'apprends à la maison à ruser. En tant que benjamin, j'ai le privilège d'être défendu par le plus fort, Pierre donc, mais ces pactes s'inversent en un éclair ; mon infériorité me mettant en position d'auxiliaire obligé, les bagarres repartent avec une distribution changée. A peine l'un a-t-il rejoint l'autre que le troisième renoue alliance avec le premier. Personne ne peut gagner seul.

Il m'arrive d'attiser en sous-main les conflits, pour mettre en valeur mon rôle de pondérateur, marchand d'armes et juge de paix à la fois, comme souvent ; mais je ne suis vainqueur ou victime que par procuration, dans ce jeu des quatre coins. Le temps libre, la rivalité, de subits trop-pleins d'hormones nous jettent les uns contre les autres dans un climat de tension amplifié par l'exiguïté et l'ennui. « Bien sages, mes enfants », marmonne notre grand-mère corse, sans lever les yeux du livre qu'elle compose, quand on se retrouve chez elle l'été. Engoncée dans son canapé, Catherine Turchini-Zuccarelli nous laisse nous battre jusqu'au sang, tout en faisant le signe de croix.

Mes frères sont plus grands mais aussi plus beaux. Je me sens boulot devant le corps sculptural de Pierre et lent devant l'esprit fulgurant de Philippe : un mouton gavé de carottes, à l'étroit entre un lion protecteur – Pierre – et un loup déguisé en chaperon – Philippe. Je suis bien plus facile à vivre qu'eux, sans doute parce que je suis moins défini. Ayant tout à apprendre, j'engrange en attendant mon heure.

Philippe est toujours plongé dans un livre, plus rarement dans un devoir, mais il réussit à l'école bien mieux que moi ; j'en suis réduit à faire mes preuves en tout. Notre père, dieu merci, a déjà reporté sur ses deux aînés l'obligation d'accomplir ses rêves scolaires frustrés. Sans influence ni poids, je ne m'illustre vraiment que lorsque les parents reçoivent. Lassés d'avoir des garçons, ils ont passé un compromis en me baptisant Claude, et confusément je fais mon possible pour qu'ils ne regrettent pas la petite fille enjouée qu'ils n'ont pas eue. Je fais la vaisselle et le ménage avec ma mère, qui me donne un peu d'argent pour que je lave le linge et actionne la machine à coudre Singer ; je fais les courses avec mon père, quand il part en voiture pour les premiers supermarchés. Le plus sociable des frères, je suis aussi le seul à sortir de notre chambre quand notre mère reçoit ses amies pour le thé.

Le « chef » de huit ans paraît alors, en présentant le cake aux fruits confits ou la tarte aux écorces d'orange amère qu'il a concoctée, et recueille ses premiers compliments. Il aime s'entendre qualifier de *délicieux* ou de *parfait*, cela le change des sarcasmes de Philippe. Il joue le jeu, se laisse suçonner par l'affreuse Mme de L..., héritière d'un vignoble près de Frontignan (notre mère a grandi à Sète), qui cesse de s'alimenter durant vingt-quatre heures afin de mieux goûter à ses productions, qu'elle trouve logiquement « exquises ». Il tient à merveille le rôle du « petit chéri », recueille son lot de baisers et d'applaudissements. Notre père lui a laissé entendre qu'un homme peut aussi plaire, être désiré ; il en abuse, c'est bon d'être acclamé.

Il ressert les dames en Darjeeling, veille à tenir bien droite la théière : leur petit doigt entre en érection, dès que le jet atteint leur tasse en Minton. La pièce devient aussi sonore que les volières du Jardin d'acclimatation où une invitée l'a mené un mois plus tôt. *Il a été sage comme une image !*, s'est-elle exclamée au retour, en le plongeant dans une grande perplexité : comment une image, inanimée par définition, pourrait-elle mal se conduire ?

Soudain Mme de L... se moque du *chien* que sa voisine arbore le dimanche – elle confond *clebs* et *clip*. L'acteur de huit ans s'étrangle, ces dames sont vraiment trop bêtes, il court resservir à ses frères la « perle », rit avec eux des « cuirs » d'une assemblée qui trahit l'origine provinciale des parents, redevient progressivement « lui-même ».

Clodion le chevelu ressort ravi de cette double soirée. En charmant les amies de sa mère, il s'est conquis lui-même ; en se moquant d'elles avec ses frères, il a racheté sa dette.

Un sentiment de supériorité nous gagne quand nous paraissons sur le balcon, côté Paris. Le XVIe représente un tel symbole qu'il écrase pourtant les nuances de notre statut, plutôt modeste financièrement ; mais c'est bien cette plus-value-là que nos parents entendaient réaliser, en s'installant en vue de ce quartier que nous rejetons, avec ses retraités si fiers d'appartenir aux clubs de bridge de l'avenue de Versailles – Pierre excepté.

Leur distinction naturelle les surclasse, néanmoins ; l'officier de marine qui collectionnait de Toulon à Bastia les succès féminins (modistes, esthéticiennes, actrices...), comme la beauté corse qui faisait rêver les étudiants en philo de Montpellier (un dessin de Matisse, dans ses robes à pivoines), se sont imposés comme le couple phare du 35. Le militaire reconverti dans l'industrie et l'intellectuelle ayant renoncé à ses rêves d'actrice pour devenir épouse et mère : imparable.

Vivre à une telle hauteur présente un inconvénient : je me vois régulièrement chuter en rêve du 8e étage et m'éveille en me fracassant contre le trottoir. Le cauchemar évolue avec le temps, une main m'attrape *in extremis*, mais la peur me réveille toujours. Cette élévation me confère pourtant un avantage sur le quartier, qui nous paraît frappé de platitude, encapsulé dans une forme insurmontable de convention. Nous vivons nous-mêmes dans une bulle rivale, que notre union sectaire sécrète afin de nous protéger ; l'organisme à trois têtes frise l'autosuffisance.

Il n'y aura jamais de serments en langue inventée, mais des fous rires et des disputes qui soudent. A force de se frotter, nos cervelles surchauffées emplissent nos chambres confinées d'une électricité garçonnière, l'équivalent d'une tabagie que rien, vraiment rien, ne peut aérer.

Nos parents se complètent si bien qu'ils ne nous accordent qu'une existence périphérique, à l'image de ces *dominions* exotiques que la reine d'Angleterre visite en vacances. Les générations se tenant encore à distance, nous sommes exclus de la plupart de leurs activités, hormis en cas d'exploit scolaire. Nous n'écoutons jamais à leur porte, en retour, même la nuit : ils habitent un autre monde, évoluent dans un autre pays. La distance se creuse, quand naît en 1964 un quatrième fils, Jérôme, mon cadet de neuf ans. Epuisée par cette grossesse inattendue, frappée d'une langueur génésique qui inquiète jusqu'à son médecin, ma mère m'envoie à Sète chez ses propres parents. Je souffre de cet arrachement, pleure pendant trois jours, cesse à nouveau d'être propre, puis m'adapte. A ma grande surprise, je finis même par aimer cette ville à canaux qui se couvre de neige l'hiver et que teint parfois en rouge, l'été, un simoun venu du Sahara, qui la voile de sable.

Paris me déçoit au retour. J'ai beau être en charge de Jérôme, cela ne m'offre pas d'avantage auprès de mes aînés. N'étant plus le dernier, je ne suis même plus le préféré. Ma mère elle-même est devenue plus distante, après ce quatrième accouchement. Elle est bien partout, sous le crachin parisien comme sous le soleil bastiais. Douée pour l'existence, elle ne rêve que d'enfants sains et optimistes autour d'elle. Son statut de mère est pourtant loin de la résumer ; elle est d'abord une épouse, ensuite une femme curieuse, qui a fait du théâtre amateur à

Montpellier, aime lire, sortir et aller au cinéma. Plus intelligente que notre père, plus fine et cultivée aussi, elle ne perd aucune occasion de faire valoir l'autorité de ce dernier, afin que l'ordre et l'harmonie règnent. Lui-même ne manque jamais de rappeler, non sans complaisance, que les soupirants sétois de sa femme comparaient ses yeux de biche à ceux de Michèle Morgan, un compliment qui m'horripile. L'actrice est trop fade à mon goût.

Notre mère vient d'avoir quarante-deux ans. Elle est encore belle, très belle même, mais s'inquiète aussi de voir sa taille s'élargir et les rides la gagner. Le soir, elle n'oublie jamais de faire l'exercice des voyelles recommandé par le magazine *Elle*, former de façon accentuée des O, des I, des U passant pour gommer sillons et pattes d'oie. Je suis le témoin récurrent de ses doutes, quand elle rentre de ses virées dans les boutiques d'Auteuil.

– Comment trouves-tu cette robe ?, dit-elle en me convoquant devant le miroir de l'entrée.

– Elle est belle.

– Je peux encore l'échanger…

– Oh non, maman, elle te va *trop bien*.

Ma mère me serre contre elle : je suis aimé dans la mesure où je l'aide à s'aimer, c'est déjà bien.

Elle est gaie, observatrice, espiègle, jamais méchante. Elle écrit bien, chante juste, sait des dizaines de poèmes de Baudelaire, Nerval, Apollinaire, n'a que des gestes gracieux et bienveillants. Sa joie de vivre a un caractère contagieux. Quand elle perçoit le ridicule d'une messe ou d'une cérémonie officielle, le fou rire se propage autour d'elle. Elle aime recevoir, toujours avec naturel, et ne fait que des cadeaux personnalisés. « Jouis et fais jouir, sans faire de mal ni à toi ni à personne, voilà, je crois, toute la morale » : cette maxime de Chamfort lui conviendrait bien.

Notre père, qui approche de la cinquantaine, est un homme de bon sens, étonnamment adapté à la réalité. Son autorité semble s'exercer sur l'ensemble du territoire qu'il arpente chaque matin, avec son manteau et son chapeau noirs, pour rejoindre son bureau de l'avenue de la République. Lui seul me paraît pouvoir circuler en toute connaissance de cause dans ce Paris de brume et de mystère qu'on découvre, à travers les vitres de sa Dauphine, en rejoignant l'hippodrome de Longchamp, ou en longeant l'enceinte du Louvre noircie par les gaz.

J'ai dix ans. En feuilletant l'hebdomadaire politique de Pierre, je tombe sur une bande dessinée racontant l'enlèvement du *leader* de l'opposition marocaine devant la brasserie Lipp. Je découvre avec stupeur que mon père, dont je pensais qu'il contrôlait indirectement l'ensemble des rouages sociaux, bien au-delà du 35, n'est que l'ultime relais d'un pouvoir autrement décisif. L'cxistence de l'Etat m'est subitement révélée, en la personne de son chef, dont l'autorité s'étend sur tout le territoire national. Lui aussi est sorti de l'armée, mais avec le grade infiniment plus prestigieux de général. Hubert n'est plus le premier.

Content de sa vie, heureux de sa progéniture, notre père est d'abord fier de sa femme *merveilleuse*. Marié très tard, dans le dessein explicite d'avoir des enfants, ce séducteur est définitivement tombé amoureux d'elle. Le plaisir qu'ils prennent est si flagrant que notre fratrie achève de produire ses valeurs et ses rites propres, dans une sorte d'autarcie passionnée. Non seulement j'hérite des intérêts de mes frères, mais je porte leurs vêtements usés sans trop de déplaisir, étant à l'âge où les habits trop larges grandissent. J'ai l'impression de les prolonger, bien plus que nos parents.

Nous sommes si proches par l'esprit et les jeux qu'une contre-famille s'esquisse dont le chef aurait été Pierre, le fils rebelle Philippe et le(a) cadet(te) Claude, sur le principe de *La Guerre des boutons*, un film à la gloire des bandes, du sadisme et de l'anarchie, qui nous a éblouis.

Personne ne nous fait peur, quand on fait bloc.

Absolument personne.

L'île

Nous sommes le 2 juillet 1966 au soir, la délivrance approche. Notre mère vide les armoires normandes, bourre le sac marocain de serviettes de plage et les valises de caleçons, recouvre de housses en plastique les fauteuils crapaud et les chaises « Louis XIII », se couche à regret en appliquant sur ses yeux un masque de détente puis, à l'aube, ayant *à peine fermé l'œil de la nuit*, emplit les Thermos de thé et d'eau glacée, tandis que j'attaque la pile de pain de mie pour confectionner les sandwichs.

Nous rejoignons la Méditerranée par la gare de Lyon, en brandissant la carte Familles Nombreuses qui nous vaut 30 % de réduction sur tous les transports. Mais les ouvriers algériens et tunisiens de Renault ont pris d'assaut les trains en partance pour Marseille, à l'occasion des congés payés, et il n'y a plus une place libre dans les wagons bondés. Me voyant près d'étouffer, mon père m'extrait *in extremis* de la cohue et nous conduit d'autorité à l'aéroport du Bourget. Une Caravelle d'Air France nous dépose à Marseille-Marignane où un Breguet Deux-Ponts s'apprête à décoller pour la Corse, mais je préfère l'avion à hélice, un coucou qui vole si bas que je vois tout des côtes camarguaises, avec leurs rizières et leurs salines, puis des courants de la mer qui convergent vers l'île. En survolant la Giraglia, j'ai l'impression de toucher des yeux ce caillou couvert de myrrhe et de lentisque. Les hublots deviennent autant de masques qui grossissent les contreforts du cap Corse, un index tendu vers le golfe de Gênes.

Une forte odeur de maquis me gagne à l'aéroport de Bastia-Poretta, quelque chose d'âpre et d'entêtant qui fait battre mon cœur et me confirme que je suis corse, aussi. D'ordinaire notre grand-mère nous attend au pied de l'échelle de coupée : cette fois c'est l'un de ses trois frères, au volant de son Aronde gris perle. Charles Zuccarelli est mon grand-oncle préféré. Le front hérissé de cheveux crépus blancs, les yeux agrandis trois fois par d'énormes loupes, il conduit en parlant, non en regardant. Un véhicule débouche sur sa droite ? Il va droit vers lui, comme si c'était la meilleure façon de l'éviter, faute de l'avoir vu. Il est si myope qu'il manque cette fois la Nationale et file sans tiquer vers la montagne.

– Je me demande si c'est la bonne route, murmure ma mère.

– Ne t'inquiète pas, ma cocotte, tout ira bien.

Monter dans sa voiture, c'est jouer à la roulette russe, mais c'est bien ce qui me plaît avec lui, on perd toute notion du risque.

Avec son redoutable accent corse et ses dents qui s'entrechoquent, Charles Z. n'est pas facile à comprendre. On peine parfois à se retrouver dans son monde où chacun agit de façon aussi fantasque que lui, mais on l'y suit aveuglément, car tout finit en fou rire avec lui. Il possède un fonds inépuisable d'histoires drôles, les fameuses *macagnes* et autres *stalvatoghji,* où des carabins « ressuscitent » de jeunes mortes en leur effleurant la poitrine et où d'authentiques défunts sortent la tête d'une urne, à l'occasion des élections. Sa distraction a quelque chose de poétique.

La Corse n'est pas tout à fait la France, nous le savons. C'est une île, tout y prend vite un tour particulier, il faut s'y faire ou s'éloigner. Mais Oncle Charles ne vit même pas en Corse, bien plus dans une planète sujette à des ellipses étranges, une sorte de Lune en carton-pâte qui ne tournerait pas rond.

Voilà qu'il brûle un feu rouge, à l'entrée de Bastia. Un camion nous frôle, un concert de klaxons s'élève, Charles continue de rouler en nous cherchant dans le rétroviseur, un vrai funambule…

Comment la Mort, qui a tant de troupes dans l'île, l'a-t-elle laissé s'éteindre dans son lit ? Quand nombre de ses compatriotes mourront entre la route Ajaccio-Bastia et la clinique qu'il dirige, Charles Z. arrivera toujours à bon port, en débitant des histoires in-cro-yables.

L'Aronde s'arrête maintenant devant le 31 du boulevard Paoli, en plein centre de Bastia, près du magasin « Tout à 1 franc ». Nous déchargeons le coffre et montons les bagages le long d'un escalier étroit et interminable pour rejoindre l'appartement que mes grands-parents partagent avec des cousins, les Canazzi. Nous posons nos bagages dans l'entrée solennelle qui commande deux couloirs interminables, lesquels distribuent sept chambres réparties sur 300 m^2. J'ai l'impression d'arpenter un paquebot, moi qui vis dans un petit F4 parisien.

Dans les salles de réception regardant le boulevard Paoli, notre arrière-grand-mère Mana a tenu salon, sous les présidents Fallières, Poincaré et Doumergue. Les murs, dont la hauteur rappelle les palais de Gênes, la puissance tutélaire qui précéda la France, sont couverts de portraits d'ancêtres arborant des barbes carrées à la Landru, des queues-de-pie d'ambassadeur et des uniformes à brandebourgs constellés de crachats. Au centre trône le comte de Casabianca, petit-cousin du jeune héros qui choisit de mourir avec son père lors du naufrage de *L'Orient*, à la bataille d'Aboukir, face à l'amiral Nelson, en 1798.

Les chaises laquées « chinoises », les canapés « Louis XV », les armoires vitrées remplies d'éditions dépareillées de Voltaire, d'Hugo et d'Anatole France, tout comme le buste en albâtre de l'Empereur renvoient à l'époque considérable où la Corse accéda pleinement au rang de région française et où une famille rustique, élevée par la pratique locale de la médecine, régénéra de vieux rameaux de la noblesse locale pour donner naissance à un clan sous Napoléon III. Seul trait moderne : des photos « au naturel » de Mana, hérissée de cheveux encore plus crépus que ceux de son fils Charles, un souvenir de la longue présence arabe que la Corse préfère d'habitude oublier.

Les bagages à peine défaits, les frères de ma mère, ses cousines et cousins, ses oncles et tantes accourent avec leur conjoint et progéniture pour saluer « Bibiche » *alias* Marie-Paule Benedetta Arnaud-Turchini-Zuccarelli, dont on adore l'intelligence et la bonne humeur. J'embrasse la dizaine de petits-cousins sans lesquels aucune mère, ici, n'envisage un instant de se déplacer. Je redeviens le membre d'une famille proliférante qui s'interpelle sans cesse pour savoir qui est où et fait quoi, et sonde en permanence son envergure, comme l'araignée au cœur de sa toile.

Le soir même, nous partons dîner chez Jean Z., un autre frère de notre grand-mère, qui tient la circonscription depuis des années. Mince et coquet, Jean se parfume, se laque et parle *pointu*, sans accent ou presque. Chef incontesté du clan, il dirige la section corse du Parti radical, a ses entrées à Paris, salue Pierre Mendès France et François Mitterrand à la Chambre et se voit presque chaque jour consacrer un article dans la presse locale que ma grand-mère collectionne dans un grand *scrapbook*.

Ayant longtemps plaidé au barreau de Bastia, Jean Zuccarelli se fait régulièrement élire au conseil général depuis 1932, à la députation depuis 1962, et s'apprête à conquérir la mairie. Son propre beau-père, Emile Sari, l'a fait avant lui et durant tout l'entre-deux-guerres, où il a été un indélogeable sénateur de la Corse après avoir succédé en 1912 à son propre oncle, maire de Bastia et membre du conseil général : les Sari sont les piliers du clan Landry, opposé aux gavinistes conservateurs, un qualificatif qui pourrait désigner un peu tout le monde en l'occurrence, les Casabianca ayant eux-mêmes tourné casaque au début du siècle.

Fille de l'ancien maire, la femme de notre grand-oncle Jean connaît chacun et peut dire en entrant dans un café du Vieux Port : « Celui-ci vote pour nous, celui-là aussi, pas ces deux-là. » Camille, l'épouse de Charles, s'affaire à trouver un logement aux employées de la clinique qu'il a fondée avant-guerre et qui porte son nom, comme à faire pensionner à vie le fils de trente ans blessé durant la guerre d'Algérie. Joseph Zuccarelli, le troisième frère de notre grand-mère, qui nous reçoit en débardeur, les épaules envahies de poils gris, passe pour le meilleur chirurgien de Bastia. Une partie de la population dépend de leur entregent ou de leur art, Bastia est la ville des Zuccarelli, c'est ainsi.

Personne ne parle encore de téléviseur et de sèche-linge offerts, mais il y a déjà des façons d'encourager l'enthousiasme, des formes de coups de pouce ou de crayon qui confortent les victoires. Les jours d'élection, une partie de la famille est conviée à apposer sa signature sur des listes électorales comportant des disparus jamais radiés et soudain ressuscités, un miracle qu'accomplit aussi bien l'autre parti. Ainsi se garde-t-on des mauvaises surprises, en rusant avec la mort.

Toutes les intrigues se nouent et se dénouent chez les Jean, place Saint-Nicolas, une esplanade que l'impératrice Eugénie et le prince impérial ont inaugurée en 1869. Des coups de poing puis de feu sont parfois échangés dans l'immense escalier d'honneur, les soirs d'élection : les gros bras du parti adverse disputent les urnes à ceux du clan Zuccarelli pour savoir qui les bourrera. L'un des ballots manquera finir à la mer, lors des bagarres de 1967. Et l'on parle encore de ce soir de 1962 où la famille était partie à la mairie fêter l'élection de Jean : la foule avait envahi l'hôtel de ville, le balcon s'était effondré, faisant un mort et de nombreux blessés.

Les règles du jeu sont ici inversées. C'est l'invalidité qui vaut un salaire, autant que le travail, le bourrage d'urnes qui assure la victoire, autant que la bonne gestion. Le mensonge et l'extorsion sont choses sues. On enfreint la loi avec le consentement d'une République qui, soucieuse d'assurer la paix civile, exonère des droits de succession et abandonne une partie des taxes sur l'essence, les alcools et les cigarettes. L'influence germanique, à quoi notre père pense devoir la rectitude morale qui lui permettra d'affronter le pire, n'a jamais atteint une île qui vit encore du clientélisme légué par l'Empire romain, relancé par la République française, avec ses clans et ses arrangements.

Ce monde est truqué mais personne ne s'en cache, aussi nous paraît-il bien plus riche et drolatique que l'univers aseptisé du 35. L'omniprésence familiale renforce le sentiment de propriété qu'on éprouve, sur les plages de Lavasina ou d'Erbalunga, exploitées par presque personne et fréquentées par une poignée de familles locales, ou sur les rives délaissées du golfe de Saint-Florent : le village homonyme se résume à vingt maisons de pêcheurs, une citadelle en ruine et un littoral semé d'algues offert au premier venu, avec ses tours génoises que mes frères et moi partons explorer à mains nues. Les côtes paraissent encore appartenir à tous les Corses, comme l'immense territoire âpre et sauvage que délimite le maquis, à l'intérieur de l'île.

A Paris, personne ne connaît notre nom, en dehors du 35 ; nous devenons ici des héritiers, presque de petites célébrités. Quand nous descendons à vingt ou vingt-cinq sur la place Saint-Nicolas, nous sentons les regards se tourner vers nous, c'est bon pour le moral. Le style de vie de notre famille corse est curieusement bien plus moderne que le nôtre. La première s'autorise des familiarités que la seconde ne tolérerait pas. Je peux y manger torse nu ou en short, avec les doigts et en léchant mes assiettes, ce qu'interdit formellement notre père, avec son style un peu vieille France. Ma marraine, qui m'encourage à monter *à poil* sur la bascule pour découvrir mon vrai poids, m'impressionne en allant cuisses nues dans Bastia, une raquette sous le bras, ou en m'autorisant à jouer au flipper sur la plage de Toga. C'est une femme libre, ex-championne de tennis locale, à qui j'ai l'impression de pouvoir tout dire.

Les Zuccarelli respirent la joie et l'enthousiasme, comparés à la parentèle de notre père. Sa propre mère a grandi dans le Jura, au cœur de la Sibérie française, où la température descend jusqu'à – 40° l'hiver. Je ne demande jamais à aller chez elle, depuis la mort de son mari, ni chez Michel son autre fils, un général ronchon qui commande les troupes françaises stationnées au Tchad. Je n'attends que de retourner place Saint-Nicolas avec mon cousin Stéphane pour sucer les Polo à l'anis qu'on achète dans une roulotte, sous les palmiers.

– Comment vas-tu, mon coco ?, lance ma tante Annie, la Juliette Gréco bastiaise, les seins bien en vue.

– Bien, et toi ?

Annie cherche les poils sur mes cuisses.

– Ça pousse, dis donc…

Je rougis, comme à la visite médicale.

La coutume qui consiste à appeler toutes les femmes de la famille Tata me gêne. D'ici quatre ou cinq ans, j'aurai le droit d'appeler la fille de Charles *Ma cocotte* ; en attendant je la nomme Tante Annie, comme mon père m'a appris à le faire. Sa personne m'a toujours plu ; son prénom m'enchante depuis *Annie aime les sucettes…*, le tube de France Gall et de Serge Gainsbourg. Quand elle m'offre un nouveau Polo à l'anis, elle a droit à quatre bises, selon la coutume locale.

Après quelques jours dans Bastia, la famille Arnaud-Turchini-Zuccarelli reprend la route, toujours à l'arrière de l'Aronde suicidaire d'Oncle Charles. Elle monte en direction des aiguilles de Popolasca par la Nationale 193, passe Francardo et Soveria pour tourner après les panneaux annonçant Corte et dessiner d'interminables boucles entre les monts du Bozio. Au détour d'un virage, après l'admirable Tralonca, un cône de pierre parfait, surgissent les premières maisons de Santa-Lucia-di-Mercurio, coupantes comme des guillotines, dont les toits de lauze brillent comme des écailles vertes quand le soleil suit la pluie. Le village est si escarpé que Pierre, Philippe et moi devons attacher les bagages les plus lourds aux flancs des ânes, seuls à pouvoir descendre les escaliers de pierre tout en portant des charges.

Bâti sur un promontoire rocheux, Santa-Lucia-di-Mercurio est à la fois le berceau et le fief de la famille, qui tient la mairie sans interruption depuis le XIXe siècle, pour fournir le plus gros contingent d'électeurs. Autour du bec en cuivre de la fontaine où je tète l'eau glacée des torrents – la route m'a séché le gosier –, apparaissent les noms de cinq de nos ancêtres, dont l'un a « régné » un demi-siècle sur la commune. Nous sommes définitivement chez nous dans ce village de cinq cents feux.

Je ne vois jamais aucune autorité publique se manifester dans les ruelles, ni aucun uniforme se profiler sur la place, sauf quand le facteur vient de Sermano distribuer le courrier. L'Etat est si radicalement absent qu'on a l'impression d'échapper à toutes les lois sinon celles, non dites et d'autant plus suivies, qui régissent en secret la vie de l'île. Personne ne nous regarde, de jour et de nuit, hormis la Lune et les faucons pèlerins. Faute de satyres et de poseurs de bombes, nos parents eux-mêmes perdent toute appréhension : isolé au cœur du Bozio, comme la

Corse au milieu de la Méditerranée, Santa-Lucia-di-Mercurio est le pays le plus sûr au monde.

Je suis libre de disparaître des après-midi entières dans une cabane de planches nichée au cœur d'un chêne, avec mon cousin Stéphane, un des petits-fils de Charles. Nous taillons deux frondes dans les branches d'un pommier, en découpons les lanières dans un vieux pneu, visons des merles qui finiront avec un peu de chance en pâtés, avant de rejoindre le grenier à châtaignes situé à l'autre extrémité de la maison pour lire les aventures de Blek le Roc avec le fils de la cuisinière des Charles. Ou bien j'attends pour soulager ma mère, jambes plongées dans l'eau glacée de la fontaine, l'arrivée des camionnettes du boucher ou du boulanger qui montent deux fois la semaine de Corte et s'ouvrent sur le côté pour nous ravitailler en viandes de mouton, en beignets de *zucchini* ou en tranches de *lonzo*.

Je redescends au lavoir, où les femmes du village s'échinent à fatiguer, poncer et lessiver le linge sur des rebords de granit, à le rincer à l'eau claire dans des bacs séparés, à l'entasser dans des lessiveuses qu'elles se fichent sur la tête avant de s'en retourner chez elles, lentes et droites comme la Justice. La plupart ont déjà perdu un frère, un père ou un mari, et ces veuves éternelles, tenues à se voiler de noir jusqu'au tombeau, font des tableaux dignes de l'Antiquité.

Je suis toujours dans les pattes de mes frères à Paris ; dans la Dauphine encore, j'hérite de la pire place, les jambes pliées par le coffrage protégeant l'arbre de transmission. Au premier arrêt sur la Nationale 7, à la sortie de Tournus, je suis toujours le dernier à recevoir le verre salvateur de Pschitt orange, une limonade chimique au délicieux goût de vacances. Comme dans les chansons de matelots, je suis la cible désignée de tous les bizutages, l'exutoire rêvé du sadisme fraternel. A Santa-Lucia-di-Mercurio, je suis le roi.

Notre père lui-même perd toute autorité, au milieu de cette parentèle qui prolifère à l'heure des repas. Dans le jardin long et mince qui donne sur la montagne, nous sommes parfois trente-cinq à dévorer la tarte aux herbes et les beignets au *brocciu* de Jacqueline, les *gnocchi* de semoule que ma mère découpe à l'aide d'un verre, les salades d'aubergines venues des jardins de Sermano, le village des Turchini, relevées de menthe et de ciboulette, le tout arrosé d'un vin produit dans le Patrimonio par de petits-cousins, les Orenga de Gaffory. Oncle Charles raconte la stupeur éblouie des habitants de Sainte-Lucie quand, le soir de son ultime réélection triomphale à la mairie, il a ouvert le télégramme de félicitation de François Mitterrand, lequel est parvenu à mettre en ballottage le général de Gaulle aux présidentielles de 1965, en oubliant de préciser que c'est lui-même qui se l'est posté. Comme au temps de Cacou et de Mana, nos arrière-grands-parents, les histoires politiques burlesques croisent les blagues les plus salaces durant ces banquets interminables. Réduit à une figuration élégante, notre père est le seul membre de la famille à envisager avec soulagement notre retour sur le continent, après un mois.

A quatre heures enfin la table est levée.

Chacun regagne sa chambre, ferme ses volets. Un silence lourd, épais, immense, envahit la demeure familiale, à mesure que la sieste engloutit ses occupants. J'en profite pour explorer la bâtisse construite à même la montagne, que la roche garde fraîche jusqu'au cœur de l'été. Empruntant un couloir obscur sentant le pin, je traverse un salon dont les vieux planchers craquent sous mes pieds en frôlant les canapés Napoléon III et les chaises en paille, dressées comme les vigies d'un mausolée oublié. Je prends un raccourci sentant la châtaigne et débouche au détour d'un nouvel escalier sur l'aile des Jean. Tous n'ont pas pensé à fermer leur porte dans le couloir : chaque lit abrite un gisant plus ou moins sonore, un pot de chambre et un haricot de faïence.

Je fais une pause aux toilettes, hume mes productions, colle le nez à la fenêtre de ce cabanon tardivement greffé sur la maison d'où l'on domine le vide, envie le couple de gypaètes qui plane à l'horizon, rêve à des excursions dans les cimes. La rumeur contrastée des ronflements me rappelant à la réalité, je gagne un second salon tout aussi désert, englobe du regard la bibliothèque avec la sensation bizarre d'être le maître du lieu. Comme si une autre vie m'attendait là, une vie de Corse souverain en son village, à l'écart de toute actualité.

Au fond d'un couloir obscur, dans une chambre cachée sous un escalier condamné, je tombe sur une petite vieille qui émet des râles sur sa couche, enfouie sous un amas de bocaux de confitures, de pelotes de fils, de casseroles en cuivre, qui paraît se survivre depuis Pétrone. Je compte les poils qui hérissent la lèvre supérieure de Tata Romaine, mais il y faudrait plus qu'une journée, aussi je m'en retourne vers le salon des Jean, le plus joli et le plus clair, avec son plancher ciré, ses meubles XVIIIe et sa vue idyllique sur le Cardu : rien n'y a changé depuis Pasquale Paoli, l'homme qui voulut faire entrer la Corse dans l'ère des Lumières, avant la conquête française.

L'église sonne cinq heures, la chaleur reste torride, le cuivre des cloches semble s'écouler. Les notes tombent comme ces gouttes brûlantes qu'on égrène dans mes tympans quand j'ai les oreillons. Mon cousin Stéphane est déjà sur notre perron, le torse trempé de sueur. Bien qu'il n'ait que neuf mois de plus que moi, son autorité se substitue à celle de mes frères, une fois dans l'île. Il en connaît infiniment mieux les ressources, pour y vivre toute l'année. Beau, très brun, dur à l'occasion, il jouit d'un vrai prestige à mes yeux qui doit à son flegme, son indépendance et à ce prénom étrange, mi-grec mi-slave, incomparablement plus masculin que le mien. Un petit short kaki à la taille, les cuisses déjà mangées par de *vrais* poils noirs, il court dans les ruelles brûlantes en faisant claquer ses sandales de cuir. Je le suis à perdre haleine jusqu'à la sortie du village, où nous attend un pommier que nous élaguons en sautant sur les pieds et dont les fruits acides, d'un extraordinaire vert anis, font crisser nos dents.

Le silence est total. Stéphane ouvre sa braguette pour se soulager en soufflant sur l'arbre. Je rougis en découvrant son sexe bien plus gros que le mien. J'entends vrombir un essaim de guêpes, Stéphane repère un lézard agrippé à la roche, approche à pas de loup pour observer ses palpitations, que la peur accélère. Il attrape par la queue le reptile, rit en le voyant se débattre, s'affoler, puis se défaire de l'appendice prisonnier : à l'en croire il repoussera dans la semaine.

J'aime la cruauté de Stéphane. Je souffre aussi pour l'animal que la nature a fait si vulnérable, même s'il a la souplesse inventive des espèces fragiles et la capacité déroutante de se *réparer*. Je crois voir une race de sauriens que l'aridité ambiante aurait empêchée de croître, contrairement à ses cousins du Nil, mais qui pourrait en échange se renouveler, après amputation.

Déjà Stéphane repart vers d'autres prodiges à travers le village assoupi.

Je tends la main pour saisir les figues violettes qui pendent lourdement aux branches, la poisse blanche qui perle à leur siège trahit leur maturité. Je n'ai pas fini de racler leur pulpe que j'enjambe un mur de ronces pour attraper les fruits noirs d'un mûrier sauvage, qui raye mes genoux de sang et mes shorts d'encre. Enfin nous regagnons la maison des Charles pour goûter la tarte au citron d'Aristée, la matrone qui ne quitte jamais leur cuisine et dont les cuisses, gonflées par la goutte et la station debout, sont presque aussi larges que les fesses. Comme les oiseaux de l'évangile, *qui ne sèment ni ne moissonnent*, nous trouvons tout à portée.

Sainte-Lucie est le paradis pour un enfant. Le premier coq se réveille à quatre heures du matin, à l'aube, une centaine de gallinacés se répondent à travers les montagnes, précédant de peu les *hi-han* déchirants des ânes, dont les sabots martèlent les ruelles en escaliers. Caché derrière les jalousies de nos fenêtres, relevées comme des voilettes de nonne, j'observe leur progression chaotique et soudain repère la croix que dessine leur pelage…

Qui a attribué un si beau dessin à ces bêtes maltraitées ?

Croyante jusqu'à la superstition, ma grand-mère me répond que Dieu a dessiné par anticipation la croix sur laquelle son Fils devait mourir, pour figurer les souffrances qui nous attendent sur terre. Je lui fais répéter son invraisemblable explication.

Catherine Turchini-Zuccarelli n'est pas logique. Elle se signe à chaque blasphème, marmonne « S'il p'aît à Dieu » à chaque vœu, en appelle à saint Antoine ou à sainte Rita, patronne des causes désespérées, dès qu'on perd une clef, se couvre la poitrine de médailles en fer-blanc de la Vierge Miraculeuse qu'elle achète rue du Bac, où la mère du Christ est apparue en 1874. Héritière des plus vieilles familles de l'île, elle est aussi l'otage de ses rites les plus archaïques, comme une villageoise descendant de Colomba. Fils de paysans ne parlant que le corse, André Turchini son mari semble à l'inverse appartenir, avec son intelligence lumineuse et son universel scepticisme, à une dynastie de savants laïcs formés à Pise ou à Aix. Mais c'est souvent ainsi dans l'île, les hommes sont voltairiens et les femmes croyantes.

Je rejoins en fin d'après-midi la famille pour la rituelle promenade vespérale qui doit nous mener jusqu'à Sermano, un village connu pour ses vieux chantants, pour la plupart des frères de mon grand-père, les derniers hommes de l'île à perpétuer les *chjame i rispondi* de la *paghjella*, ces chants polyphoniques si souvent entonnés aujourd'hui. Ces cinq kilomètres à travers le maquis, les mûriers et les ronces sont une vraie expédition. Cela fait des années qu'on parle de percer une route en comptant sur l'entregent des Zuccarelli, mais elle ne sera ouverte que quinze ans plus tard. Au détour d'un virage, après l'ultime chapelle, je bute sur un taureau dont l'œil lourd m'intime l'arrêt. Je retiens mon souffle en attendant que la vache qu'il cornaque ait fini de fuiter, seule façon de fendre le troupeau sans risquer d'être encorné.

Ces minotaures, qui font deux fois ma taille et dix fois mon poids, tétanisent le petit Parisien que je suis : eux non plus n'obéissent à aucune loi. Je suis toujours le dernier à reprendre la route en prenant soin de contourner les bouses pleines de paille qui forment autant de mines glissantes ou sèches sur le sentier. J'arrive à Sermano les yeux brûlés, les narines saturées d'odeurs de myrrhe et d'immortelle.

Des huit frères cadets d'André Turchini, mon grand-père, cinq sont partis aux colonies et les autres ont rarement quitté ce hameau. Je les écoute parler corse avec jubilation. La bouillie produite par leurs mâchoires édentées est si goûteuse, l'accent qui la déforme si rocailleux ! J'en viens à croire que les roches du paysage ont fini par ébrécher leurs cordes vocales. Ces hommes ne parlent pas qu'une autre langue, ils vivent un autre temps. Ils descendent de paysans qui ont produit des siècles durant leur blé, leurs tomates, leurs courgettes, leur pain et leur vin, leur laitage et leur charcuterie et dont l'autarcie, conquise au prix d'un travail écrasant, n'a pris fin qu'entre les deux guerres.

Avec ses murs couverts de suie, de rameaux pascals et de fusils de chasse, la maison des Zerbi m'intrigue. En entendant résonner des cris gutturaux – « Aïo ! », pour « Aïuto ! », « Au secours ! », « O Dou-mé !, chì fa ci ? », pour « Qu'est-ce que tu fous, Dominique ! » – j'ai l'impression d'entrer dans un habitat troglodyte. A Bustanico, le village d'en haut, je crois tomber en plein Moyen Age en poussant la porte de l'auberge où fermentent des fromages de brebis, des *brocciu* si pestilentiels que je pense d'abord à des rats morts « – Puzza issu casgiu ! ». Je me sens à des années-lumière du continent.

Mon attitude fait rire, jamais un *vrai* petit insulaire ne réagirait ainsi. Je comprends que je dois cesser d'être parisien, c'est-à-dire presque rien, développer d'autres réflexes, redevenir objectivement corse, me faire plus rustique en tout cas – attraper si possible l'accent, pour combler le gouffre. Pierre et Philippe en seront toujours incapables ; mes voyelles chantent, après deux mois dans l'île. Personne ne prendra jamais la peine de m'apprendre le corse. *Cela* ne s'enseigne pas, *cela* se parle et se transmet par imprégnation. La tendance est encore à tout franciser, quand on veut faire montre d'une certaine éducation. On dit Sermane et Sainte-Lucie, comme on prononce nos patronymes « Tsucarelle » ou « Tourquine ».

Plus on parle pointu et plus on est potentiellement ridicule en même temps. La vérité est d'essence rustique, dans ces villages qui ont toujours préféré se rencogner plutôt que de composer avec l'envahisseur, l'étranger ou les *pinzuti*. Mais comment pourrait-il en être autrement, au cœur de ces montagnes lunaires peuplées de mouflons, de marcassins et de vautours ? La Corse remplace si bien tout, avec ses pics où l'on peut skier l'hiver et ses plages vert lagon l'été, que nos parents ne partiront que deux fois à l'étranger en vingt-cinq ans de vie commune.

De retour à Sainte-Lucie, je traverse le jardin de notre maison pour gagner la grande salle à manger. C'est l'heure des grillons, dont l'armée invisible et stridente vient saturer l'atmosphère, en débitant des tranches d'air toujours plus comprimées. Mon pied glisse sur une forme flasque, visqueuse, ignoble. Je m'acharne contre la limace jusqu'à faire jaillir *toute* la pâte jaune de sa gaine. J'ai l'impression d'en finir avec ma mollesse d'enfant, de rejoindre Stéphane en cruauté, d'accéder à cet âge d'homme que l'île valorise tant.

Le repas terminé, mon cousin et moi prenons les seaux d'épluchures pour les porter jusqu'à Saint-Roch, un lieu-dit couvert de bauges où grognent la vingtaine de cochons que nous élevons. L'excitation que suscite notre venue, l'ardeur des bêtes à pousser leur groin, leur rage à fouailler nos restes me jettent dans une joie indicible. J'ai beau verser le contenu des seaux sur leurs têtes, les piquer avec une branche tandis qu'ils s'empiffrent, les aveugler avec ma lampe torche ou sortir à mon tour mon sexe pour inonder leurs oreilles velues, porcs et truies continuent d'engloutir fanes et déchets en se souillant, avec une avidité qui insulte toute notre éducation.

Comment ces bêtes peuvent-elles engendrer cette sublime *coppa*, si intensément poivrée, ce *lonzo* au fumet délicat et ces fines saucisses de foie pimentées qu'on grille dans l'âtre, jusqu'à les rendre aussi craquantes que du bois mort, les *figatelli*, qui nous arrivent par colis à Noël via Tante Apollonie, l'unique sœur de notre grand-père Turchini, restée célibataire pour servir ses neuf frères ?

Le week-end, la famille repart en direction de Corte pour rejoindre les rives de la Restonica, dont les eaux glacées roulent d'énormes roches sur lesquelles je grimpe pour faire des « bombes » en criant des « Ahahah » qui courent vers la montagne, avant de m'exposer au soleil impitoyable de l'été. La chaleur fixe ces sons dans la cire chaude de mes oreilles. Mes sens aiguisés fabriquent des souvenirs que le retour dans le froid saisira.

Le grand pèlerinage a lieu une fois par an. Il entraîne la famille à travers un chemin de maquis presque impénétrable jusqu'au village en ruine de Zuccarello, berceau du clan, plus haut dans la montagne. N'ayant plus de nouvelles du prêtre qui montait chaque dimanche leur dire la messe, nos ancêtres, se sentant méprisés, l'avaient menacé de représailles. L'ecclésiastique ne daignant toujours pas venir leur donner les sacrements, ils lui avaient tendu un traquenard, au détour du village, et l'avaient achevé à coups de pierres. Dieu les avait punis en leur envoyant des fourmis géantes qui ne laissèrent à ces Zuccarelli que les os et les ongles. Leurs descendants venaient depuis en procession conjurer la malédiction.

Notre père désapprouve ces superstitions *païennes*, comme le culte excessif que l'île rend aux morts. Lui seul n'avait pas ri, quand la gardienne du cimetière marin de Sète, devant la tombe de Paul Valéry, reconnaissant ma mère qu'elle avait connue enfant, et s'étonnant qu'elle ait déjà des fils *si grands*, avait lancé de sa voix joviale : « Qui sait ? Peut-être je vous en-terre-rai tous ! » : il avait jugé la remarque *parfaitement déplacée*. Le bonheur suscitant la jalousie, le mieux était de ne pas se faire remarquer ; la mort viendrait toujours assez tôt nous chercher.

Je ne vois pas les choses ainsi. J'adore les cimetières où ma grand-mère m'entraîne, quand des funérailles ont lieu dans le Bozio ou à Bastia, qu'un membre du clan se doit d'honorer pour d'évidentes raisons électorales. J'ai ainsi vu des pleureuses s'arracher les cheveux sur la tombe d'un inconnu en lançant des « voceri » lugubres, à glacer le sang. Ces deux femmes en noir m'ont fait ressentir la grandeur qui entoure ici la mort. C'est là où la Corse se montre le mieux.

Mais l'île est aussi le paradis des fous. La consanguinité aidant, chaque clan a son retardé ou son errant. Les familles traitant de la même façon chacun de leurs enfants, tous ont le droit à vivre libres, les « fadas » comme les mongoliens, tel mon adorable cousin Jean-

Pierre, né la même année que moi, mais qui fait deux fois plus vieux avec ses cris gutturaux et ses rires caverneux.

Ces fous sont exemptés de vie sociale. Ils marchent en toute liberté le long des routes, montent jusqu'au col de San Nicolao ou partent prendre un verre à la buvette de Tralonca, et reviennent à la nuit tombée pour partager la soupe à la tomate et les *figatelli*. Ils vont sans avoir à répondre de rien, ne croisant que les marcassins sauvages nés de l'accouplement d'un porc et d'une laie, au pelage tacheté ou zébré, qui pérégrinent aussi le long des routes. Ils peuvent prêcher aux oiseaux, faire des sermons aux ânes, dire tout ce qui leur passe par la tête, personne ne les « gronde ».

Ils auraient fait à une autre époque des miracles.

Personne ne leur demande rien, même lorsque après les grandes pluies l'on part à la chasse aux escargots, qu'on laisse dégorger dans des jarres remplies de sel trois jours durant. On les protège de façon propitiatoire à l'égal des Innocents des Alpes, victimes d'hyperthyroïdie, que leur entourage apprit à voir comme des chrétiens superlatifs puis, par dérivation, des *crétins* protecteurs : nos villages sont des asiles à ciel ouvert, l'été.

Le plus doux est Philippe, un des fils d'Oncle Charles. Ce vieil enfant monte dans les arbres pour y jouer de l'harmonica avant de marcher, la tête dans les étoiles, l'oreille collée à un transistor, en écoutant ses *jazzmen* préférés, sourire aux lèvres. Le plus déroutant est Pascalou, le frère cadet de notre mère, déclaré schizophrène à l'âge de dix-neuf ans, qui a suivi ses parents quand, à la retraite de notre grand-père, ils ont quitté Sète pour venir à leur tour vivre au 35, à trois étages de leur fille.

Alors que nos oncles Ortoli, installés aussi sur le continent, ont fait interner dès l'âge de vingt ans leur frère Robert, qui sautait sur tout le monde et mourut à l'asile, nos grands-parents ont continué d'agir à Paris comme dans l'île. Ici ou là, Pascalou passe la journée à voyager dans ses pensées, en fumant cigarette sur cigarette. De même qu'il marche inlassablement le long des routes, avant d'aller prendre ses cafés à la buvette de Sainte-Lucie, il tue le temps à Paris en s'accoudant aux bistrots de la porte de Saint-Cloud – Aux Trois Obus, les Fontaines –, ou en écumant les bars-tabacs du Quartier latin, dont il rêvait en écoutant du Brassens dans les rades de Sète.

Pour combattre l'apathie engendrée par les anxiolytiques, notre oncle a un besoin constant de remontants. Le Maxiton comme la Corydrane, qui rendront Sartre aveugle à soixante-dix ans, restent en vente libre et ces excitants, faits de benzédrine, d'amphétamines et d'aspirine, lui permettent d'échapper à la torpeur. Sont-ils aussi la cause de ses crises ? Personne n'ose trop poser la question. « Parfois il est normal. Parfois il est fou, un peu comme nous », dit la mère du schizophrène d'*Amarcord* ; ma grand-mère pourrait en dire autant. Pascalou n'est pas « dingue » à ses yeux, peut-être un peu étrange, guère plus malade que nous.

Les disques de métal qu'on a plaqués sur ses tempes, lors des séances d'électrochocs, n'ont pas laissé de traces. Pascalou s'exprime d'abondance et devient lyrique, dès qu'on aborde les bons sujets ; lui-même se vit si peu en malade qu'il protestera, lorsque mon grand-père se résignera à l'interner près d'Ajaccio, à la mort de sa femme : « Je ne veux pas être avec tous ces fous ! »

Mon frère Pierre le supportant très mal, on veille à ne jamais les laisser tête à tête. Philippe l'aime bien en principe, mais peine à trouver des sujets communs. Je suis le seul à l'approcher sans réserve, pour avoir gagné sa confiance durant l'année que j'ai passée à Sète. Nous avons disputé des centaines de batailles navales en mâchant des cigarettes-chewing-gum à l'anis, avant d'assister à des tirages du loto : et parfois nous sommes repartis avec des pintades vivantes sous le bras, en longeant les canaux où les gondoliers s'affrontent au cours des grandes joutes d'été.

Je n'ai pas peur de mon oncle, je sais trop combien il peut être gentil. Que je le batte régulièrement à la bataille navale le surprend, mais il m'est reconnaissant de lui accorder du temps, de le ramener en enfance.

Il ne s'est jamais remis de l'Occupation que son père, pour la seconde fois prisonnier du Reich, a passée en Autriche. Il a eu faim, comme sa sœur Bibiche et son frère Jean, a cruellement manqué de fruits et de viande, de légumes et de produits laitiers. Il parle de la guerre comme si les fritz étaient repartis la veille, en laissant des magasins pillés et des administrations dévastées : la déroute de la France ayant précédé de peu l'effondrement de sa psyché, ces retours en arrière lui donnent des raisons d'espérer.

Faussée par la maladie et les médicaments, sa perception du temps lui fait tout vivre *a contrario* ; il ne se souvient que de son adolescence, oublie ce qu'il vit au présent. Profondément conservateur, comme nombre d'enfants et de fous, il n'aime que faire les mêmes parties de dames, devant le même poêle à mica, rejouer inlassablement au piano les airs de Fats Domino, d'Oscar Peterson et d'Art Tatum, *un Chopin fou*, disait Cocteau. Ces réitérations l'aident à contredire l'écoulement du temps ; à trente-cinq ans pourtant, il évoque le déclin d'un vieillard plus que l'essor d'un adolescent.

Soudain, Pascalou sort de ses rêveries. Il menace sa mère, insulte son père, claque la porte en parlant de ne plus revenir. Mes grands-parents le subissent avec une patience incompréhensible. Ces épreuves infligées par le ciel sont leur croix, le stigmate imprimé sur leur dos du fait d'on ne sait quelle faute originelle. Mon grand-père part le chercher dans les cafés de Corte ou de Bastia, de la porte de Saint-Cloud aussi bien, s'assied près de lui sans rien dire, met un jeton dans le *juke-box* et lui offre un nouveau café ; Pascalou finit par rentrer, s'enferme dans sa chambre, n'en ressort que pour avaler le plat que sa mère a laissé à mijoter. On le retrouve à fumer ses paquets de Gauloises brunes en fixant les murs et en faisant grincer ses dents, le matin. Il demande enfin pardon, en vieil enfant implorant.

Ses doigts sont devenus bruns, sous l'effet de la nicotine. Ses dents s'usent si vite qu'elles auront toutes quitté sa mâchoire, vingt ans plus tard ; ses joues se creusent si bien que son crâne semblera les avoir mangées. Ce n'est plus le petit frère malheureux de ma mère, le fruit gâté par des siècles de consanguinité insulaire, mais l'expression intemporelle et délocalisée de la folie : son menton en galoche et ses rictus feront bientôt de lui le sosie d'Antonin Artaud.

Le retour au bercail

C'est un choc de retrouver Paris, début septembre. Il fait frais, des guirlandes de poussière dansent autour des rais que le soleil darde encore à travers les volets de fer. Des odeurs insoutenables de naphtaline et de serpillière émanent des placards de l'appartement. En soulevant les housses en plastique qui protègent les fauteuils crapaud, j'ai l'impression de violer une sépulture.

La parenthèse extravagante est refermée. Je ne trouve plus de greniers où lire, d'arbres à piller, de rivières où plonger, de cabanes où me cacher ; tout est silencieux, triste, rabougri et désert, conforme à cette Norme Française – NF ! – qui garantit la viabilité des machines à laver de l'ère gaulliste.

Les mannequins de vraie peau recommencent à lever leur chapeau au passage de notre père : « Bonjour, monsieur Arnaud ! Vous avez passé un bon été ? – Excellent, monsieur de Stadieu. Mes hommages à votre épouse. » Les dames à chignon font de semblables courbettes à notre mère, en la complimentant sur son hâle. Et la routine reprend, école, lycée, catéchisme, animation louveteaux, au cœur de ce monde aseptisé où le seul fou est le nôtre, Pascalou. *Tu ne t'ennuies pas trop, à Paris ?* me demandent mes cousins, l'air navré, quand j'arrive dans l'île ; j'en viens à les comprendre.

Il ne se passe jamais rien ici à Boulogne et les élections, toujours favorables aux gaullistes, ne sont égayées par aucune fraude, officiellement. Toute bizarrerie a été bannie de ce quartier dont les rues se vident dès sept heures du soir, au rythme où s'allument les plafonniers : le silence reprend ses droits, l'ennui s'approche à pas de loup.

Les soirs de match, le quartier entre enfin en liesse. Des milliers de supporters investissent le zinc des Trois Obus, vident leurs pintes ou leur godet, se déversent dans les rues en agitant des drapeaux avant de converger vers le Parc des Princes en jouant du clairon. Les clameurs s'élèvent pendant trois heures, entrecoupées de silences inexplicables, poignants. Des milliers de poitrines retiennent leur souffle avant le but salvateur : climat d'émeute et de rut.

J'aperçois parfois l'intérieur de nos voisins, en dévalant quatre à quatre les marches de l'escalier. Ils occupent de semblables boîtes à vie, oppressantes d'homogénéité, comme suspendues dans le vide. L'hiver, quand le jour tarde à poindre, ce sont des morts-vivants qui semblent sortir de leur tombe en tenue de deuil – « richelieu » et escarpins noirs, costume gris anthracite et tailleur bordeaux, manteau bleu marine.

Il faut qu'un résidant meure *pour de vrai* pour que ce mausolée s'anime, paradoxalement. Comme à l'hiver 1966, où des ouvriers viennent encadrer le grand portail vitré de l'entrée d'un double rideau de crêpe noir surmonté d'un carquois où les initiales du défunt ont été brodées. Tout en dispersant les flocons de neige qui blanchissent leurs épaules, les proches venus présenter leurs condoléances affichent leur peine en entrant dans la dernière demeure du défunt, mais avec réserve, la retenue étant le meilleur garant de leur affliction. Ils ôtent discrètement leurs gants en ralentissant le pas, comme s'ils marchaient sur des œufs. Quand paraît un parent du défunt, brassard noir à la manche, les chapeaux s'élèvent plus haut encore ; un metteur en scène facétieux – Jacques Tati ? – semble tirer toutes les ficelles de l'immeuble.

Ces rites insignifiants nous soudent. Habitués aux enterrements corses, où les corbillards sont encore suivis par des marées humaines, nous rions de ces veufs incapables de pleurer et de ces veuves dérisoires hoquetant dans leur mouchoir. Aucun de nous ne croit à la mort, à vrai dire.

La nuit, je reste des heures à regarder, à la fenêtre du salon, la publicité pour les lampes Claude dont les ampoules colorent en alternance les immeubles de la porte de Saint-Cloud : je suis convaincu de vivre aussi longtemps qu'elles éclaireront. Comment la lumière pourrait-elle mourir ? Comment pourrais-je n'être plus, ayant tout à découvrir ? Je viens d'entrer au lycée Claude-Bernard, j'ai l'éternité devant moi.

Le mystère du monde se résume à mes yeux à une minuscule énigme géographique. Notre barre d'immeubles chevauchant sur deux cents mètres la « frontière » séparant Paris de Boulogne, les deux adresses – « 35 avenue Ferdinand-Buisson, Paris XVIe », ou « 35..., Boulogne-Billancourt » – sont également valides aux yeux de la police et de la justice. Le fisc nous situe en revanche à Boulogne, où mes parents votent aussi, et la poste dans le XVIe, et c'est un motif permanent de réflexion. En quittant ma chambre avec mon pull en V et mes Burlington, je m'amuse à penser que le Boulonnais que je suis, sans argent de poche ni facilités, se change en un petit péteux du XVIe, que je ne suis pas.

Je sautille comme à la marelle de part et d'autre de cette ligne de démarcation, en pensant aux avantages qu'un hors-la-loi pourrait tirer de la situation. Gagnerait-il à se faire arrêter dans la cuisine, côté Boulogne, ou dans la chambre des parents côté XVIe ? L'autorité judiciaire changeant à mi-chemin, tout dépendrait sans doute de la sévérité des juges sévissant dans les deux circonscriptions.

Cette frontière virtuelle m'obsède. Changé-je de nature en passant d'une ville l'autre ? Attraperais-je l'accent du XVIe en restant toute la journée à parler sur le balcon regardant la porte de Saint-Cloud ?

Avec son flair unique, Philippe en vient à me poser des questions étranges, un léger sourire aux lèvres, comme si mon entrée dans la vraie vie dépendait de mes réponses.

Aurais-je été le même, si j'étais né un mois plus tôt ? De la même mère, mais d'un autre père ?

Qui a décidé que je serais moi, et dans *cette* famille ?

Personne ne maîtrise l'art du mystère comme Philippe : avec ses traits orientaux et sa peau bistre, il évoque le Sphinx qui garde l'entrée de Thèbes. Il profite de ma stupeur pour me poser de nouvelles devinettes, tout en lissant ses cheveux noirs.

Aurais-je hérité de *son* corps et de *sa* conscience, si j'étais né aussi le 11 février 1951, ou serais-je *moi* dans son anatomie ? Suis-je consubstantiel à ma personne, ou le produit hasardeux d'un accident, comme ce petit voisin dont je viens d'apprendre qu'il a été adopté ?

Et si nos parents s'étaient assoupis, la nuit où ils m'avaient conçu ?

Le sexe reste un sujet très délicat ; on n'en parle jamais en famille, pas les enfants, en tout cas. Soucieux de son avenir génétique, notre père entre régulièrement dans la salle de bains pour voir si nous nous « développons » bien, c'est tout. Je me doute que les enfants ne naissent pas dans les choux, mais je suis à la merci de toute forme d'explication rivale.

Les filles au pair suédoises qui viennent épauler notre mère inspirent des remarques salaces à Hubert ; il évalue à haute voix leur anatomie comme s'il jouissait d'un droit de cuissage – « Tes seins trop pèsent », dit-il un jour à Ann-Laure en fixant son chemisicr tendu à rompre. Notre mère est assez sûre d'elle pour en rire, mais ces plaisanteries nous gênent pour elle. Je finis par prendre en grippe ces filles laiteuses, dont les claquettes en bois martèlent sans répit nos parquets.

Hubert parle des femmes avec une grande assurance. Il semble convaincu qu'elles ont été créées pour assouvir ses désirs et, sans se départir d'une vraie élégance, agit avec elles comme s'il était l'homme de leurs rêves. Son attitude encourage Pierre et Philippe à les croire réservées à lui, et à reporter sur eux-mêmes leurs besoins. En s'affirmant comme le mâle dominant, notre père les accule dans ce « sous-sol » garçonnier où leurs désirs resteront hermétiquement clos, jusqu'à l'exaltation.

« Tu sais ce que c'est que des seins ? » me demande Philippe un autre jour. Je le vois sourire, il a encore une fois gagné. « Et un pédé ? Tu ne sais pas ce que c'est ? », insiste-t-il, ravi. Son visage rayonne de rouerie.

« Et la sodomie ? »

Pédé n'existe pas, dans le Larousse. *Sodomie* renvoie à « coït contre nature » et *coït* à « accouplement dans l'espèce humaine ou chez les animaux », *accouplement* à « action d'accoupler, accouplement de mots, du mâle et de la femelle, rendant possible l'union de leurs cellules ».

Le questionnaire s'étend. Quelle est la couleur du sperme ? Et la fréquence des règles ? Sais-je ce qu'est une érection ? Une fausse couche ? Un avortement ?

Ces devinettes me font souffrir, en révélant l'étendue de mon ignorance. J'approche du mystère présidant à la vie, et il me paraît bien plus troublant que l'observation des étoiles et des galaxies, à laquelle je m'initie.

J'ignore tout de ce qu'un mari et une femme peuvent faire au lit. Qu'un homme puisse en aimer un autre me semble inconcevable, même si je pleure dès qu'on me sépare de Philippe. J'aurais pu me tourner vers Pierre, mais il semble très au-dessus de toutes ces questions.

A chacun de mes balbutiements, Philippe me renvoie sarcastiquement à une ignorance plus grande encore, comme pour préserver ma candeur, tout en s'amusant à la décaper. Il m'éprouve à travers un double mouvement de rabaissement par l'ironie et d'élévation par le silence. Le premier souligne à quel point le monde est insignifiant, en regard de la plénitude qu'il laisse espérer ; le second restitue leur mystère aux choses qu'il vient d'éviscérer. Plus il me parle de « pompier » et de « cunnilingus », plus ces mots-énigmes m'éloignent de la réalité qu'ils désignent, et plus Philippe renforce son emprise, jusqu'à la cruauté.

J'ai tendance à me réfugier dans la carte du monde éditée par Air France, qui court face à notre double lit gigogne, quand quelque chose me dépasse. Je découvre que les réponses aux questions de Philippe pourraient se trouver dans les dictionnaires qui garnissent notre bibliothèque de bois clair, le seul meuble que nous contrôlons. Nos parents ayant banni la télévision, nous n'avons qu'eux pour échapper à l'ennui ou à la frustration, depuis que Jérôme a été mis en pouponnière à Enghien, faute de place dans l'appartement.

Le rituel s'établit ainsi : vers onze heures je vais embrasser ma mère au lit, sous la couche de *Night Repair* qui doit redonner du tonus à sa peau. Nos deux épidermes collent, jusqu'à ce que la mollesse de ses crèmes me fasse fuir, de crainte d'être gagné par cette dilution parfumée. De retour dans mon lit gigogne, j'attends que les parents éteignent pour sortir ma lampe de poche et plonger dans les livres la tête la première, pour en sentir le fumet, comme le fait Philippe.

Les auteurs étrangers que mes frères lisent, t'Serstevens, Thor Heyerdahl, Rabindranâth Tagore, forment encore des zones de mystère impénétrables. Les Français nous introduisent à la cour de Louis XIV, à travers Saint-Simon, comme dans l'entourage de Napoléon, via Chateaubriand, mais aussi de Pierre le Grand ou du capitaine Dreyfus. Des centaines d'univers de rechange se tiennent à notre portée. Nous quittons le *no man's land* du 35 pour nous glisser dans des destinées plus que vivantes et mieux que vraies.

Ces vies obéissent à un but, une idée ou un style, *a contrario* de celles qui hantent notre quartier. Elles recoupent d'autres trajectoires glorieuses, via les dictionnaires, ramènent à de nouveaux livres. En racontant les faits d'armes des résistants, comme les plans cruels des dictateurs, ceux-ci nous font les complices du plombier bavarois qui monta sans le moindre soutien un attentat contre Hitler, ou des commandos qui rampèrent dans la neige lors de la bataille de l'eau lourde contre l'Allemagne, au fin fond de la Norvège. Nous pensons à eux quand notre père nous amène pique-niquer dans la forêt de Satory où l'armée s'entraîne, face au château de Versailles, en sentant sous nos fesses les douilles crachées par les fusils des bidasses.

La Seconde Guerre mondiale n'a pris fin que vingt ans plus tôt et la guerre froide bat son plein : les librairies débordent d'ouvrages sur les réseaux opérant pour le compte de la CIA, du KGB, du Mossad ou du MI5. Les éditions Marabout ont notre préférence : elles impriment leurs ouvrages sur un papier brun dont l'odeur de chiffon pourri hante nos nuits. Nos héros sont des agents infiltrés dans des bases sous-marines et des aéroports ennemis sous des déguisements insoupçonnables, qui prennent tous les risques pour servir la liberté. Capables de trahir leur pays pour une cause, ou leur croyance pour leur patrie, ils peuvent aussi se laisser « retourner » par des puissances adverses afin d'échapper à la mort. Obéir à deux logiques contradictoires, comme les membres de l'Orchestre rouge, ce réseau prosoviétique démantelé par les Allemands puis retourné par eux, mais qui continue à informer Moscou grâce à un code imperceptible, est donc possible. L'homme est foncièrement double dans ces livres.

J'admire l'audace de ces agents qui s'inventent une identité pour leurrer l'ennemi et lui voler ses secrets.

Trepper a beau découvrir, à son arrestation, que les Allemands ont réussi à retourner une partie de l'Orchestre rouge et communiquent déjà des messages « infectés » à Moscou, il parvient à garder confiance en les meilleurs de ses lieutenants, avant de retourner en sa faveur le Grand Jeu mis au point par les Allemands. Comment n'a-t-il pas perdu foi en entendant ses geôliers lui dire que le IIIe Reich souhaitait signer une paix séparée avec l'Union soviétique, et faire de lui un des éclaireurs de ce retournement ? A force d'entendre Philippe se le demander, j'ai parfois l'illusion d'être dans la cellule de Trepper place des Saussaies, ou plutôt des Trepper (il est « Otto » pour Moscou, « Eddie » pour l'un de ses agents, « René » pour l'autre…).

Tout s'imite, dans ces contre-sociétés, papiers d'identité, diplômes, cartes de visite, uniformes. Il n'y a qu'à couper en deux une pomme de terre crue, graver au couteau suisse, sur une face, un marteau pris dans une faucille et sur l'autre un svastika, encrer ces deux sigles puis tamponner deux lettres écrites en russe et en allemand pour circuler partout en Europe, durant la guerre. Ces falsifications nous confortent dans l'idée que la réalité n'est qu'une forme tacite d'hallucination orchestrée par les autorités – une *virtualité* susceptible de se réaliser dans certains lieux, sous très haute pression, mais plus souvent menacée de disparition, tel le monstre du Loch Ness.

Je finis par m'étonner de voir mon frère ramener des livres en si grand nombre. « C'est Bookmans qui me les donne », répond-il, en précisant que ce camarade de classe est le fils du directeur littéraire des éditions Marabout. Les cadeaux pleuvent si dru que Philippe supplante Pierre comme mon protecteur naturel. Il me pourvoit si bien en livres et en histoires que je deviens totalement dépendant de ses goûts.

Quand je ressors, après des heures de lecture, la rue m'apparaît insignifiante. Ni la guerre ni l'Histoire n'ont laissé la moindre trace dans ces artères désertes. L'actualité même y est indétectable : rien ne s'y passe jamais de moderne ou de prestigieux. L'air absent et la mine grise, les passants flottent.

Par jeu, mes frères font des plus patibulaires des détectives chargés de suivre un mari infidèle ou des agents ennemis ; ils se persuadent qu'ils sont là pour préparer de sales coups, à l'image de l'homme en imperméable dont le regard inquisiteur orne les publicités pour l'agence Duby, au dos de tous les annuaires. La porte de Saint-Cloud n'est-elle pas l'endroit idéal pour mener une vie double ?

L'ennui encourage bien quelques excentricités involontaires, comme chez ce buraliste de la poste du boulevard Murat, d'un flegme confinant au sabotage, qui semble ne rien soupçonner de la perruque noire qui recouvre comme une mygale son crâne : il se l'est si bien incorporée qu'il en tire la certitude grisante d'être doté d'une chevelure intacte.

Pierre, Philippe et moi venons au moindre prétexte à son guichet, puis restons à le dévisager bouche bée, comme si la force de nos regards allait finir par soulever sa moumoute et en faire la risée de tous les usagers. Tout le monde semble dupe du simulacre, étrangement.

Notre ironie s'exerce non seulement sur les faux cheveux du pauvre solitaire, mais sur les estropiés qui vendent les billets de loterie dédiés aux « gueules cassées », allongés sur des fauteuils à roue. Il nous semble impossible, pour des questions d'âge, que ces éclopés aient réellement fait la guerre 14-18. Quant aux chanteurs « bon marché » qui habitent le quartier et en diffusent l'insignifiance, ils sont pour nous des faiseurs ayant pris la place de *véritables* chanteurs que leur authenticité ou leur caractère a empêchés de percer – je pense à ce crooner béat qui entonne, avec le sourire du familier de Saint-Tropez : *Des pommes, des poires / Et des scoubidous-bidous, ouah !* Le succès incompréhensible de Sacha Distel nous amène à penser que les scènes du monde sont pleines d'usurpateurs que leur sens de la publicité et leur sourire Email Diamant ont propulsés au premier rang.

Comment croire que Claude François, dont l'appartement donne sur l'ancien viaduc d'Auteuil, va *réellement* nager à la piscine Molitor, comme l'affirment les prospectus qu'on trouve à l'entrée de ce grand paquebot Art déco, alors qu'on ne l'y a jamais vu ? Qui garantit la valeur ou l'authenticité des billets déposés dans les banques de l'avenue de Versailles ? Les meubles de nos parents sont bien de faux Louis XV...

Les intelligences conjuguées de mes frères en viennent à jeter un doute permanent sur tout ce qui me paraît toc ou dérangeant. Réduite à un décor, la réalité me semble entièrement truquée, comme une somme de mensonges que l'habitude aurait fini par authentifier. Sans doute le postier du boulevard Murat ne prétend-il à rien socialement, au contraire des Claude François ou des Sacha Distel, mais il cherche tout de même à se faire passer pour une autorité en matière d'acheminement : or il n'est pour nous qu'un figurant chauve déguisé en facteur chevelu.

Seuls les personnages ayant les moyens de leur originalité nous semblent authentiques, à l'image de Francis Blanche et de Pierre Dac, dont les imitations nous font rire aux larmes ; les autres sont des truqueurs ou des perroquets. Le seul monde digne de foi repose à vrai dire dans les livres ; tout y est plein, significatif, hautement personnalisé. En sollicitant d'emblée nos trois intelligences coalisées, ils suscitent en nous confiance et familiarité. Sans doute y a-t-il des écrivains qui sont moins sincères que d'autres, mais nous n'avons pas les moyens de les distinguer. Nous avançons en explorateurs parmi la forêt des livres et Pierre lui-même, en tête, se trouve tout aussi perdu que moi ; je le crois pourtant omniscient.

Montherlant est son auteur fétiche. La prose romaine et la morgue espagnole de l'auteur de *La Ville dont le prince est un enfant* ont paru d'emblée familiers au lycéen écrivant le latin. On murmure qu'il n'est pas si courageux qu'il le dit, qu'il a été mêlé à des affaires de mœurs et surpris avec de jeunes garçons, mais ces choses sont tenues dans un tel brouillard que ces soupçons semblent relever du ragot : ce sont les accusateurs de Montherlant qui passent pour vicieux.

Philippe se passionne pour le Malraux de *La Condition humaine*, ses voyages en Indochine, son combat contre Franco. Chaque matin, il coiffe en arrière et gomine ses cheveux noirs, devant la glace à trois pans de la salle de bains où il a collé une photo du Malraux des années 30, à qui il finira par ressembler de façon troublante. Ignorant tout des exagérations de l'auteur des *Antimémoires*, il pense qu'il a réellement mené de nombreuses batailles aériennes durant la guerre d'Espagne, avant que Mao ne lui fasse des confidences sur la marche du monde. Tout comme Pierre est convaincu que Montherlant est un redoutable homme à femmes, digne du Don Juan de Molina. La falsification existe dans ce monde aussi, mais nous n'en savons rien.

Faute de télévision, nous n'avons affaire qu'aux livres, jamais aux auteurs, sinon en photo dans les journaux – des clichés noir et blanc qui tendent à les sanctifier. Ces figures hors du commun ne peuvent mener à nos yeux de vie banale ; ils relèvent d'une forme raréfiée d'existence que rien de trivial ne vient jamais gâcher. La plupart sont d'ailleurs morts, ou si peu réels qu'ils semblent *faits pour mourir*, tel Julien Gracq qui n'apparaît nulle part, ne semble vivre qu'entre des pages de papier japon.

Pierre l'a eu comme professeur d'histoire-géo au lycée Claude-Bernard, mais l'enseignant lui a fait comprendre, quand il est venu lui faire signer un exemplaire du *Rivage des Syrtes*, que Louis Poirier (son vrai nom pour l'état civil) n'avait *rien à voir* avec Julien Gracq : très déçu, Pierre finira par nous confier que Poirier était aussi peu galvanisant, en classe, que Gracq l'est dans ses ouvrages. Je suis moi-même incapable d'imaginer que le cardinal de Retz, dont Philippe lit fébrilement les Mémoires, ait pu vivre *pour de vrai*, n'ayant aucune idée de ce qu'a pu représenter la Fronde. Je suis tout aussi impuissant à concevoir un Robert Pinget *réellement* vivant – il publie pourtant régulièrement aux éditions de Minuit.

Un titre de lui m'intrigue, dans le catalogue de la collection de poche 10/18 : *Graal Flibuste,* par Robert Pinget, suivi de *Robert Pinget ou le Palimpseste*, par Olivier de Magny. Je m'imagine des chevaliers appartenant à un ordre au sein duquel les mots *Graal, palimpseste* et *flibuste* auraient un sens, puisqu'ils n'en ont pas pour moi. Ils doivent regarder de très haut le monde, non comme nous, du 8e étage, mais parce qu'ils détiennent un savoir secret. Ils ne peuvent faire la queue chez leur bouchère pour acheter du boudin, ni s'inquiéter de savoir si les prothèses dentaires sont remboursées : ils ont quelque chose d'altier.

Nous nous faisons valoir en classe par l'éclat des ouvrages sortant de nos poches ; je me sens bientôt assez fort pour m'attaquer à ceux que Pierre et Philippe abandonnent derrière eux. Adultère, maternité, sionisme, la plupart me dépassent…

Alors, tu en es où, du livre d'Isaac Deutscher sur Staline ? demande un soir mon frère Philippe. *A la page 120*, réponds-je fièrement, sans oser dire que je m'y noie. Le regard d'Hubert trahit soudain de l'admiration pour ce garçon de onze ans capable d'assimiler un ouvrage aussi aride. Mon naturel accommodant a fait de moi son fils préféré ; son seul acte d'autorité consiste à me forcer à mettre des culottes bavaroises dont le cuir scie mes cuisses, en me donnant l'air d'un danseur folklorique à l'Oktoberfest. Quand il met un 33 tours de charleston ou de piano massacre sur le *pick-up*, c'est Clodion le chevelu qui vient danser sur ses pieds, ou Clo-Clo – un surnom qui me gêne, c'est aussi celui de Claude François. Et c'est toujours à moi que la veuve russe dont la famille a fui la Révolution s'adresse, quand elle nous écrit des lettres moquant les manies des habitants du 35 – Mme Putchina n'est qu'une poupée fantasque dans les mains de notre père.

– Tu pourrais nous dire la différence entre bolcheviks et mencheviks ? ajoute Philippe, un grand sourire aux lèvres.

Mon bredouillis me ramène à ma vraie place : je ne maîtrise pas le quart de ce que je lis. *Côtes de blettes, clottes de bettes, Claude est bête !* se déchaîne Philippe, à l'arrivée du gratin rituel : je n'ouvre plus la bouche de la soirée. La semaine suivante, il me fixe effrontément en frappant de l'index sa tempe, comme si j'étais un *crétin* ; à chaque livre, j'aurai droit au même questionnaire serré, à chaque gratin, au même jeu de mots humiliant.

Loin de me démoraliser, cette pression fait de moi un lecteur assidu. Vantée dans la presse par des publicités, la méthode de lecture Kennedy m'encourage à lire en diagonale tout en guettant certains mots clés – un balayage qui permettait au président américain d'« embrasser » des centaines de rapports par jour. Je m'oblige à finir tous les livres et parviens presque à deviner ceux qui me dépassent, dans le désir de prouver à mes frères que je ne suis pas si bête.

Plus proche en âge, Philippe prend alors sur moi un ascendant total. J'entre à sa suite chez les scouts, imite sa démarche nerveuse, me modèle sur lui en tout. Il me guérit contre tout préjugé en allant présenter ses excuses, en mon nom et à ma grande honte, au couple de Marocains dont j'ai giflé le fils, que notre patrouille n'aime pas plus que Cohen, un jeune Juif catholique. Sa compréhension de la vie excède si bien la mienne que je finis toujours par ouvrir tous les livres qu'il lit, même si je n'en arrive pas à bout. J'aime qu'ils restent accessibles ; il préfère qu'ils lui en imposent en ayant l'air écrits dans une langue spéciale, à l'image du japonais imbibé de chinois encore parlé à la cour de l'empereur nippon.

Un climat étrange s'instaure entre nous. J'ignore être aux yeux de Philippe plus qu'un « élève » lorsqu'il se penche vers moi, du haut de notre lit gigogne, pour souffler sur mes boucles alors que je dors à poings fermés. Il me « visite » à la façon de l'ange annonciateur sans que je saisisse le miracle en cours : je suis sa chose endormie, contemplée et caressée à loisir, à qui rien ne sera jamais imposé ; s'exprimant sans m'atteindre, son plaisir me laisse immaculé.

Notre père le pressent-il ? Il juge soudain excessive la présence de quatre garçons dans deux chambres jumelles et pense à louer au rez-de-chaussée du 35 un appartement déjà plus grand à la famille P.

Comme pour nous faire tomber de huit étages.

L'appel du vide

Jérôme est devenu un vrai petit garçon joufflu et joueur, aimant faire des grimaces et des farces. Notre fratrie fait de « Yoyo », comme lui-même se nomme depuis l'enfance, sa mascotte et son héritier. Je passe des heures à chatouiller cette poupée joviale que Philippe s'amuse à effrayer en se présentant comme un vampire assoiffé de sang, affublé d'ongles et de crocs saillants, le prince des Ténèbres en personne.

Décidé à exiler ce clown, dont il ne supporte ni l'hystérie ni l'insoumission, notre père envoie Philippe en pension au lycée Michelet de Vanves. *La promiscuité nuit à vos études*, tonne-t-il, pour justifier sa décision.

Philippe perçoit comme une brimade cette relégation. Il la refuse de tout son être, sans réussir à l'empêcher. Séparé de son disciple, comme du merveilleux jouet qu'est Jérôme, mon aîné se cabre. Humilié par la discipline du pensionnat, il perd de son énergie sauvage, de sa superbe et de sa gaieté. L'orgueil devient mélancolique, l'ironie s'intériorise, les auditoires de Michelet sont trop anonymes pour qu'il cherche encore à « briller ». Exilé du

« vert paradis des amours enfantines », blessé d'avoir été défait par son père, mon aîné devient et cette blessure et cet exil.

Son regard fait peine à voir, quand il rentre à la maison le week-end ; l'adolescent affiche une gravité nouvelle qui ferait passer Pierre pour un joyeux luron. J'ai beau essayer de relancer nos jeux, Philippe ne suit pas, ce n'est plus de son âge. Prisonnier de notre enfance, je le regarde rallier l'âge adulte, sans l'envier pour une fois.

Pierre part vivre à son tour dans une chambre de bonne du XVIe, après avoir été reçu en classe de mathématiques supérieures, première étape du long chemin qui doit le mener aux grandes écoles – des études si prenantes qu'on ne le verra plus de l'année, sinon le dimanche. Philippe considère encore plus injuste son exil après ce départ. Il rentre de moins en moins à la maison, et à chaque fois c'est pour moi une déception : le volcan se refroidit à vue d'œil. Cassé par notre séparation, Philippe ne m'apparaît plus que comme le survivant mélancolique de lui-même.

J'avais été heureux d'être enfin en situation de commander, à l'arrivée de Jérôme. Mais notre cadet a les jeux de son âge, et j'ai l'impression décourageante de régresser en faisant des pâtés dans les bacs. J'avais eu quinze et douze ans avec mes aînés ; je n'en ai plus que deux avec lui. Fatigué de passer des heures dans les jardins publics, je finis par laisser Jérôme à la garde de nos grands-parents. Mais il n'y a plus personne à la maison quand je rentre, et le jeudi, jour de congé et de liesse, devient jour de deuil à partir de la rentrée 1967 : douze heures sans frères ni jeux. « L'un séparé de l'autre, il y a une moitié de nous-mêmes qui nous manque. Nous n'avons plus que des demi-sensations, une demi-vie, nous sommes décomplétés comme un livre en deux volumes », lit-on dans le *Journal* des frères Goncourt.

Le vide est partout, quand je me mets au balcon, côté Paris, pour voir les boulistes mesurer les distances qui séparent leur « point » du cochonnet, huit étages plus bas, et, côté Boulogne, pour cracher sur les voisins que je déteste – pas si facile, du 8e étage. Le vide est derrière moi, dans l'appartement désert, sous mes pieds bien sûr, mais aussi devant moi, jusqu'aux collines de Sèvres et de Meudon. Je ne vois personne se profiler derrière les rideaux des maisons, n'entends aucune musique monter des chambres, ne devine aucune réunion familiale dans les salles à manger. Seule l'ombre fantomatique des téléviseurs donne une animation spectrale à ces boîtes à vie. Je flotte au milieu de nulle part.

Le temps s'écoule, s'étire, se répète, insiste à faire sans bruit son travail, me pousse vers le néant avec la lenteur des horloges de province – du temps à l'état pur qui me harcèle avec une insistance quasi astronomique. J'ai encore assez d'énergie pour mesurer l'étendue de mon marasme, plus assez pour le combattre. Une mélancolie sans cause ni remède m'envahit : tout me paraît fade et vaseux ; le néant a fait de notre quartier sa capitale.

Otage de ma solitude, libre prisonnier de ma chambre, je découvre un sentiment nouveau, volatil comme un éther et lourd comme le plomb, l'ennui. Je m'efforce d'éviter les raies noires séparant les dalles, durant mes trajets vers l'école, comme je m'astreins à des travaux ménagers pour me sentir utile, une fois de retour à la maison, mais la solitude fait écho à tous mes gestes. En lavant la vaisselle, j'ai l'impression d'avoir déjà trempé ces assiettes dans la même eau la veille et vu se « briser » semblablement les couverts. Ce sont les mêmes sensations et les mêmes fourchettes : je revis dans ses moindres détails la scène déjà vécue. Le temps recule, s'inverse, m'emporte à reculons, me tourne la tête.

En voyant ma main se « casser » à son tour en deux, je me demande soudain qui fait la vaisselle, puis *qui est* ce « je » qui se demande… Je m'examine en train de laver, m'inquiète d'être si peu apte à la vie réelle.

Le vide prend une ampleur vertigineuse, quand je sors faire des courses côté Boulogne. L'épicerie de Mme Berdon, au début de l'avenue Edouard-Vaillant, la pharmacie d'où je rapporte des échantillons de crème de beauté pour ma mère, le marchand de couleurs chez qui j'achète la pierre ponce, le Fly Tox et le Fill Plug pour reboucher les murs m'évoquent les commerces sans âme de la province où vivent nos grands-parents paternels.

La boucherie ? Une vaste chambre froide que les Allard ne quittent jamais, sinon durant l'exode d'août où le quartier se vide. Monsieur s'exprime encore à travers les coups qu'il inflige à ses viandes ; figée derrière son pupitre en bois, madame se contente de redire les sommes qu'il ânonne au terme de la pesée, avant de les inscrire sur une fiche frappée d'un bovin rouge. Les clients ne lui parlent presque jamais, sauf pour réclamer leur monnaie.

Je pense à un malheur moins social qu'existentiel, l'effet de cette « chosification » que vont mettre à l'honneur les films d'Antonioni et les romans de Perec, mais qui n'ont encore trouvé aucune expression à ma connaissance. Mme Allard paraît vivre la moins inconfortable des malédictions, la plus inavouable des détresses. Ma mère a longtemps été la seule personne soucieuse de me mettre en valeur, afin de combler mon retard sur mes aînés. Elle m'a pour la première fois donné l'illusion d'être autonome, en me juchant sur un âne à Sainte-Lucie et en me tendant les rênes, à l'été 1960, et je lui en ai eu une profonde reconnaissance. Mais je ne suis qu'un parmi quatre, et je dois apprendre à partager.

Le jeudi, je frappe à sa porte pour lui proposer de *faire quelque chose.* Elle me flatte longuement le poil sans quitter son livre, le plus souvent un roman. En quête de répit après avoir donné vie à quatre fils, elle n'a pas plus envie de jouer avec Clodion le chevelu que moi-même d'aller faire des pâtés avec Jérôme. Quand j'insiste, elle me repousse gentiment. Je reviens lui proposer de faire une tarte aux oranges amères *comme autrefois*, elle me fait comprendre qu'elle a assez fait la cuisine et part mettre la *Symphonie du Nouveau Monde* de Dvořák sur le pick-up, avant de reprendre sa lecture en serrant contre elle une bouillotte.

Le matin, il lui arrive de venir encore me sécher au sortir de la douche. « Mais où est passé mon canard en sucre d'orge ? feint-elle de s'inquiéter tandis que je disparais sous la serviette. Mon lapin en pâte d'amandes ? Ma cocotte en papier ? » Je proteste : je ne suis plus un bébé, ni un animal à transformation. Je suis impatient de grandir, elle regrette déjà mon ambiguïté charmante d'enfant. Je sais bien qu'elle aurait préféré une fille, mais je ne vois plus comment le lui faire oublier. Je suis à la fois trop « vieux » pour lui servir encore de miroir, lors de ses essayages, et trop jeune pour devenir son petit mari.

Découvrant que je ne lui manque pas quand je m'éloigne, j'en déduis avec un certain dépit qu'elle existe par elle-même, contrairement à moi. Que trouverait-elle à dire, en vérité, à un garçon de onze ans ? Certaines mères nous obligent à être leur enfant, au-delà de tout âge raisonnable. J'aurais tout fait pour l'obliger à être la mienne, quelques heures par semaine.

Résigné à perpétuer seul les rites de la tribu, je retourne dans ma chambre déserte et passe les après-midi à lire Koestler, Vian, Steinbeck en dévorant des biscuits à l'orange L'Alsacienne. La tête saturée de phrases, le corps secoué par les *riffs* des Animals, je monte sur la couche de Philippe, en haut de notre lit gigogne, colle le nez aux fenêtres donnant sur Boulogne et achève de me dissoudre dans ce cimetière pour vivants.

Je pars à nouveau vider le frigidaire, frissonne au contact du bac à glace, cours me glisser sous les couvertures. Mon lit s'allège, gonfle, s'envole, je lévite vers l'Israël des premières colonies avec Koestler, ou l'Irlande des contes et légendes avec Donovan…

La nuit tombée, j'introduis dans le magnétophone les enregistrements pirates des concerts donnés par les Beatles à l'Hollywood Bowl, deux ans plus tôt, que Philippe a obtenus je ne sais comment. Portées par les courts-circuits de leurs guitares, les voix nasillardes des Fabulous Four entonnent « Dizzy miss Lizzy », aussitôt recouvertes par les cris de milliers d'étourneaux de treize à seize ans qui s'envolent, menacent de s'abattre sur les « gars de Liverpool », de gagner leur chevelure, de déchiqueter leurs lèvres. C'est la délivrance et la fin du monde à la fois, portés par une envie sournoise de viol : des milliers de *teenagers* américains hurlent leur désir d'en finir avec leur réclusion.

Je n'ai qu'un but, au sortir du lycée, c'est de retrouver ma pile de disques et ma niche à livres, de manger jusqu'au tournis du papier et du vinyle.

Je finis par connaître chaque note d'*Abbey Road* et de *Sergent Pepper's*, dont les sonorités bizarres, doucereuses ou grinçantes peuvent me plonger dans l'euphorie, comme dans la plus noire des mélancolies…

J'ai soudain besoin de respirer.

J'ouvre grandes les fenêtres et suis les nuages chargés de plomb qui frôlent les collines de Meudon, à perte de vue, jusqu'à m'y noyer. Ce que je vois ne représente pourtant qu'une infime partie du globe ; au-delà s'étend l'Ile-de-France, la Normandie, la Bretagne, puis l'océan que sillonnent les paquebots *France* et *Liberté*. La seule pensée de New York, avec ses gratte-ciel, me donne le vertige. Je sens le poids de ses édifices sur mes épaules et, paniqué, m'en retourne à mes lectures : l'Amérique ne m'intimide plus, dans un roman de Steinbeck. Je peux m'y rendre et la quitter, la moquer ou l'admirer, à volonté.

Je passe des heures à me gratter l'entrecuisse avant de porter mes doigts au nez, et ne me lève que pour retourner l'album *Dead End Street* des Kinks sur le pick-up Philips, poser le bras de plastique sur les sillons et repartir pour de nouvelles heures d'oubli – j'arrive à lire jusqu'à cent cinquante pages d'affilée, à ma grande fierté.

Nous sommes des millions à bouillir en écoutant les Rolling Stones ou les Animals, de par le monde, et pourtant je me sens plus que jamais seul – un naufragé du *Bounty* dont les frères vogueraient vers la Terre promise.

Quand, saturé de musique, je sors enfin prendre l'air, je me retrouve au cœur d'un *no man's land* où le moindre pas résonne. Mon ombre, en croisant celles que projettent les passants, me déstabilise un peu plus. Je me sens de trop, destiné à rien, conçu par hasard.

De jour aussi, j'ai l'impression d'être somnambule.

On a beau m'approuver, je me conteste. Les qualités qu'on m'accorde ne sont qu'apparentes, mes progrès ne sont que dégradation, personne ne me connaît, moi le premier. Je casse tous les thermomètres que je trouve pour rouler entre mes doigts la boule de mercure qu'ils renferment : je m'identifie à cette matière insaisissable.

Quand je crois entrevoir enfin une explication à mon marasme, une sorte de brouillard vient la recouvrir : mon sentiment de ne pas tout à fait exister est frappé à son tour d'inexistence.

L'été, je peux passer l'après-midi au soleil à enflammer les pages de garde de mes cahiers Clairefontaine avec une loupe. Il m'arrive si peu de choses que j'en viens à espérer, en fixant le ciel de Boulogne, qu'un avion en percute un autre et s'enflamme. Parfois, au sortir du lycée, je me fige sur place dans le boulevard Murat. Je n'ai aucune envie de rentrer à la maison, je reste à attendre, en me disant que quelqu'un va finir par me remarquer, s'intéresser à moi, m'ouvrir sa voiture.

Personne ne m'enlèvera jamais.

Je deviens un concentré d'oisiveté, l'habitant d'un univers sans poids ni matière, un nihiliste mou, pas même désespéré, doutant d'un peu tout : le fait que tout le monde parle des choses comme d'évidences n'est-il pas le seul fondement de leur existence ?

Personne ne se demande qui est ce saint Cloud qui baptise le quartier, de même, car personne n'en entend jamais parler. Un faux saint, pour un faux quartier.

J'ignore jusqu'au nom de Gorgias, le rhétoricien que Socrate harcèle dans le dialogue éponyme, mais j'aurais approuvé son programme : « 1°/ Il n'y a rien. 2°/ S'il y avait quelque chose, nous ne pourrions pas le connaître. 3°/ S'il y a quelque chose et que nous le connaissions, nous ne pourrions pas le communiquer aux autres. »

… La nuit finit par tomber.

Je m'imbibe de ce ciel noir d'encre, baisse un peu plus dans ma propre estime, retrouve un peu d'espoir en voyant les étoiles paraître, les fixe à travers la lunette artisanale que mon parrain m'a offerte : ces astres sont réels, eux. Ils ne mourront jamais à notre échelle, ils brillent à travers le temps.

L'univers est si vaste !

Je prolonge le voyage en dévorant des ouvrages d'astronomie d'une aridité fascinante. L'idée d'un choc initial que d'autres pourraient suivre me plaît, mais je préfère encore voir les astrophysiciens s'avouer impuissants à tout expliquer : cela me met presque à leur niveau.

… Toute cette matière ne peut être née de rien, en même temps. Un principe, un être doit être derrière cette prolifération. Peut-être est-il mort d'épuisement après son exploit inaugural. Peut-être sa démesure l'a-t-elle rendu fou, et erre-t-il depuis dans les confins de l'univers.

Je réussis à impressionner Philippe en lui apprenant que notre cerveau comporte autant de neurones que le ciel de galaxies (cent milliards). Cette symétrie entre la richesse de son intelligence et l'étendue de l'univers me vaut un bref élan de gratitude. Galvanisé par ses encouragements, je me rends quai Anatole-France, au siège du Centre National de la Recherche Scientifique, afin de suivre une formation en astronomie. L'hôtesse de quart me conseille de rentrer à la maison. J'insiste pour obtenir une adresse, elle me rétorque que les clubs ne prennent jamais d'*enfants* avant quinze ans puis se met à me regarder sévèrement, comme si j'étais un vulgaire fugueur devant d'urgence rassurer *sa maman*. Humilié au plus profond, j'abandonne l'étude des galaxies spirales.

Les lycéens commencent à parler de sexe, autour de moi. J'entends mes petits camarades évoquer des rencontres torrides, se donner des rendez-vous avec des blondes qui n'existent que dans leur imagination, évoquer des voyages en Angleterre où les filles s'offrent au premier slow, et je me sens mal, je n'éprouve aucune attirance pour cela, j'habite une autre planète. Un élève décrit à son voisin le coït de façon si crue et barbare que je manque me sentir mal, au sortir d'un cours d'anglais ; il ne parle pas d'une femme, mais d'une addition d'organes qu'il semble biologiquement destiné à ensemencer ; je pense à ces sangliers qui viennent grogner dans les jardins et laissent partout des traces, en Corse.

Le sexe m'est une menace. De même qu'il y a des zones du corps impossibles à soulager, sinon avec un gratte-dos, il me semble que je n'atteindrai jamais au plaisir, sinon sur un mode artificiel et faux. Ou bien la satisfaction me serait fatale, comme pour ces espèces volantes qui meurent en se reproduisant. J'ai peur, je ferme les yeux.

Quand il m'arrive de parler à des filles du lycée La Fontaine voisin – les occasions sont rares, aucune activité n'est mixte –, je suis frappé *a contrario* par leur maturité. Elles en deviennent encore plus intimidantes, elles qui me semblent déjà relever d'une autre espèce – on n'en voit jamais chez nous. La seule avec qui je me sente à l'aise est Béatrice, ma cousine bastiaise, la sœur de Stéphane.

Un unique objet occupe mon petit voisin du 35, à l'autre extrémité du spectre : le piano qu'il doit rejoindre, en rentrant du lycée. Triste, solitaire et grave, Michel D. n'est pas fait pour cette vie-là, encore moins pour cette époque : il déteste Antoine et Jacques Dutronc, mes idoles ;

je ne suis même pas sûr qu'il les ait jamais entendus chanter. Du moins a-t-il une alternative claire : il se dépêche chaque soir de rejoindre le piano où il s'exerce durant des heures sur des partitions de Mozart et de Brahms – une passion si triste, si solitaire qu'elle m'éloigne durablement de la grande musique.

Faute de vivre la sexualité, j'essaye au moins de l'appréhender. Je lis les ouvrages de « vulgarisation » de Freud, me plonge dans ses analyses du mot d'esprit, me noie dans *L'Interprétation des rêves*. Je deviens l'ami d'un élève de ma classe, Simon, grand lecteur lui aussi, dont le frère aîné a des airs de *beatnik* et dont les parents, bien plus à l'aise et modernes que les miens, m'ouvrent grande leur porte : on ne peut pas être plus chaleureux que ces Juifs d'origine tunisienne qui habitent le « bon XVIe ».

Je me mets à manger autant que je lis ; je peux engloutir des pâtes pendant vingt minutes d'affilée, puis une pleine assiettée de crème de marrons à la crème fraîche, avant de vider une boîte de biscuits Lu dans un pot de confiture d'oranges amères. A la fin des repas encore, il me prend des envies dévorantes de vider l'assiette de mes voisins et d'en lécher les bords. J'ai beau me gaver de phrases, d'odeurs et d'images, rien ne parvient à me combler : j'ai des désirs plus gros que le ventre.

Je prends des formes, et me déplais : j'ai l'air bête, soudain, j'ai peur qu'on se moque.

Je suis timide, socialement. Je peux prendre un quart d'heure avant d'entrer dans une boutique, de peur que mes envies ne résistent pas à l'épreuve des questions. Je redoute d'aller vers des inconnus, leur simple contact pourrait me détruire. Je ne croise pas un magasin de gadgets sans souhaiter intérieurement qu'il fasse faillite ;

la débauche de produits inutiles que la société de consommation encourage me révolte.

Ce n'est pas la nécessité qui brille dans ces vitrines, mais un simulacre absurde : la vraie vie est ailleurs.

Deux ans plut tôt, je baignais encore dans le Tout. J'étais le centre sensible d'un monde où il me suffisait de paraître pour être justifié. Je dois soudain quitter cette sphère enchantée pour me présenter *en mon nom* devant la société. Fait pour l'enfance, avec son capital mirifique de souvenirs, je tends de toutes mes forces à la prolonger : je freine le temps pour repousser le moment d'advenir. Me faire *moi* supposerait que je devienne *autre*, comparé à celui que j'étais parmi mes frères, et je ne le veux pas.

Tous les rôles que mes amis prennent – le potache, le polar, le dragueur… – me semblent des compositions ; ils enfilent des panoplies, faute de savoir qui ils sont. Je suis capable de revêtir aussi la tenue du jour – shetland sans coutures, pantalons de velours moutarde à grosses côtes, mocassins « anglais » où brille une pièce d'un penny – pour aller boire un Coca rondelle dans le décor « 1900 » du Pub Renault, sur les Champs-Elysées, parmi la foule des minets qui arrivent sur leur Honda P50, dont Jacques Dutronc va bientôt se moquer : comme eux j'aime Frank Alamo et Françoise Hardy. Mais comment rivaliser avec des garçons dont les plus aisés vont à Londres s'habiller ? Le manque d'argent m'en éloigne.

Mon face-à-face avec le monde prend un tour oppressant, loin de Philippe ; je ressens son absence comme étant la mienne aussi : il est mon identité, comme je suis son désir. Je trouve rude d'avoir à me construire seul, après avoir commencé à trois ; incapable de donner forme au fluide que j'abrite, je me vois comme un pot-pourri de traits propres et d'éléments d'emprunt : cela ne fait pas un *moi* crédible.

Je découvre un écrivain qui a passé son temps à mettre précisément en valeur toutes les facettes de sa personnalité, avec une assurance incroyable. Gide n'a pas seulement aimé une femme, la sienne, et désiré des garçons de mon âge, il a aussi été amoureux d'un jeune homme de vingt ans et fait un enfant à la fille de sa meilleure amie, sans que ces contradictions ne l'aient gêné un instant.

En élisant Montherlant et Malraux, mes frères s'étaient reconnus dans des auteurs ayant une idée « mystique » de la littérature, et une vision grandiloquente d'eux-mêmes ; je choisis d'instinct une figure plus humaine, quoi que tout aussi narcissique. La vie de Gide est la matière même de ses livres ; il en a « sauvé » chaque instant en l'évoquant heure par heure à travers son *Journal*. De retour de Tunisie, du Tchad et de l'Union soviétique, il a donné une preuve définitive de ses voyages par écrit : cette confirmation permanente me fascine, j'ai l'impression que tout m'échappe.

Gide use d'un mot rare pour désigner ce que nous avons de plus singulier. Les trois *i*, le *d*, le *o*, le *y*, le *n*, les deux *s*, le *c*, le *e* et le *r* d'*idiosyncrasie* m'ouvrent des horizons inouïs : si chacun abrite une façon particulière de voir le monde, en pointillés, il suffit d'accentuer celle-ci pour devenir quelqu'un. Je décide de ne plus me fier qu'à mes propres réactions.

Ma mère, qui a déjà voulu m'interdire les *Claudine* de Colette de peur que je ne m'identifie à cette héroïne délurée, m'interroge sur les raisons de cet engouement bizarre. Non seulement je tiens bon, mais je me mets à lire *sous son nez* tout les Gide, d'*Amyntas* à *Et nunc manet in te*…, qu'abrite *sa* bibliothèque, au milieu d'ouvrages de

Montherlant et de Cocteau, qui ont plus ou moins les mêmes mœurs.

Impatient de me définir, j'attends qu'elle sorte faire ses achats pour me mettre nu devant la glace de l'entrée, où j'ai si souvent eu à commenter ses robes. Mais j'ai beau tourner de plus en plus vite sur moi-même, je n'arrive pas à m'appréhender en entier. Je m'approche du miroir jusqu'à voir mon corps en gros plan ; mes traits s'estompent sous l'intensité de mon regard, ne laissant qu'un peu de buée que mes doigts dispersent. Je fais trois pas en arrière, recommence... raté.

Mes hanches et mes seins sont trop marqués, pour un garçon. Une sécrétion incongrue d'hormones féminines modifie de façon inquiétante mon corps, à l'âge où mes camarades voient une moustache ombrer leur lèvre. Le docteur Alépée me diagnostique une mammite, dont le seul nom me fait rougir, comme si j'allais me changer tout entier en mamelon. J'ai peur de devenir réellement *Claude*, une fille en tenue de garçon.

Je me mets à nager en piscine, à courir sur tous les stades, malgré le rhume des foins qui gâche l'été mes sorties, à faire de l'aviron parmi des rats morts, sous le pont de Saint-Cloud. A force de voir les lycéens jeter des sardines sur les femmes qui nous servent, je cesse d'aller à la cantine, en viens à ne plus manger que des viandes, des pâtes et des fruits afin de me muscler.

Seul à ne pas être beau dans une famille plutôt gâtée, j'accomplis un effort intense pour me mettre à niveau. Grâce aux conseils minceur d'un magazine féminin trouvé dans les jardins de la porte de Saint-Cloud, je perds cinq kilos en un mois, deux le mois suivant. J'agis comme un homme qui bat sa femme trop molle, un tyran qui n'aurait que son corps à persécuter, un garçon qui se crispe, après avoir touché le fond de sa passivité.

Les effets de ma volonté décuplent ma détermination. Je me découvre une capacité déroutante à aller jusqu'au bout d'une décision : un fanatisme qui ne regarderait que moi. J'éprouve le besoin, après « l'hémorragie » provoquée par le départ de mes frères, de me vider un peu plus : en me privant de tout, je finirai peut-être par savoir qui je suis vraiment.

Je deviens si maigre que ma mère s'en inquiète. J'évoque l'effet d'une croissance rapide et recommence de plus belle à me priver : en affamant l'animal en moi, j'ai l'impression de me fabriquer un noyau dur, au lieu de cette glu qui me glisse entre les doigts. Je crains en même temps de devenir translucide. Ma mère pourrait repérer l'embryon que j'abrite, qui cette fois ne lui doit rien, et je ne veux pas qu'elle puisse lire en moi, évaluer ma personnalité toute neuve, son jugement pourrait me fragiliser.

Elle a d'autres chats à fouetter, heureusement.

Je me restreins encore plus, pour parfaire mon contrôle. Fier d'avoir appris à tenir en laisse mes désirs, j'imagine pouvoir redessiner mon corps à ma guise, en faire un peu plus mon œuvre.

Quand j'ai faim, le week-end, je prépare à manger afin de donner à mes frères tout ce que je me refuse. Je remonte l'avenue de Versailles et rentre avec un plein panier de provisions. Mais Pierre et Philippe trouvent parfaitement normal d'être nourris. J'ai beau leur mitonner leurs plats préférés, ils estiment qu'ils me complimentent assez en léchant leur assiette et repartent sans me remercier. Leur ingratitude me blesse.

Je leur fais sentir que si j'ai dit que tout serait prêt à

huit heures, ils *doivent* être alors à table. Mais ils arrivent toujours en retard, quoi que je dise ou fasse. Je deviens tyrannique. Ils rient ouvertement de mon zèle, se moquent de mon empressement à bien faire. Je crois entendre mes camarades du lycée, raillant les serveuses de la cantine avant de les souiller ; je m'identifie à elles, en tombant sur un article présentant l'anorexie comme un mal féminin.

De quel droit Pierre et Philippe méprisent-ils mes efforts, au nom de quelle hiérarchie m'ignorent-ils ? N'aimant plus leur façon de tout critiquer, je cesse brutalement de les nourrir. Je me mets à détester Philippe, en le voyant se moquer de « ma grève des fourneaux ». Pour qui se prend-il ?

Je me construirai sans lui. Je n'ai plus besoin de sa présence.

Pour me durcir encore, je m'inflige de nouvelles privations. Je saute tous les repas afin de me libérer du monde et de sa corruption. Je fais sécession alimentaire.

Je pèse bientôt si peu que plus rien ne semble pouvoir m'atteindre. Je deviens le souverain absolu de ma toute petite destinée : seul sur mon île, dominant chaque muscle, contrôlant jusqu'à ma digestion, j'atteins à l'autarcie.

C'est du fer que je sens en moi, quand je pose la main sur mon ventre.

Les Evénements

Un soir de printemps, Pascal et notre grand-père rentrent tout agités de leur tournée des cafés parisiens. Ayant passé l'après-midi en terrasse du Mahieu ils ont vu, à hauteur du lycée Saint-Louis, des groupes d'étudiants envahir les trottoirs du Boul'Mich' en criant et tendant le poing. Pascalou ayant horreur du désordre, ils se sont engouffrés dans le métro.

La radio annonce alors qu'un groupe d'étudiants a encerclé un fourgon de la préfecture et fait voler en éclats son pare-brise à coups de pierres : freinés par la pente, les policiers ont dû mettre en branle leur alarme pour dégager leur « panier à salade » ; on est le 3 mai au soir.

Tout m'apparaît brumeux, à moi qui n'ai jamais mis les pieds au Quartier latin. Les photos publiées par la presse semblent rendre compte d'un monde lointain, vieilli par le noir et blanc et les grosses trames d'alors, où les policiers eux-mêmes ont des allures de guerriers médiévaux. Nos cheveux se sont mis à pousser et nos vêtements à flotter, les derniers mois, mais qui aurait dit que les institutions en seraient affectées ? Pour l'enfant de douze ans que je suis, le pouvoir semble éternel par essence, il résume tout ce à quoi je n'aurai jamais accès.

Les employés du dépôt de bus de la porte de Saint-Cloud se mettent en grève le 12, et tendent des banderoles de part et d'autre de la grille d'entrée. Surpris de les voir occuper leur lieu de travail, le quartier s'enquiert de leur revendication, se prend timidement à discuter. Comme ces fuites de gaz qui s'épanchent en silence, gagnent un pâté d'immeubles jusqu'aux combles avant de rencontrer l'étincelle propice, mon imagination s'enflamme en découvrant ce calicot inoubliable : « Prenez vos désirs pour des réalités. »

Claude-Bernard entre à son tour en ébullition. La salle de permanence est occupée par des élèves réclamant la suppression des pions, le droit de fumer dans la cour et de sortir sans autorisation de l'établissement. Le lycée se change en un forum fébrile où les « orateurs » dénoncent le bachotage permanent et demandent la fin de la suprématie du latin-grec, avant de faire le lien entre refoulement et « polarisation » puis d'exiger, au milieu des insultes et des rires, la mixité dans les classes et des cours d'éducation sexuelle. Il se passe enfin quelque chose dans le quartier !

Heureux de fuir la solitude et l'anorexie, je me jette dans la mêlée. Je vote en faveur de l'autodiscipline, élis à main levée un délégué que je ne connais pas, hue les « polars » qui dénoncent les « agitateurs » les empêchant de travailler, ris en entendant un taupin conseiller au censeur de mettre la pilule en vente dans tous les Monoprix, comme Antoine l'a fait dans « Les Elucubrations », le premier 45 tours que j'aie jamais acheté. J'applaudis l'orateur de quinze ans qui accuse la notation sur 20 d'entretenir un esprit permanent de compétition, et réclame une plus grande flexibilité dans les horaires.

Porté par l'électricité ambiante, je perds toute timidité. Je sors d'un univers figé dans son insignifiance pour entrer dans un monde vivant, contemporain, excitant. Tout heureux de dire à nouveau *nous*, le garçon qui se morfondait renie les cours magistraux et ces manuels qui lui disent en cinq lignes quoi penser de la « rivalité » entre Corneille et Racine, et pourquoi l'abandon de ses enfants doit tempérer l'apologie de la nature par Rousseau : il veut des sujets d'aujourd'hui, pas d'autrefois ; il vit au siècle de Boris Vian, pas du Roi-Soleil !

Plaisir de ne plus subir les décrets d'en haut, d'échapper à la routine et à l'ennui, de crier sans craindre de sanction en apprenant que les universités n'accueillent que 8 % de fils d'ouvriers.

Soudain, le proviseur sort de son bureau pour juguler l'anarchie. Je vais vers lui en criant « Vive Cohn-Bendit ! » puis m'éloigne, un sourire aux lèvres, comme le rouquin sur ses photos. Handicapé par sa toute petite taille, M. Depain reste bouche bée ; qu'un élève de *mon* âge puisse lui parler sur ce ton lui semble inconcevable, monstrueux, intolérable. Je savoure mon triomphe en le voyant regagner son bureau, tête basse.

La jeunesse n'avait droit jusque-là qu'à deux jours de Saturnales, lors des bizutages de rentrée, et l'obligation de se taire le reste de l'année ; elle fait du bruit pour cent, soudain. Les enseignants perdent le monopole de la parole, les surveillants de l'autorité, les lieux autrefois interdits s'ouvrent, des francs-tireurs explorent déjà les souterrains secrets qui mènent au lycée La Fontaine, construits par la Kriegsmarine durant la guerre, pour en ramener des boîtes d'ananas en conserve. « Professeurs, vous nous faites vieillir », dit un tract ronéotypé.

Les pions eux-mêmes vivent avec un transistor à l'oreille pour suivre les événements sur les seules radios échappant au contrôle de l'Etat. Les frères Cocu, qui arrivent en Morgan décapotable au lycée et nous expédient régulièrement chez le coiffeur, en nous tirant par l'oreille, persistent à faire comme si de rien n'était : ils s'attirent une haine inextinguible[1].

Une grève reconductible est votée par les classes de seconde et de première ; je suis parmi les quelques élèves de quatrième qui envahissent avec eux le boulevard Murat, en direction du lycée La Fontaine. Je m'entends exiger la démission des ministres de l'Education et de l'Intérieur dont je connaissais à peine le nom la veille – ils s'appellent Peyrefitte et Fouchet, je les hais, ils ont l'air vieux et suffisants. En me voyant murmurer « Libérez nos camarades » avec mes voisins de classe, le professeur de français me lance : « Eh bien, allez-y à la Sorbonne, si c'est ce que vous voulez ! » L'éclat de rire est général.

Symbole du lycée-caserne, avec ses trois mille élèves et ses bataillons de pensionnaires, Michelet fait sécession le 10 mai. Philippe vote d'emblée l'occupation ; ils seront plus nombreux à dormir sur place, ainsi. Les dortoirs débordent, il se met à nouveau à chanter, faire des gri-

---

1. « Je me souviens d'un pion au lycée Claude-Bernard qui avait une écharpe jaune ; c'est à cette occasion que j'appris que le jaune était la couleur des cocus », écrit curieusement Georges Perec, qui étudiait vingt ans plus tôt dans le même lycée. *Je me souviens*, n° 360.

maces, les événements lui rendent son exubérance naturelle. Le matin du 11 mai, au sortir de la nuit des barricades, il court rue Saint-Jacques pour voir l'étendue des dégâts, les voitures calcinées, les amas de grilles en fer, de panneaux de circulation et de bancs qui bloquent la circulation. L'actualité se montre enfin aussi exaltante que dans ses émissions de radio d'autrefois, mais il n'a plus à la commenter, il la vit en direct !

Les événements scellent nos retrouvailles. Oubliée la cantinière amère, j'exulte à son diapason.

Le plus discipliné des trois frères, Pierre vit très mal cette flambée d'anarchie anti-scolaire, son côté « Au feu les cahiers ». Il ne pense depuis des années qu'à intégrer Polytechnique ou Centrale, où l'Etat et le secteur privé recrutent leurs plus brillants sujets ; et voilà que les grévistes lui interdisent l'accès aux cours, parlent de remplacer les examens par des contrôles continus !

Inadmissible, inconcevable : les parents sont d'accord, les étudiants doivent pouvoir étudier.

On parle pour la première fois politique en famille. Redoutant une crise qui ouvrirait aux communistes les portes du pouvoir, notre père se méfie de leur modération affichée. Ayant lâché de Gaulle pour le candidat centriste, un agrégé de philosophie que son sourire Gibbs a fait surnommer *Kennedillon* aux présidentielles de 65, notre mère cherche à l'inverse à comprendre le mouvement, tout en réprouvant ses excès.

La fratrie elle-même se scinde. Chaque frère se réveille avec des idées qu'il ne se connaissait pas la veille, et qui montent en lui comme une voix qui mue ; je suis le plus exalté, le moins entendu aussi. Jérôme, trois ans, reste provisoirement « sans opinion ».

L'immeuble du 35 se montre farouchement hostile aux événements. La bêtise est d'abord chauvine, une cousine de notre grand-mère s'indigne que la France puisse *subir* les mots d'ordre d'un *petit Juif étranger*. Je la regarde avec stupeur : je ne savais pas qu'on puisse en être encore là, vingt-cinq ans après l'Occupation.

La grève devient générale : la moitié du pays cesse toute activité. Les pompes à essence n'ont plus rien à offrir et l'on ne peut même plus joindre la Corse par téléphone, les opératrices chargées de prévenir la famille, depuis la poste de Sermano, ayant décroché leur combiné. Les péniches des mariniers bloquent la Seine aux entrées de Paris ; les fossoyeurs eux-mêmes ont posé leurs pelles, au cimetière de Boulogne, et les cercueils s'entassent dans les allées. Le monde adulte est en train de s'effondrer !

Je dépasse enfin la porte de Saint-Cloud pour aller voir mon ami Simon, immobilisé par une fracture chez ses grands-parents, à La Motte-Picquet-Grenelle. J'emprunte l'avenue de Versailles déserte, bifurque par la rue Rémusat pour emprunter le pont Mirabeau, remonte l'avenue Emile-Zola en longeant les montagnes de cageots qu'aucun éboueur ne veut plus ramasser – certaines montent jusqu'aux troisièmes étages des immeubles.

Les bus, les taxis, le gros des voitures sont à l'arrêt. Plus aucun klaxon ne retentit, Paris baigne dans un climat de rêve, j'ai l'impression d'arpenter un coin de campagne récemment urbanisée : à l'aube, du balcon du 35, j'ai perçu les meuglements des vaches de l'ultime ferme où l'on achète encore le lait en bidon, à l'orée de Boulogne. Je pleure en apprenant à la radio la nouvelle de l'assassinat de Robert Kennedy, cette famille n'a vraiment pas de chance, j'inscris au feutre « Rien ne vaut un Bonaparte manchot » sur le plâtre de Simon. Je découvre en détaillant la bibliothèque familiale qu'il est le neveu d'un écrivain qu'un grand prestige entoure alors, redescends l'avenue Emile-Zola en chantant « Il fait trop beau pour travailler », la scie des Parisiennes.

Des passants errent tête basse : j'ai envie de les réveiller, de les mettre au courant, je pousse un nouveau « Vive Cohn-Bendit ! » qui résonne dans l'avenue déserte. Je suis le maître des rues, le roi de la terre.

Une main sur le capot, l'autre sur le pare-brise, un homme pousse une R4, volant bloqué, vers la dernière station d'essence encore ouverte, avant de se jeter sur le frein à main en atteignant la queue, longue de 100 mètres : je ris en pensant au carambolage qu'il aurait pu créer.

Je choisis de rester rive gauche pour longer la Seine. J'arrive quai de Javel, m'étonne qu'une berge puisse porter le nom d'une eau puante, tombe sur des usines gardées par un piquet de grève. Surpris qu'on fabrique des camionnettes à deux pas des immeubles résidentiels de Chardon-Lagache, je reste en arrêt devant ces ateliers crasseux dont les toits en dents de scie m'évoquent la découpe légendaire des chocolats Toblerone : le XIXe siècle persiste sur ce quai oublié.

En levant les yeux au ciel, je vois flamber des drapeaux rouges entre les sept lettres de CITROËN puis découvre un mannequin pendu à un crochet. Sur le ventre de l'effigie de paille s'inscrit le mot « Directeur » : ces hommes qui bavardent, Gitane au bec, rêvent de pendre leur patron !

J'ai peur qu'ils me remarquent, rient de mes pantalons de velours moutarde, de mon âge ou de ma stupeur – *Tu as l'air bête, quand tu observes.* Un mélange de curiosité, de crainte et de honte me gagne. Je redécouvre l'horrible timidité qui m'interdit l'accès à certains magasins ; un épais mur de verre me sépare de ces ouvriers que j'aimerais tant approcher, mais que je ne m'accorde pas le droit d'écouter. Je ne surmonte mon trac que pour décamper.

L'angoisse m'étreint, en retrouvant mon quartier : c'est toujours la même insignifiance, la machine à faire le vide a tout aspiré.

Arrivé devant le 35, je me ravise. Je pense me rendre aux usines Renault, ayant appris que les ouvriers jouent aux cartes sur les chaînes, où peut-être notre vieille Dauphine avait été montée. Mais le mari de Dora, notre femme de ménage espagnole, y travaille comme contremaître et il est si hostile au mouvement que je crains, le croisant, d'être montré du doigt. Les syndicats fermant les grilles de la forteresse pour empêcher les étudiants d'approcher, je rebrousse chemin.

Un air de renaissance flotte sur la ville, le lendemain. Les bourgeons percent, la chaleur dénoue les cravates, des sourires éclairent les visages. Un vent spécial semble pousser les gens hors de leur domicile, de leur routine, d'eux-mêmes aussi : c'est l'air étrange, chargé de lumière, d'électricité et de pollens, de ce printemps-là.

J'ai reçu de strictes consignes de prudence, à la maison, mais plus aucun ordre ne pourrait me retenir caserné. Je contourne les fontaines Art déco de la porte de Saint-Cloud, remonte l'avenue de Versailles en tendant le pouce, me poste sur la place de Barcelone. Une force intérieure me porte, tout mon être exige le changement, comme la chrysalide en pleine mue.

Une Ami 6 s'arrête : son conducteur a siphonné le réservoir d'un camion de pompiers. Je m'assieds à ses côtés, bien trop intimidé pour répondre à ses questions : je crains qu'il ne découvre mon âge et ne me ramène à la maison. Le trajet est interminable, il s'arrête à chaque autostoppeur, son Ami 6, pleine à craquer, finit par toucher la chaussée.

Il y a foule, aux alentours de la Maison de Radio en grève. Journalistes et employés vident leur sac autour de ce symbole d'un pouvoir qui monopolise depuis des années la parole. Las d'être de simples pions dans le grand projet gaulliste de renaissance nationale, les morts-vivants ont décidé d'exister et retrouvent confiance dans leurs capacités.

Les quais de la Seine sont vides, quand l'Ami 6 rejoint les berges. On se croirait en période de crue – à ce détail près que ce n'est pas l'eau mais l'air qui envahit les voies, un air léger et exaltant porteur d'un silence prodigieux, comme enrichi en oxygène. Arrivé sur le Boul'Mich', je rejoins la Sorbonne occupée et me faufile dans la foule qui envahit la cour : une discussion fiévreuse oppose des étudiants pour qui l'on a le droit de tuer un policier, en cas de légitime défense, et des visiteurs âgés, ouvriers et employés me semble-t-il, que cette perspective révolte. La discussion elle-même prend un tour violent, presque inquiétant. Je m'attendais naïvement à trouver des gens d'accord ; personne ne semble plus parler la même langue : la virulence des échanges laisse même deviner un monde où les discordes seraient plus terribles encore.

Je perds soudain pied. Chaque allusion aux « ordonnances » me déprime en révélant l'étendue de mon ignorance ; chaque évocation des « Enragés » me choque, comme si des dogues allaient jaillir en montrant les crocs. Je ne sais ce que signifie « La chienlit, c'est lui » sur les affiches montrant de Gaulle, bras levés, et pas plus le « A bas le crapaud de Nazareth ! » badigeonné sur les murs. Mon statut d'enfant, dont je croyais être enfin sorti, m'est en permanence rappelé : j'erre d'une énigme à l'autre, en exil dans ma propre contrée.

Je sursaute en sentant une main se poser sur mes fesses. En me retournant je découvre un tout petit homme aux traits lisses, insignifiants. Je fais un pas de côté et me laisse reprendre par les discussions sur les « lois scélérates » de la IIIe République.

La main revient frôler mon froc.

Je m'éloigne, « il » en fait autant. Réduit à un mutisme humiliant, alors que tout le monde prend la parole, je monte dans les étages voir les Katangais, d'anciens mercenaires qui cacheraient des armes dans l'infirmerie : « il » me suit dans la cour, à petits pas. J'ignore ce qu'« il » me veut, mais je n'aime pas sa présence, je pense aux admonestations de mes parents contre les hommes voulant m'attirer dans leur voiture.

J'emprunte les galeries recouvertes de fresques où les figures du temps de Louis XIII ont été affublés de bulles-slogans, comme dans les bandes dessinées. J'ai un haut-le-cœur en découvrant : « La culture est l'inversion de la vie » badigeonné : comment peut-on trouver à redire contre des livres ? J'ai éprouvé un même choc en voyant Philippe lire *Asphyxiante culture*, le pamphlet du peintre Dubuffet, quelques mois plus tôt.

La main est à nouveau sur mes fesses.

Je reste interdit, elle glisse entre mes cuisses, je deviens écarlate, me retourne en colère, « il » fait comme si de rien n'était. Je découvre un monsieur vraiment ordinaire, presque indigné qu'on puisse le soupçonner d'une chose pareille.

Je me demande un instant si je n'ai pas *tout inventé*, finis par ne plus savoir à quel saint me vouer.

Je décide de quitter la Sorbonne. « Il » m'emboîte le pas sans bruit, je n'ai aucun moyen de m'y opposer, quel poids aurais-je à mon âge ? Je pense rentrer porte de Saint-Cloud, mais tout ce que je vois m'intéresse trop, ces gens qui s'écharpent, ces colonnes couvertes d'affiches, ces drapeaux qui flottent aux frontons, ces cris qui montent me donnent la chair de poule. Je découvre enfin Paris et Paris, par un hasard troublant, est en révolution.

J'ai l'impression, en longeant les palissades couvertes de slogans de la rue de Vaugirard, puis en voyant les lycéens de Saint-Louis me faire signe par les fenêtres, d'aborder une civilisation inconnue couverte de signes cabbalistiques.

Une forte odeur de lacrymogènes nous cueille, devant l'Odéon. Les CRS ont tiré tant de grenades dans la nuit que je me change en fontaine, puis en machine à éternuer, sous l'effet de l'allergie saisonnière : le temps de sortir mon mouchoir et déjà il est trempé. J'escalade à nouveau les marches du théâtre, quatre ans après être allé voir en famille *La Vie imaginaire de l'éboueur Auguste G.*, une pièce d'Armand Gatti à laquelle je n'ai rien compris – ces mêmes marches où Pierre a reçu une gifle pour avoir demandé la signification des mots obscènes émaillant la pièce.

L'état de la salle me stupéfie. Des gens dorment, à plat ventre ou en chien de fusil, sur les banquettes des promenoirs, dans les escaliers montant aux baignoires et sur les fauteuils d'orchestre. La main agrippée à une hallebarde, un chapeau à plume enfoncé sur les yeux, un garde ronfle sur une banquette, d'immenses cuissardes remontées jusqu'à l'aine, comme dans les gravures illustrant les contes de Perrault. Une femme en robe à crinoline court derrière un homme au cou pris dans une énorme fraise. Partout des étudiants au teint pâle, les joues creusées par la fatigue, passent en faisant des gestes ou en hurlant des consignes ; poussée par une force invisible, la foule avance dans la pénombre dans les tenues les plus bizarres.

Je reste à regarder, bouche bée, sinus ulcérés. J'éternue comme un damné, pleure des narines autant que des yeux. Ce théâtre qui m'avait paru si hautain, malgré le langage « ordurier » d'Armand Gatti, semble en plein carnaval. J'ai quitté l'ère des mini-jupes, des cols roulés et des scoubidous pour un siècle composite et reculé, englobant le temps des mousquetaires et celui des grognards de la Grande Armée. Je découvre enfin l'Histoire, cette dimension du temps dont je croyais avoir été exclu à jamais en naissant porte de Saint-Cloud.

Je vois mon poursuivant rejaillir du brouillard, mais je refuse encore d'avoir peur, en le retrouvant si petit. Je me sens déjà plus fort, au contact de la foule qui m'entoure. Je ne suis plus un enfant craintif, mais un garçon pris dans un incroyable maelström, qui cherche à se défaire de l'homme qui freine ses débuts « d'explorateur ». Je ne laisserai pas ce type gâcher mon plaisir, c'est dit. Je n'ai même plus de sentiments agressifs contre lui. Comme si Philippe m'avait sournoisement habitué à être l'objet de ce genre de désirs. Ou que la force du spectacle l'emportait sur tout.

– Tu es perdu ? me lance un étudiant.

Mon étonnement l'amuse ; si les occupants récupèrent dans des tenues bizarres, après une nuit d'émeute, c'est qu'ils viennent de découvrir dans les réserves les costumes du *Cid*, de *Phèdre* et du *Mariage de Figaro*.

Il est cinq heures de l'après-midi, je ne sais plus où je suis, les gens affluent de partout en criant, comme impatients de se défaire de leurs complets grisâtres pour s'affubler de redingotes et de sabres en toc, en spectateurs impatients de monter sur la scène. Toute la vie qui fait défaut dans mon quartier converge vers ce lieu plein, chaud, bizarre, que la fumée des cigarettes, la pâleur des lustres et le cliquetis des « armes » rendent encore plus désirable. Le théâtre, le roman et l'Histoire semblent s'être fondus en une discipline nouvelle, bien plus vivante et colorée que toutes celles qu'on m'enseigne au lycée. Le faste des costumes, l'odeur chimique des lacrymogènes, l'état second où l'allergie me met, les ondes de chaleur qui irradient de la foule, l'énergie élémentaire due à la certitude de vivre un moment unique font souffler un vent de folie dans le théâtre : les prunelles enflammées, mon poursuivant lui-même se met à faire de grands gestes avec les bras, comme s'il s'était résolu aussi à figurer activement dans cette fantastique mise en scène.

Je frissonne en retrouvant ma chambre déserte, de retour au 35 : c'est le calme du caveau après les flonflons de la fête. La revanche de la mort sur l'exubérance.

Le mois passe comme un rêve.

Des écrivains aussi importants que Sartre ou Aragon viennent se justifier devant des manifestants qui n'ont que cinq ou six ans de plus que moi ; la jeunesse donne enfin le ton. L'Italie en grève, Prague insurgé, Tokyo soulevé, la bourrasque gagne la planète.

Au 35, au cours d'un dîner particulièrement houleux, Pierre perd patience. Son intérêt bien senti devrait l'amener à se concentrer sur les concours d'entrée aux grandes écoles ; il se laisse happer par les événements, part à la rencontre du monde, adhère aux Comités de défense de la République lancés par le moins reluisant des barons du gaullisme. Un drapeau français au bras, il distribue des tracts dénonçant l'anarchie aux quatre coins de Boulogne : les pavés ont fini par atteindre sa chambre, les lacrymogènes par gagner cet élève hors pair.

Les habitants du 35 prient pour que le Général rétablisse l'ordre, puis applaudissent à l'arrivée de chars dans le bois de Satory, où nous pique-niquons le dimanche. Le climat se tend, à la maison. Philippe et moi attendons en haletant le retour du troll de vingt ans que la police gaulliste a renvoyé dans son pays d'origine, Pierre et nos parents le redoutent plus que tout. Le calme de l'immeuble, le soir, est tout juste troublé par l'écho des slogans qui résonnent dans ma tête.

Quand Dany Cohn-Bendit réussit à repasser la frontière allemande, déguisé en malade au fond d'une ambulance, dit-on, pour réapparaître dans le grand amphi de la Sorbonne, les cheveux teints en noir, c'est l'extase : Robin des Bois l'a emporté. Le regard dédaigneux de Pierre aurait dû me renvoyer à mon état d'enfant : il me confirme dans mon nouveau statut de préadolescent.

La Bourse est en flammes, les ministères se vident, la Chambre s'écharpe, de Gaulle n'a plus de voix. Les ouvriers refusant massivement les accords de Grenelle, la chute du régime paraît imminente : « Adieu Charlot, adieu », chantent les manifestants goguenards. Quand le Général s'envole en hélicoptère pour Baden-Baden, depuis l'aéroport de Villacoublay, chacun croit qu'il s'est enfui, comme Louis XVI autrefois. Il réapparaît aussi mystérieusement que Cohn-Bendit pour annoncer la dissolution de l'Assemblée.

Son retour réveille ses partisans, qui envahissent les Champs-Elysées, drapeaux bleu-blanc-rouge en tête. Mes parents en sont, comme Pierre. A ma stupeur, Philippe s'y rend aussi, mais de son côté. Je me sens trahi, souffre encore plus de le voir se trahir lui-même. Sa passion pour Malraux a fini par s'étendre au président qui en a fait son ministre de la Culture ; tout en souhaitant une révolution, Philippe ne peut imaginer le départ du chef de la France libre : c'est à de Gaulle de prendre la tête du mouvement, comme Mao l'a fait en Chine. Pour le changement qui s'annonce, pas contre l'homme qui a défié l'occupant.

Mon frère n'est pas le seul à penser ainsi, curieusement. Et malgré les affiches recommandant de *Laisser la peur du rouge aux bêtes à cornes*, le parti gaulliste bénéficie d'un raz de marée électoral.

Le spectre de la guerre civile conjuré, la France rentre dans le rang, soulagée d'avoir échappé à l'anarchie, honteuse aussi de ne pas être allée jusqu'au bout. Des journalistes qui étaient de toutes les manifestations redeviennent de fidèles piliers du régime, persuadés que de Gaulle avait tout prévu. Le carnaval se disperse en silence ; les étals des Allard et des Berdon se remplissent de viande et de légumes ; la porte de Saint-Cloud se rendort, et pour longtemps : j'ai rêvé les yeux ouverts, en somnambule.

En prenant le bus pour aller voir mon ami Simon, début juillet, je tombe sur un camarade du lycée. Il regarde alentour puis me confie à voix basse : « Ça va repartir à la rentrée. » Comme s'il avait l'oreille du comité qui soufflait en secret sur les braises, aux dires des journaux que lit mon père.

Ça ne repart pas, à la rentrée. Les professeurs de mathématiques recommencent d'enseigner l'extraction des racines carrées, aussi pénible à mes yeux que celle des dents cariées. Le vieux monde ressurgit de ses cendres pour réimposer son ennui ; on ne trouve plus à nouveau que du goudron sous les pavés. La déception est si forte que certains étudiants partent s'établir en usine pour préparer la revanche, ou vont créer des communautés dans les Cévennes.

La rentrée est amère aussi pour Pierre. Militant « gaulliste » à mi-temps, en mai et juin, il a préparé avec moins d'assiduité que prévu ses examens. Les événements ont entamé sa légendaire concentration intellectuelle, amolli le ressort qui le tenait tendu depuis des années ; recalé à Polytechnique et Centrale, il n'a intégré que l'Ecole des travaux publics – un lot de consolation dans la liste obsessionnelle que dressent les taupins. Il se rend chaque jour au pied de la montagne Sainte-Geneviève, au cœur du quartier des barricades, pour suivre des cours d'hydraulique, mais le cœur n'y est plus.

A la perspective de devenir un « simple » ingénieur, la formidable machine scolaire s'enraye ; à l'exaltation suscitée par une discipline sans faille succède la routine des études contraintes et des devoirs fastidieux. Les animaux hésitent, à l'ouverture de leur cage. Pierre tourne en rond dans la sienne.

Notre père rêvait de le voir intégrer l'une des entreprises phares du complexe militaro-industriel français ; Pierre se demande déjà pourquoi il devrait sacrifier sa jeunesse pour intégrer un bureau d'études, et finir avec un compas dans la poche de sa blouse.

La presse se déboutonne avec prudence, quand de Gaulle jette l'éponge, au milieu de l'année 69 : on peut enfin évoquer de façon positive les Evénements à la radio d'Etat, sans risquer d'être licencié. Les élèves qui avaient prudemment évité de faire grève se mettent à célébrer l'esprit de Mai, et la publicité à vanter l'apparition de produits « révolutionnaires », comme si la marchandise prenait aussi le train en marche. Ces adhésions rétrospectives m'agacent, je n'aime pas courir à la victoire. Le conformisme semblant passer de ce côté, je passe insensiblement de l'autre, me mets à travailler, et obtiens enfin des résultats.

Je me prends de passion pour notre professeur de russe, apprends avec boulimie le vocabulaire slave et les étymologies indo-européennes, parviens même à suivre un discours télévisé du président Kossyguine. Elu délégué, j'impose à l'administration du lycée de discuter autour d'une table ronde, comme le font Américains et Vietnamiens, avenue Kléber, et prends pour la première fois des responsabilités. Je montre tant de zèle que j'arrive presque partout premier, au grand dam de mes amis, pour qui l'on ne *collabore* pas avec l'administration. « Si tu ne fais pas de politique, la politique en fera pour toi », me prévient un élève gagné à rebours par la fièvre. Je souris, et persiste.

J'en viens à me faire haïr, mais ce rejet lui-même me plaît. Je suis fier d'être seul à penser ce que je pense. Les fils de journalistes, d'avocats et profs ont beau vanter « les acquis de 68 », je croise toujours, en prenant la ligne 9, les mêmes ouvriers harassés, de retour des usines Renault : leurs conditions de travail n'ont visiblement pas changé.

Les salaires ont augmenté ? Les prix aussi.

Et à la cantine du lycée, les sardines continuent de voler dans les cheveux des femmes qui nous servent.

Tout va mieux depuis Mai, insistent mes camarades, *tout est plus décontracté*. L'autoritarisme persiste au travail, répliqué-je. Le régime ne fait-il pas appel à l'armée quand éboueurs, routiers ou aiguilleurs du ciel se mettent en grève ? Rien n'a changé, hormis la publicité.

Ces trimestres dédaigneux finissent par me mettre en porte à faux, quand ces mêmes camarades, délaissant les grands discours, se démènent à leur tour pour atteindre la classe supérieure. Je me retrouve soudain à faire comme tout le monde : travailler.

Les Evénements bénéficient à mes yeux d'un regain de prestige, à la rentrée 1969 ; je ne suis plus majoritaire en en vantant l'esprit. Heureux d'être de nouveau à contre-courant, quand je nage plus probablement dans la branche morte du fleuve, je me mets à lire un hebdomadaire faisant entendre la voix des morts-vivants qui, chaque jour de l'année, travaillent à produire les trains, les voitures et les appareils ménagers qui font la satisfaction supposée des consommateurs. Les bulletins émis par les sections que le journal entretient dans les grandes usines – Renault, Berliet, Michelin, Alsthom, Rhône-Poulenc, Thomson – laissent entrevoir des vies si rudes !

Le monde dévitalisé de la porte de Saint-Cloud vient de trouver son répondant hypnotique : l'univers plus que réel des usines où des armées d'otages produisent les biens qui assurent notre confort.

Je découvre ces gens que personne ne filme jamais, n'interviewe jamais, comme si fabriquer ces objets que vante la publicité restait honteux ! Non seulement la vision du monde que mes parents m'ont transmise me paraît horriblement simplifiée, mais je découvre qu'elle occulte tous les rouages humains de la production. L'envers de l'Histoire m'est enfin révélé.

J'excelle en français, cette année. Le professeur est un homme gras et fin qui susurre avec un dédain gourmand ses cours, comme s'il savait déjà qu'il ne sert plus à rien d'enseigner la littérature. Je l'écoute pourtant avec attention, et il m'en est reconnaissant. Profond, subtil, retors, il sait se faire respecter, au contraire de son prédécesseur, qui se contentait d'ânonner les notices du Lagarde et Michard. L'ironie et le mépris lui sont naturels, deux traits auxquels nous sommes sensibles, moi en particulier, même quand j'en fais les frais.

Je finis par lui proposer un exposé sur Gide, son rapport à la morale et à la liberté. Ce sera à peine un travail pour moi, qui l'ai lu en long et en large, mais un cauchemar pour mes camarades, qui m'entendent monologuer sur *L'Immoraliste* et *Si le grain ne meurt* deux heures durant – des titres si vieillots qu'ils creusent mon impopularité.

Je deviens l'élève favori de François Moureau.

Il vante mes dissertations, oblige mes camarades à en lire des extraits – regains de haine.

Un jour, remontant la travée centrale en évoquant les auteurs du Grand Siècle et passant devant mon banc, je le vois se pencher vers mon cartable pour en sortir l'exemplaire de *Lutte ouvrière* que j'y ai glissé.

Un sourire gagne son visage.

– Tiens, vous aussi ? murmure-t-il.

Ce scepticisme amusé m'atteint doublement : je suis certain d'être seul, dans ce lycée du XVIe arrondissement, à lire ce journal trotskyste qui aurait fait le désespoir stylistique de Gide, même sous le Front populaire. En apparence anodins – *Tiens, vous aussi ?* –, ces mots me trottent dans la tête, les semaines suivantes. A l'image du *C'est toi qui l'as nommé !* que Phèdre lance à sa suivante, au sujet d'Hyppolite qu'elle aime, sans oser dire son prénom, dans la tragédie qu'on étudie cette même année, ils expriment en un minimum de mots un maximum de sentiments, surprise amusée, fatalisme devant l'inéluctable montée du panurgisme. Moureau a su toucher mon orgueil ; il s'acquiert ma fidélité.

Je pars demander au kiosquiste de la porte de Saint-Cloud le nombre d'exemplaires de *LO* qu'il vend chaque semaine. Le chiffre qu'il cite est si bas que l'hebdomadaire me réapparaît aussitôt désirable, dans sa vocation minoritaire. Jamais, de fait, je ne verrai d'autre lycéen acheter cette feuille austère, même s'il m'arrivera, lors d'une réunion camouflée en rencontre de philatélistes, de me retrouver seul face à un lycéen jovial qui allait s'illustrer dans une organisation rivale. Quant aux paroissiens de l'église Sainte-Jeanne-de-Chantal voisine, *LO* n'est pas leur bulletin…

Je suis seul, je suis donc dans le vrai.

Un lien sensible, profond, secret, se noue entre les ouvriers et moi, mais ils ne le savent pas.

A la fin de 1969, notre médecin de famille révèle à notre père que les analyses de sang de sa femme présentent de graves anomalies. Les plaquettes sont en chute libre, le nombre de globules blancs est beaucoup trop élevé. Le docteur Bass, qui redoute une leucémie, pousse Hubert à consulter le spécialiste mondial de cette maladie. Le professeur Jean Bernard est catégorique : notre mère ne développe ni leucémie, ni staphylocoque doré, mais une mononucléose infectieuse bénigne, maladie épuisante mais curable qui frappe d'ordinaire les jeunes de vingt ans.

Acculée à changer de vie, notre mère passe ses journées au lit à lire, faire son courrier, tenir son journal, noter ses impressions de malade.

Une ombre gagne son visage, si joyeux autrefois.

En découvrant qu'elle n'a plus la force de tenir la maison, je me remets à cuisiner, à coudre, à repasser. Habitués à voir notre grand-mère corse nous servir debout et notre mère remplir le frigidaire, mes frères persistent à refuser de produire le moindre effort pour s'alimenter, une fois à la maison. J'ai juré de mon côté de ne plus jamais jouer les cantinières : ils se contenteront de réchauffer des boîtes de raviolis.

La vie matérielle ne les intéresse pas. Ils sont là pour réfléchir, non pour éplucher des légumes, pour jauger la réalité, non pour la faire « tourner ». Seule compte cette essence qui émane des livres et s'évapore dès qu'on les referme. Je ne me fatigue plus à protester.

Les choses se gâtent avec mon père, quand je le vois agir en tout comme si 68 ne s'était pas produit. Ça ne me dit plus rien d'être gentil, en pleine puberté. J'ai découvert combien je pouvais être dur contre moi-même, lors de l'épisode anorexique. Je le deviens contre lui, qui ne me laisse plus sortir qu'avec les plus grandes restrictions et ne me donne que le minimum, en guise d'argent de poche. J'avais déjà tendance à contredire ses valeurs et à détester tout ce qui est anglais, la pop exceptée, en réponse à son anglophilie. Je prends l'habitude de mener des opérations de « délestage » dans son portefeuille comme dans les sous-sols de la librairie Brentano's, avenue de l'Opéra, avec Simon et Milan, un gavroche qui ne jure que par Vasarely : nous avons passé une après-midi à coudre des poches excédentaires dans la doublure de nos parkas, et parvenons à y glisser jusqu'à douze livres, sans trop les rendre visibles.

Pour nous donner du courage, Simon roule de gros joints qu'il capuchonne comme des saucisses.

Un jour de 1970, on en fume trop. Intriguée par notre présence hirsute, digne des freaks que dessine Crumb, le caricaturiste favori de la contre-culture, une vendeuse nous surprend alors qu'on bourre les doublures de nos parkas et nous traîne dans le bureau de la direction. Je subis un interminable savon qui me laisse indifférent – mon frère Philippe vient de m'avouer que le camarade censé lui offrir les livres que publiait son père n'existait pas, comme son nom, Bookmans, aurait dû me l'indiquer : c'est Philippe qui dévalisait la libraire de la route de la Reine tenue par deux dames qui nous avaient pris en sympathie.

– Votre père travaille chez Saint-Gobain, insiste la directrice, en fixant Milan. Que ferait-il s'il me voyait arriver dans son usine et emporter des glaces sans payer ?

– Mais rien, madame !
– Pardon ?!
– Les plus petites glaces font dix mètres sur cinq, vous n'auriez aucune chance.

Et les trois voleurs de quatorze ans de rire aux éclats.

Convaincus d'avoir surpris un trafic de livres, des policiers nous poussent dans un panier à salade garé au milieu de l'avenue de l'Opéra en nous faisant des clefs au bras. *Ne me dites pas que vous alliez lire tout ça ?* me lancent-ils en désignant les piles de livres qui nous séparent, dans le commissariat. Comment leur faire sentir qu'il est possible, sinon agréable, *de lire tout ça* ?

Arrivé le premier, le père de Simon s'en sort bien : son fils n'est pas un voyou, il s'en porte garant. Surgit un homme en manteau et costume noirs, que son chapeau grandit encore…

– C'est ça, ton père !? s'esclaffe Milan en désignant Hubert.

C'est ça.

Le commissaire a beau me menacer de maison de redressement, sa morale ne m'atteint pas. Mon père, indigné, entreprend de me catéchiser publiquement, le long des seize stations qui nous séparent de la porte de Saint-Cloud. « Tu es le premier Arnaud à voler, je ne pourrai jamais l'accepter », menace-t-il à haute voix. Je me fiche de sa famille, déjà moins des passagers qui me dévisagent. Il m'interdit de sortir le soir, m'oblige à lui rendre compte de toutes mes activités, me met en résidence surveillée. Plus que son intelligence relative, son éducation fait que nous n'avons plus rien à nous dire : déjà âgé de cinquante-quatre ans à la naissance de Jérôme, il retarde dans tous les domaines.

J'apprends à « réinterpréter » mon emploi du temps pour contourner l'interdiction qui me frappe. Hubert n'a plus droit qu'à un fils falsifié, manipulateur et haineux.

Il m'a déclaré la guerre, je ne vais pas me coucher.

Ledru-Rollin

L'état de santé de notre mère empire, après une année de traitement. Elle garde le lit, non plus par précaution, mais faute de trouver encore la force de se lever. Le professeur Bernard reconnaît que quelque chose ne va pas. Il commande de nouvelles analyses et affirme, toujours avec la même autorité, qu'elle développe cette fois une leucémie. Cette maladie étant largement mortelle, notre père nous cache la nouvelle et fait comme s'il s'agissait encore d'une mononucléose.

Ma mère a bien des doutes, en voyant sa médication évoluer, mais elle les garde secrets pour protéger à son tour notre père. Les lettres qu'elle envoie à ses cousines, en Corse, décrivent avec une étrange distance ses campagnes de rayons et ses interminables séances de chimiothérapie, d'où elle ressort à chaque fois épuisée, amaigrie et un peu plus chauve. Mais sa croyance en la vie est si forte qu'elle affiche une confiance intacte en l'avenir, au sortir de ces insolations atomiques. Elle parvient encore à se moquer de sa propre dégradation, dans des lettres pleines d'ironie, de tendresse et de foi.

Notre père décide alors d'aménager un lieu plus grand, en plein Paris, pour qu'elle se sente au large, en vérité afin de lui offrir l'appartement dont elle rêve, pour ses derniers mois sur terre. En apprenant que je vais devoir quitter la porte de Saint-Cloud, j'éclate en sanglots ; j'ai si bien rempli ce non-lieu d'impressions, de musiques, de lectures et de souvenirs que ma chambre est devenue une plate-forme magique où je plane, hors d'atteinte. J'ai conçu un attachement de fille pour les toilettes où je me réfugie pour lire, la tablette d'émail rose sur laquelle je range ma brosse à dents, notre lit gigogne en pin : je tombe du 8e étage en entraînant les livres qui me protégeaient contre le vide. Comme si on me séparait à nouveau de mes frères, cette fois à jamais, en défaisant la tour de Babel littéraire édifiée ensemble.

Ma mère aime d'emblée le grand appartement que mon père a déniché, non loin de la gare de Lyon, dans l'avenue Ledru-Rollin : ses dimensions, ses couloirs et ses moulures lui rappellent les appartements 1900 de Bastia. Je mets plus de temps à trouver mes marques dans ce vaisseau fantôme. Jusqu'au jour où, remontant le canal de l'Ourcq jusqu'à la Bastille, je continue vers le boulevard Beaumarchais et, fasciné par les magasins Paul Beuscher, entre acheter ma première guitare, une Yamaha en acajou et bois de rose.

J'explore ce coin de Paris, d'où une gare permet encore de rejoindre Vincennes par un viaduc, avec une excitation quasi provinciale. La Ville Lumière n'est plus un mirage, l'espèce de rêve que je partage avec les exilés et les touristes de la terre entière, mais une réalité remplie de disquaires et de cinémas, de libraires et de surplus. Porté par l'énergie populaire du faubourg Saint-Antoine, je trouve aux piétons cent fois plus de présence qu'aux ombres hantant Boulogne. Le matin, je franchis le bassin de l'Arsenal par une passerelle débouchant sur le boulevard Bourdon, où Bouvard et Pécuchet se rencontrent à l'*incipit* du roman de Flaubert. Je continue en longeant la bibliothèque de l'Arsenal puis l'école Massillon, où mon père a préparé l'Ecole navale, avant de suivre une portion de l'enceinte érigée sous Philippe Auguste ; en arrivant au lycée Charlemagne, j'ai l'impression d'avoir révisé l'histoire de France.

Convoqué par le surveillant général pour avoir encouragé une grève sauvage, je croise dans son couloir les photos de Balzac, de Nerval, de Baudelaire et de Radiguet, qui m'ont précédé dans l'établissement. La littérature, ici, est vivante. Des gens l'ont vécue avant de l'illustrer ; Radiguet voyait ces mêmes coupoles de l'église Saint-Paul dont le dessin baroque fait mon bonheur, après l'horrible caserne Claude-Bernard. Un de ses camarades serait encore en âge de nous faire cours, calculé-je : il aurait soixante-six ans.

Au sortir du lycée, je vais sous le pont Marie faire mes gammes, partition sur les genoux, avec le « 1… 2… 3…/ What are we fighting for ?/ Don't ask me, I don't give a dam/ Next stop is Vietnam », de Country Joe McDonald, une des vedettes du concert de Woodstock. Je pousse parfois jusqu'à la pointe du Vert-Galant, dans l'île de la Cité, vers où convergent les routards « faisant » l'Europe en stop, pour certains depuis le début des années 60. Je les écoute chanter du Woody ou du Arlo Guthrie avant qu'ils n'aillent s'asseoir en lotus sur un trottoir, devant une reproduction de « La Création d'Adam » de Michel-

Ange en craies de couleur, ou ne vident une bouteille d'essence pour la recracher, en feu, devant la fontaine de la place Saint-Michel. Ils y gagnent de quoi passer l'hiver dans les grottes de Lanzarote, avant de filer vers Goa.

La Bastille et le Marais sont si animés que je commence à moins lire. Le modèle esquissé par la fratrie perd de son efficacité, je vis enfin *pour de bon*. De la fenêtre de ma chambre, au fond de l'immense appartement de l'avenue Ledru-Rollin, j'aperçois les apprentis du collège technique voisin, penchés sur des machines-outils à usiner des pièces. Ces élèves en bleu de chauffe, qui travailleront comme tourneurs ou fraiseurs toute leur vie, donnent corps au monde que *Lutte ouvrière* évoque hebdomadairement. La *réalité* se tient là, dans sa misérable évidence : le reste n'est qu'artifice.

Les quelques mètres qui nous séparent me donnent la mesure de l'injustice qui règne en France. Je peux m'imaginer dans la plupart des métiers, m'offrir même le luxe de ne pas y penser ; ces apprentis n'auront à choisir qu'entre l'usine et l'atelier. Cette divergence des destins me semble insupportable.

Pourquoi suis-je moi, et pas eux ? A quel titre ai-je des privilèges, moi qui ne me suis *donné que la peine de naître* ? Je trouve choquant de voir mon père dépenser autant d'argent pour nous loger, ignorant tout de l'état réel de notre mère. J'en viens à haïr l'assurance qui lui fait juger naturel de disposer d'une secrétaire à son bureau, d'une concierge dans son immeuble et d'une femme de ménage à son domicile. Que des hommes travaillent pour en enrichir d'autres m'est pénible, mais que leurs « maîtres » ne soupçonnent pas leurs souffrances me l'est bien plus. Les riches héritent de possibilités de s'enrichir ;

les pauvres se contentent de survivre, de père en fils : je trouverais normal qu'on abolisse les successions.

Découvrant *Lutte ouvrière* dans mon cartable, à son tour, un membre de l'organisation m'accoste dans la cour du lycée. Petit, nerveux, une barbe d'agent de maîtrise et une assurance de chef de patrouille, il m'entraîne dans l'arrière-salle d'un café du faubourg Saint-Antoine où des militants commentent chaque mercredi les thèses « révisionnistes » de Bernstein et les théories économiques de Plekhanov. Il me demande de lire le *Que faire ?* de Lénine, comme les traités politiques du « renégat » Kautsky qui osa combattre les thèses « gauchistes » du premier après avoir été le secrétaire d'Engels. Enfin il exige que je choisisse un pseudo avant de m'imposer *Bastien* : il ne faut pas connaître les vrais noms des camarades qu'on croise, dans cette organisation pyramidale, dont je ne rencontrerai jamais les responsables.

Je deviens donc Bastien, militant trotskyste parisien. J'ai affaire à des Rodolphe, des Sergent et des Lafargue dont je ne sais rien. C'est parce que mon recruteur est encore au lycée que j'apprends qu'il s'appelle Thierry Jonquet. Son propre supérieur, qui vient chaque semaine relever les « compteurs » dans notre cellule, restera une silhouette anonyme portant ses responsabilités comme une croix. Il ressurgira vingt ans plus tard, avec son vrai nom – difficile à porter en l'occurrence –, sous les traits d'un des amis de mon frère Philippe, reconverti dans l'intelligence cinématographique, Fabrice Revault d'Allonnes.

Je subis la longue suite d'épreuves qui échoit à toute personne prétendant intégrer Lutte ouvrière. Il me faut vendre le journal à l'aube, dans les couloirs du métro

République, au cœur du réseau tentaculaire de correspondances, puis le mercredi, à la sortie des bureaux, devant le Bazar de l'Hôtel de Ville. Je dois recueillir les coordonnées de quiconque paraît sensible à nos idées, avant de partir badigeonner les murs du quartier d'affiches appelant à un *meeting* à la Mutualité puis de consteller le métro d'autocollants où des voyageurs stockés comme des sardines s'exclament, poing levé : « On ne nous transporte pas, on nous roule ! »

Je m'habitue à prendre sur moi la peine de ceux qui croulent sous la charge. Refusant de vivre pour ma seule personne, j'ai de nouveau envie de faire le bien, de me rendre utile publiquement. L'idéologie a l'avantage de m'offrir une vision globale du monde, à l'inverse de l'ensemble disparate d'habitudes, de bons sens et de lieux communs qui sert de pensée à mes parents. En proposant une explication à tout, elle donne sens et consistance aux choses, en attendant de les remettre à l'endroit, de les *révéler* à elles-mêmes. Cette dénonciation en règle achève de me sauver du vide qui régnait au 35.

Thierry Jonquet m'estime prêt, cette fois. Il m'entraîne à la gare de Lyon dans le train qui rallie Pontault-Combault, où lui-même habite. Nous descendons à Montgeron, un agglomérat de tours en béton, monotone comme une banlieue est-allemande, pour entamer la tournée des HLM avec une liste recensant tour par tour le nom et l'étage des sympathisants. Je suis curieux de savoir comment les gens vivent : je vole souvent en rêve, me glisse à travers les fenêtres entrouvertes, enfile les habits que les occupants ont laissés tomber avant de s'endormir. Mais le statut d'ouvrier de « nos » lecteurs m'intimide autant que la modestie de leur habitat en série ; j'ai l'impression d'agir en voyeur un peu pervers, plus qu'en militant impliqué. Je ressens de la tendresse pour l'humanité souffrante et une gêne particulière à l'observer. Ai-je le droit de violer l'intimité de ces travailleurs, moi qui occupe un immense appartement à la Bastille ?

Thierry Jonquet prend ma curiosité pour du zèle et me demande de retourner seul à Montgeron, la semaine suivante. J'ai beau protester de mon impréparation, il insiste puis ordonne. La ville ne comportant ni rues, ni plan digne de ce nom, je peine à retrouver nos contacts. Un père de famille finit par surgir du F3 où je sonne. En m'entendant lui demander ce qu'il a pensé du numéro précédent, tout en lui tendant la nouvelle édition du journal – il refusera que je lui rende la monnaie –, je me sens déplacé. Bastien n'a pas encore entièrement tué Clodion le chevelu.

Ce père de famille me répond sans moquerie, bizarrement. Il semble trouver normal qu'un adolescent l'interroge au sujet d'une activité dont il ignore absolument tout. Je m'enhardis à lui demander comment il juge le climat social dans son usine d'emboutissage, puis ce qu'il pense de la situation politique française, mais en voyant filer un enfant à peine plus jeune que moi par l'embrasure de la porte, un ballon sous le bras, je m'étonne à nouveau qu'un tel homme puisse se confier à moi.

Ma conscience se scinde. Je me mets à la place de cet ouvrier pour dévisager l'adolescent qui tente maladroitement de l'endoctriner. J'ai quinze ans, arbore une peau de bique assez odoriférante, des Clarks jamais lacées et crasseuses de lycéen je-m'en-foutiste. Mes cils forment des vagues, mes cheveux flottent jusqu'aux épaules – je ressemble de façon troublante à ma mère, disent ses amies. On m'appelle « Mademoiselle » dans les magasins, je ne prends pas la peine de rectifier, ma voix suffit. Je fume un paquet de Gauloises par jour et, en grattant la guitare, de longs joints que je roule à deux doigts, jusqu'à m'en jaunir les ongles. Le débraillé, le désordre et la crasse sont aussi ma façon de défier le système. J'ai l'air de sortir d'un concert, pas d'un atelier.

Ce père de famille semble me prendre au sérieux pourtant. Je me serais mis dehors, à sa place. Il ne demande qu'à me garder, sans doute a-t-il besoin de compagnie, je n'en reviens pas que je puisse l'intéresser comme jeune bourgeois autant qu'il m'intrigue comme ouvrier.

La nuit tombe, les tours s'éclairent une à une à travers les fenêtres, j'ai soudain l'impression d'étouffer.

Je m'éclipse à travers un escalier glacial pour sonner chez nos autres sympathisants, disséminés dans toute la cité. Je leur repose avec tact les mêmes questions, mais n'écoute plus si bien leur réponse, leur décor attise ma curiosité. Je veux savoir comment « ils » vivent et m'interdis de les interroger à ce sujet, de crainte de paraître me « pencher » sur leur misère. Leur indulgence elle-même finit par m'embarrasser, plus que la différence de classe ou d'âge : c'est moi qui en viens à abréger nos échanges.

Sept heures sonnent, je dois rentrer faire à manger pour ma mère avant qu'elle ne s'inquiète, et mon petit frère, qui doit mourir de faim. Bastien a beau faire, je reste une heure par jour le « gentil garçon » que j'étais.

Je cours le long de la voie ferrée, mais du mauvais côté, et me retrouve face à un mur : il me faut refaire le trajet à l'envers, puis de nouveau à l'endroit, je halète, je fume trop… Je découvre en arrivant à la gare que le prochain train ne me mettra qu'à 8 h 45 à la maison. Il fait froid sur les quais, le vent gifle mes tympans, je me mets à pleurer.

D'autres auraient vécu ce rite d'initiation comme une juste correction sociale, l'anticipation du grand chambardement à venir. Je me trouve si peu crédible dans cet emploi de représentant de commerce radicalisé que je décide de ne *jamais* retourner à Montgeron, cette cité de cauchemar. Jonquet me propose en échange d'aller distribuer des bulletins d'entreprise aux portes de Paris, à l'heure où les ouvriers prennent leur poste, mais j'ai tendance à arriver en retard. Mon style vestimentaire est si peu conforme au *dress-code* trotskyste que je suis rétrogradé intra-muros.

L'organisation a des règles assez particulières de fonctionnement : les relations érotiques sont interdites et l'enfantement, découragé. L'apostolat est non seulement moral mais physique. Alors que les cheveux des jeunes courent jusqu'aux épaules, les miens en particulier, ceux des militants restent bien dégagés derrière les oreilles : rien ne doit nous distinguer de l'ouvrier « normal ».

Les feuilles ronéotypées que nous diffusons obéissent à des formes immuables d'expression : ce sont chaque semaine les mêmes revendications, dans des maquettes inchangées. Loin d'annoncer le Grand Soir, cette réitération hebdomadaire semble promettre aux travailleurs une forme éternelle de damnation ; LO paraît même souhaiter sournoisement une dégradation brutale de leur niveau de vie, à même de les radicaliser. N'estime-t-elle pas que le capitalisme mène inéluctablement au « déclin des forces productives » depuis la crise de 1929 ?

Les militants les plus lucides racontent une histoire digne des *stalvatoghji* de mon oncle Charles : la Révolution l'a emporté depuis trente ans, à travers le monde. Pourtant l'organisation continue de diffuser chaque semaine des tracts dénonçant les conditions de travail chez Alsthom, Rhodia et Berliet. La raison en est simple : un décret « aventuriste » ayant aboli le travail salarié, les dirigeants de LO ont été les premiers à réclamer – et à obtenir – la réouverture des usines et la reformation de la classe ouvrière : victoire sur toute la ligne !

L'esprit d'abnégation domine l'organisation, de la pointe à la base. La répression qui emporta le courant trotskyste en URSS semble avoir convaincu ses cadres que les authentiques porteurs de la Vérité sont toujours les premières victimes de l'Histoire. Plus le jour de la délivrance est repoussé, plus les militants souffrent et plus ils se savent *dans le vrai*. Leurs convictions anti-religieuses semblent les rendre encore plus sensibles aux impératifs de la pénitence : une subtile odeur de sacristie émane de ce clergé laïc. Le sens du sacrifice de ces moines-ouvriers les voue à d'éternelles catacombes.

Je finis par me lasser des réunions passées à disséquer les positions de Kautsky ou les erreurs de Plekhanov, toutes vieilles de plus d'un demi-siècle, dans les cafés du faubourg Saint-Antoine. J'annonce à Thierry Jonquet que je pars vivre à Copainville, une communauté pour jeunes travailleurs installée depuis les années 50 près de Troyes. Il m'écoute en tirant sur sa pipe, mi-sceptique mi-goguenard. Je lui explique que diffuser des tracts au sortir des usines n'est pas la seule façon de combattre le système, il persiste à lisser sa barbe. En recevant au lit les journalistes de la presse mondiale, Yoko Ono et John Lennon n'ont-ils pas fait plus contre la guerre du Vietnam que les milliers de manifestants qui défilaient contre elle à travers le monde ? Le fils d'ouvrier qu'est Jonquet ne cache pas son mépris. Il me laisse à mes mensonges de lycéen anarchisant et s'en retourne vers son destin de *militant responsable*. Exit Bastien.

Je ne sais plus que faire, cet été-là. Je ne me projette dans aucun avenir, faute d'en ressentir la nécessité. L'exemple de mes aînés ne m'encourage guère à passer à l'action : Pierre déserte l'Ecole des travaux publics. Ayant abandonné toute idée de carrière, décidé à consacrer le moins d'énergie possible à la société comme à se défaire des valeurs qu'on lui a inculquées, il a fait son trou dans l'un des pavillons de la Cité Universitaire.

Ce sont des romans russes et des tragédies grecques que je vois sortir de sa poche, non plus des tables des logarithmes, quand il passe avenue Ledru-Rollin. Il lit tous les auteurs qu'il n'a pas eu le temps de découvrir, en préparant les grandes écoles. Un écrit de Marx ou un essai de Marcuse s'y glissent parfois, mais il reste peu réceptif à ces idées. Il vient de trop loin, avec sa culture gréco-latine.

Philippe suit des études à la faculté de Montrouge, avec l'idée de devenir un de ces médecins aux pieds nus qui sillonnent la Chine, mais il est déçu de voir que les mandarins continuent de débiter *ex cathedra* leurs cours. Réduit à la « polarisation » que Pierre subissait avant 68, mon second frère en vient à délaisser ses cours d'anatomie pour explorer mille domaines, de l'histoire à l'économie, en toute liberté. Il ne veut pas devenir un quelconque spécialiste, préfère se forger une idée du monde *par lui-même*.

Notre père se soucie de leur avenir, eux s'en moquent. Pourquoi s'en feraient-ils ? On trouve des emplois partout, des bureaux de chômage à chaque coin de rue. Qui accepterait encore de donner huit heures de ses journées à un patron ? Non seulement le travail n'est plus une valeur, mais il nous est devenu odieux ; les mots de carrière, de cursus, d'avancement sont synonymes d'aliénation, depuis les Evénements : déterminés à fuir *la machine*, les patrons et les notaires, tout ce qui rend la vie grise, malade ou problématique, nous rêvons d'un antimonde à l'abri de toute autorité : la dissidence intégrale ou rien.

En rentrant le soir, Hubert ne trouve plus le garçon joyeux et serviable dont il avait fait son favori, mais un adolescent ingrat qui le toise avec insolence, sous le rideau de ses cheveux. Alors que je respecte ma mère, même en cas de désaccord, je m'emporte avec lui. Sans doute son propre père a-t-il très tôt travaillé pour honorer les dettes de son géniteur, mais je ne peux que ricaner quand il affirme avoir tout conquis « à la force du poignet ». Je ne vois plus en lui que l'idéologie que propage la presse « bourgeoise » et dans ses qualités mêmes – honnêteté, *self-control*, rigueur – les produits de l'éducation surannée qu'un père royaliste et qu'une mère bigote lui ont inculquée, avant que la Marine achève de le raidir. Sa vision du monde manque de mystère, à mes yeux. Petits-fils d'Auguste Arnaud, qui fit fortune en construisant des viaducs à la Eiffel, il décrypte en technicien la société. Une vallée agricole souffre d'enclavement ? La région doit faire appel à un architecte, qui soumettra ses plans à des ingénieurs, Des investisseurs approuveront son projet, des ouvriers érigeront le pont tant attendu et chacun se félicitera – paysans, ouvriers, ingénieurs, architectes et investisseurs – de pouvoir emprunter le pont et profitera du développement. Que cette « érection » puisse entraîner conflits ou frustrations, qu'on puisse discuter de la nécessité ou de l'esthétique de l'ouvrage échappe à notre père : tout ce qui est nécessaire sera fait, tout ce qui est utile est beau.

Philippe lui en veut encore de l'exil qu'il lui a infligé. Le pensionnat a si bien entamé sa souveraineté qu'il ne passe plus avenue Ledru-Rollin qu'en l'absence d'Hubert, ou alors ne parle qu'à notre mère, infiniment plus compréhensive. Elle aussi est inquiète de le voir se politiser *à son détriment* mais elle sait, pour avoir étudié la philosophie, tout ce qui sépare un cours ennuyeux d'un enseignement brillant. Sans doute aurait-elle aimé voir son second fils devenir médecin ou chercheur, comme son grand-père ou son frère Jean, qui fut le plus jeune agrégé en histologie de France, mais elle apprécie de l'entendre analyser les livres dont *La Quinzaine littéraire* parle. Il est si intelligent !

Naturellement littéraire, Philippe estime impossible d'aborder une discipline sans le recours d'un style – le meilleur révélateur d'une pensée, à ses yeux. Si une idée s'énonce bien, c'est qu'elle a été au préalable discutée, contredite, dialectiquement vérifiée ; je préfère les formules qui frappent, tel le *Mieux vaut une fin effroyable qu'un effroi sans fin* tiré du *18 Brumaire* de Marx.

Il a mûri, depuis son départ du 35 et sa réclusion en banlieue, la vraie : Vanves, puis Le Kremlin-Bicêtre lui ont ouvert les yeux sur l'injustice sociale et l'âpreté des existences reléguées. Son point de vue sur les choses est devenu bien plus humain, il ne supporte plus qu'on souffre pour des raisons économiques, je sens de la bonté en lui.

Plus attentive que jamais à nos fins dernières, notre mère malade trouve enfin en son second fils un partenaire à sa mesure. Elle se revoit parler de littérature et de philosophie, de Valéry et de Hegel, comme aux temps de ses études à Montpellier. Elle admire Philippe, cela saute aux yeux. Touché par son attention, mon frère lui fait des confidences, lui qui n'en fait jamais, et lui avoue sans précaution son homosexualité. Le sujet est plus que délicat – elle-même s'est fait traiter de vicieuse, quand elle a demandé à sa propre mère en quoi consistait l'homosexualité, à dix-sept ans. Comme si elle avait une imagination malade !

Notre mère cherche à savoir si ce penchant est exclusif, il répond oui sans hésiter, curieusement elle l'accepte, contrairement à la plupart des parents d'alors, qui veulent s'assurer une descendance.

Hubert l'apprend, en fait un drame. L'homosexualité n'est pas un comportement d'homme, pour lui, mais un vice honteux propagé par quelques malades, et une sinistre obligation pour les garçons réduits à travailler dans un salon de coiffure, chez un antiquaire ou un couturier. Mettant en cause son avenir génétique, mais aussi sa propre virilité – Philippe n'a pourtant rien d'efféminé –, l'aveu le rend furieux.

J'admire mon frère pour sa détermination. Il se moque d'assurer la postérité des gènes paternels, il n'a pas été mis au monde pour cela. Quand Hubert prédit à la France un déclin rapide, si l'on cesse de faire des enfants, Philippe retient un petit rire : l'avenir génétique national le concerne encore moins.

Je me projette aussi peu que lui dans le futur. L'imminence d'un bouleversement frappe d'inanité les rares projets que j'échafaude ; j'attends que l'extraordinaire arrive, entraînant toute injustice et toute routine dans son avènement.

Il me suffit de remonter les rues Soufflot et Saint-Jacques pour y imaginer de nouvelles barricades : couverts de graffitis, les murs du Quartier latin restent imbibés de l'esprit de Mai. Je n'ai qu'à retourner à la Sorbonne pour réentendre des cris hostiles à de Gaulle, comme si les murs avaient des bouches. La présence permanente de fourgons de CRS, le long des Thermes de Cluny, me rappelle que cela pourrait « repartir à la rentrée ». Les maisons à toits pentus de la rue de la Huchette me font battre le cœur : leurs occupants seront aux premières loges, lors du retour de flamme.

Je passe mon temps à déchiffrer les partitions de Big Bill Broonzy et de Woody Guthrie en jouant de la guimbarde, un instrument médiéval dont la lame, en vibrant dans mon palais, émet des sons rustiques qui me donnent des airs de barde. Converti par les musiciens qui se produisent à l'Abbaye, un folk-club situé au chevet de l'église Saint-Germain, j'abandonne mon médiator pour un col de bouteille avec lequel j'effleure les cordes de ma guitare en distorsions hawaïennes. Je délaisse « The Sound of Silence » de Simon et Garfunkel pour le « We Shall Overcome » de Joan Baez, les *folk songs* de Pete Seeger et les *dustbowl ballads* des années 30. Dés à coudre aux doigts, je fais chanter une *washboard* venue de Louisiane en repensant aux *hobos* qui, las de se vendre aux grands propriétaires de l'Amérique profonde, sautaient dans un train de marchandises en jouant de l'harmonica.

Je reste intimidé par le sexe. Je suis tombé brutalement amoureux à l'été 1970 de la cousine d'amis, des jumeaux dont les parents architectes ont construit une maison dans les Landes, que cette cousine parcourt à cheval, en amazone, jambes nues, avant de ressurgir à la nuit tombée d'une allée de pins – l'image même de l'insaisissabilité. Je préférerais mourir que de lui dire ce que je ressens. La chose m'est déjà arrivée avec la participante d'un rassemblement au Bec-Hellouin, une abbaye accueillant de jeunes protestataires chrétiens. Comme si j'étais attiré par des corps qu'un interdit m'empêche d'approcher…

Un an plus tôt, Simon m'a acculé à sortir mon sexe, après s'être soulagé sur le lit de mes parents : sans lui, j'ignorerais encore comment jouir. J'ai ressenti une gêne, en voyant la salve maculer les draps de ma mère : ces gouttes blanches poissent autant que les boules de gui dont elle aime s'entourer. J'ai l'impression qu'une caméra la prévient depuis, à chaque fois que je me manuélise, mais comment s'arrêter ? C'est trop bon.

Les portes de la perception

J'apprends qu'un festival destiné à fêter la venue de l'été se tiendra gratuitement à Auvers-sur-Oise, près de Paris. Le Grateful Dead, Led Zeppelin et Jefferson Airplane sont attendus, les Stones et les Pink Floyd aussi. Le couturier pop qui a habillé puis déshabillé Brigitte Bardot – une fois n'est pas coutume – promet d'accueillir tout le monde sur ses terres, pour une réplique française du rassemblement de l'île de Wight.

Des milliers de babas à pantalons violets, les joues rongées par des barbes christiques, et de routardes à la coupe afro, seins nus sous leurs salopettes, prennent d'assaut la porte de Clichy. Les routes menant à la propriété de Jean Bouquin drainent des pèlerins ployant sous leur peau de mouton retournée et leur sac de couchage roulé sur l'épaule. Le front ceint de foulards à fleurs et de bandanas rose indien, le torse creusé par des tee-shirts couverts de taches d'encre psychédéliques, les jambes prises dans des jeans à rayures aux pattes effrangées – ils ne sont pas encore vendus *déchirés* –, les braves de l'an 01 avancent avec des gestes de semeurs.

J'en suis.

La pluie tombe, dense, drue, obsédante, quand j'arrive devant la scène. Guitaristes et batteurs s'enlisent dans une improvisation-fleuve, des millions de décibels s'élèvent pour retomber en gouttes dans nos oreilles. « No rain, No rain ! », imploraient les festivaliers de Woodstock, deux ans plus tôt. La France ne doit plus être assez grande pour attirer l'attention divine.

Les organisateurs n'ayant pas prévu d'auvent, il faut mettre tout le matériel à l'abri : un court-circuit menace la sono mal raccordée.

Je me réfugie sous une bâche de plastique transparent, mon voisin, sous sa longue cape noire de vampire ; il me passe le shilom sur lequel il tire – sa façon de résister à la pluie. Des milliers de semelles frappent une boue qui acquiert des vertus aspirantes, à force d'être labourée ; les tournesols que peignait Van Gogh finissent eux-mêmes par s'y dissoudre. La pluie décourage jusqu'aux rites sexuels des prévoyants qui se sont dotés de tentes Lafuma : à force de coups de reins, les corps se retrouvent dans la fange.

Décidé à sauver son festival, Jean Bouquin donne l'ordre de nourrir ses « sujets », mais les assiettes en papier résistent aussi mal au déluge que l'emballage de carton sur lequel je suis assis : je retrouve les restes de mon poulet parmi les sabots que la boue a engloutis.

Les organisateurs n'ayant rien prévu contre la tempête, le bruit court qu'ils sont tout aussi défoncés que nous. Comment protester en même temps contre leur refus de tout programme et leur croyance dans l'ensoleillement *obligé* de ce solstice d'été ? Nous n'aurions pas agi autrement. La nature ne peut pas être contre nous, nous sommes pour elle ! Les rumeurs insistantes de coït achèvent de ruiner le moral de festivaliers qui, faute de partenaire, tentent d'échapper à la noyade en se pelotonnant sous des niches en carton.

Seule la timide réapparition du jour réussira à redresser ce peuple de loups-garous.

Je reprends en procession le chemin de la gare, les *rangers* gorgés de boue ; trempée de sueur et de pluie, ma parka pue comme si un chien s'y était vautré toute la nuit ; la retraite tourne à la Bérézina, sous l'œil charbonneux de Napoléon Bouquin : preuve est faite que la nature peut se montrer aussi féroce que la société.

Le festival représente pour les Parisiens une des premières expressions spectaculaires de l'influence de la contre-culture US en France. Souvent étrangers à l'ouvriérisme des mouvements européens, les groupes qui s'en réclament, *hippies* ou écologistes, se montrent bien moins puritains qu'eux. Portés par la géographie sans limite du continent américain, hostiles à la civilisation industrielle comme au centralisme marxiste, ils veulent changer la vie *avant* la société. Ils échangent nourriture, vêtements, meubles, soins et médicaments, afin d'en finir avec l'argent, encouragent par tous les biais le retour à la nature.

Pierre aime les voyages interstellaires des Pink Floyd, le groupe qui accompagne ses lectures. Mais ses cheveux n'arrivent pas à pousser, et rien dans sa tenue ne trahit son évolution : la contre-culture lui restera toujours assez étrangère, avec son optimisme candide. Sortant des années 50, dont les *sixties* ont été pour lui le prolongement, mon aîné n'est pas prêt à entrer d'un coup dans les 70 ; on ne passe pas facilement de Montherlant à Kerouac, pas plus de Franck et fils aux surplus US.

J'ai la chance, né plus tard, de n'avoir pas hérité d'un bagage aussi lourd, culturellement. L'époque s'est forgée en même temps que moi, je ne souffre ni d'inadaptation ni de remords comme tant de ceux qui ont « manqué » 68, Pierre le premier. Consubstantiel à ma génération, je me fais des amis dans la cour de Charlemagne, deviens vite l'un des « moteurs » de l'agitation.

L'un de ces amis m'invite à passer l'été 1971 à Souillat, au sud d'Issoire, dans la ferme familiale – le père de Serge est à la fois vétérinaire et exploitant agricole. J'ai seize ans, j'apprends à rentrer les foins et à m'occuper du bétail, à nettoyer les auges et à soigner les bêtes. L'euphorie des agneaux, toujours à bondir et à jouer, me subjugue, par contraste avec la pesanteur soumise des moutons : difficile de ne pas faire le lien avec nos parents. La nature semble exiger l'extinction progressive des vieux pour que les jeunes s'épanouissent pleinement : la lutte des générations est encore plus féroce chez les animaux.

Ce monde agricole me plaît, par son archaïsme, j'ai l'impression d'avoir *réellement* coupé tous les ponts au cœur de cette ferme perdue. Le travail est si rude que, le soleil couché, je m'allonge sur une botte de foin tandis que Serge roule un joint. A force de passer de bouche en bouche, le stick s'effile comme le bec d'une flûte. « Don't bogart that joint, my friend/ Pass it over to me », chante mon ami, en reprenant l'antienne d'*Easy Rider*. J'aimerais être aussi beau et brun que lui.

Mon allergie saisonnière, le troisième jour, tourne à l'intolérance absolue aux graminées : en montant les meules au bout de ma fourche, je me change en fontaine, la morve s'écoule sans répit. Je me retire dans la grange où nous campons et passe le reste de l'été à me protéger des nuages de pollens que la fenaison soulève.

Le meilleur moyen de me désensibiliser est de « triper », au dire de Serge, et Souillat est parfait pour ce genre de voyages. Personne n'habite à moins de cinq kilomètres de là, excepté l'ouvrier agricole qui m'a appris à rentrer les foins et les agneaux, puis à « faire chabrot » en versant un verre de rouge dans ma soupe et en buvant le mélange à même l'assiette. Le trichloréthylène des blanchisseurs m'apparaît encore plus brutal que l'éther des chirurgiens, mais un peu moins pénible que l'alcool dont j'ai abusé la veille, jusqu'à sentir la maison tanguer et rendre tout mon souper. Version chimique des champignons mexicains, la psilocybine a un effet libérateur : les champs prennent les teintes les plus crues, les nuages s'auréolent d'arcs-en-ciel fluorescents, je deviens en fermant les yeux un kaléidoscope vivant.

Je n'ai qu'à fixer la nature pour qu'elle se couvre de couleurs aussi criardes que volatiles. Je suis devenu un « peintre » à la Van Gogh mais aussi, par une contamination magique des sens, un musicien à la Steve Reich, ce minimaliste dont les mélodies ont le don, comme les antiennes tibétaines, d'abolir la réalité.

Nous en sommes à tester la mescaline, début juillet 71, quand surgit un ami de Serge, sapé comme les minets de l'avant 68. Les agneaux, les foins, le partage des tâches, le retour à la nature, rien de tout cela ne l'intéresse : il est là pour « triper ». Je ne suis pas surpris d'apprendre que son père est le maire d'une commune opulente des Hauts-de-Seine : il a tout du fils à papa, avec son air dédaigneux.

Il n'est pas là depuis un jour qu'il sort de sa poche un

lot de cristaux et nous les distribue. Je fais miroiter au soleil ce carré brillant et stratifié comme un petit morceau de mica, puis le laisse fondre sous ma langue.

Pendant une demi-heure il ne se passe rien. Je me persuade que je suis insensible à ce genre de substance. En voyant Serge se curer le nez, puis exposer l'asticot au soleil comme un trophée, avant de l'engloutir et de mastiquer, j'explose soudain de rire ; j'aurais vu le pape faire des nœuds avec son sexe que je ne me serais pas autant amusé.

La moindre grimace de Serge, la plus petite remarque du fils à papa me rendent béat. La vie se révèle d'une absurdité hilarante ; ce décollage en flèche me ravit.

Je sors de ce fou rire d'une demi-heure épuisé.

Je pars me reposer sous un abreuvoir en pierre, et reste à m'humidifier la nuque. Un planeur ronronne dans le ciel en faisant un bruit invraisemblable, comme s'il abritait une pleine patrouille de bombardiers. Il vole si lentement que je m'attends à chaque instant à le voir tomber.

Mes pieds ont beau me démanger, ils me semblent très loin de moi ; j'ai l'impression de me dédoubler, en voyant mes bras toucher le bout de mes souliers. Mes sens lèvent comme une pâte, je suis touché par les choses avant de les effleurer, une loupe déforme les agneaux, les arbres et les tracteurs. Je vois les sons et entends les couleurs, mon odorat, ma vue et mon ouïe fusionnent.

Ma conscience trône sur l'univers, énorme et souveraine, puis se rétracte jusqu'à me faire voir dans chaque herbe un gratte-ciel. J'escalade et descends des montagnes russes à perdre haleine ; j'entends des sons que je n'aurais jamais soupçonnés, vois des oranges et des violets là où règne le vert indifférent de la nature.

Mes pas esquissent des chemins qui suggèrent autant

de directions rivales. Je m'égare, reviens en arrière, prends mille détours, m'en remets au hasard. Les minutes me paraissent longues et pesantes comme des siècles ; je ne suis plus qu'un Cro-Magnon cherchant à assurer sa survie en terrain hostile ; le *psychedelic tour* tourne à la régression génétique.

En arrivant en vue de la grange, je m'effondre.

Je mets une éternité pour trouver une place dans l'herbe capable d'épouser mon corps, mais l'endroit élu, ce corps me devient bien moins présent que la haie voisine, tendue par cinq rangs de barbelés, ou le bourdon qui vrombit à mes oreilles. Je me vois pris dans une spirale d'images lentes qu'une seule idée, aussitôt perdue, suffit à déformer jusqu'au grotesque ; je me penche sur la corolle d'une fleur que butine « mon » bourdon puis les abandonne sans raison, comme s'ils venaient d'être dissous par ma vision.

Des sentiments de puissance, de lassitude puis de désespoir me traversent ; l'effroi succède à la délivrance, l'éblouissement à l'horreur, la misère à l'opulence…

J'ai du foin dans la tête.

Je trouve encore l'énergie de me relever, mais ne progresse qu'au prix d'un effort épuisant, comme si je rampais debout dans de la vase. Entrant dans la grange, je retrouve Serge qui se tient à distance du fils du maire : ils n'ont plus l'air de se supporter.

Va me chercher tes Gauloises, murmure le fils du maire, un sourire cynique aux lèvres.

– Ce ne sont pas *mes* Gauloises, trouvé-je la force de rétorquer.

Flatter mon sens de la propriété, pour me mettre à *son* service… Tout est à tous, non ?

Si la branche de noisetier que le tracteur de l'ouvrier agricole vient d'arracher a suscité en moi un petit séisme, c'est que le monde me touche infiniment plus que tout ce qui m'arrive. L'omnipotence de la nature désamorce tout prétention à l'individualité ; immergé dans le Tout, je ne conçois même plus d'être quelque chose *en propre*. « I am he as you are he as you are me and we are all together », fredonnent dans mes synapses les Beatles.

– *Mais si, ce sont* tes *Gauloises !* insiste le fils à papa, en prenant son petit air narquois. *Allez, ne nous fais pas attendre...*

J'ai envie d'étrangler ce fat qui ne cesse de ventiler ses cheveux blonds en crachant verticalement de l'air. J'imagine dans ma paranoïa qu'il sait dans quels gouffres je me débats, et cherche à me faire flipper en plein *trip*.

Une force obscure m'ordonne pourtant de me lever.

Commence une longue marche censée me faire rejoindre, par une interminable échelle de bois, le grenier où gisent nos matelas de mousse sous d'épaisses couvertures volées à la SNCF. Je progresse parmi une montagne de tee-shirts déchirés et de jeans sales mettant le comble à mon sentiment de décorporation. Je glisse la main dans le fauteuil-club hérissé de ressorts puis dans la malle métallique où s'entassent fringues, disques, vaisselle suspecte. Mes membres opèrent hors de tout contrôle, ma paume elle-même agit malgré ma volonté en se refermant sur le casque ailé du paquet signé Jacno.

Je cherche en vain les toilettes, à tâtons, avant d'envisager qu'il puisse n'y en avoir jamais eu au grenier.

Je trouve après une traque interminable le cadavre d'une bouteille de Valstar, vise le goulot pour me soulager, referme les rivets de mon jean, ouvre une boîte de thon, la vide de son huile et la transforme en cendrier.

– Mais qu'est-ce que t'as aux yeux ? s'esclaffe le fils du maire. On dirait la fièvre du lapin.

Je croise dans la glace mon regard, rouge et dilaté.

« Mes » Gauloises passent de main en main. Le péteux des Hauts-de-Seine jubile, la boîte finit par crouler sous les mégots.

… La silhouette tapie au fond du grenier se retrouve soudain assise devant la cheminée, en chien de fusil.

Curieux : je ne l'avais pas vue s'allonger.

Les joues creuses et le cheveu hirsute, le corps osseux et coupant, ce type ressemble à un fakir nourri d'hallucinogènes. Une vertèbre supplémentaire saille, à la naissance de ses deux fesses, et ce coccyx proéminent lui fait un embryon de queue ; je crois voir le croisement d'un homme et d'un iguane…

Arrivé le matin même en stop d'une communauté cévenole, vêtu d'un de ces longs manteaux en vachette que les westerns-spaghettis ont popularisés, il a posé son chapeau de cuir et son *rucksac* avec le flegme du routard qui, n'ayant plus aucune attache nulle part, s'enracine partout à l'instant. Il a l'air goguenard…

Je me lève pour vider le cendrier : tout son corps se hérisse à mon approche, comme s'il voyait en moi l'otage propret d'un univers caduc. Je reviens en épluchant une orange, afin d'utiliser l'écorce pour éteindre *nos* cigarettes : il se dresse sur ses ergots.

Sa chevelure hirsute l'assimile aux chimères du tableau reproduit sur l'affiche punaisée au mur.

Les délires de Bosch me contaminent. J'entre dans ses maisons-champignons et ses couteaux-oreilles, me perds parmi les rouleaux de nacre d'un monstre encoquillé. Je « revois » le premier tableau dans lequel je suis « entré », à l'âge de douze ans – « La pêche aux thons » de Dalí.

La porte grince.

Une silhouette s'avance en repoussant sa casquette sur le front, pour donner je ne sais quelle explication.

Je ne comprends pas ce que marmonne Chabot, il semble parler une langue que seules ses bêtes entendent...

L'iguane se dresse...

– C'est quoi, ton boulot ?

– J'suis l'ouvrier agricole, finit par marmonner Chabot.

– Tu gagnes combien ?

– 500 francs...

– T'as une femme ? insiste mon voisin, en approchant son joint de la bougie qui brûle sur le crâne que Serge a déterré du cimetière voisin.

Chabot fait signe que non, mais ce signe le dévaste.

J'aurais payé cher pour l'aider à fuir l'inquisition goguenarde de mon voisin.

– Ne me dis pas que t'es seul, *à ton âge ?!*

C'est le cas : ni femme, ni enfant...

– Mais il faut te barrer, Chabot, on t'exploite ?!

Le Diable semble s'amuser à contrefaire les discours « flower power » pour montrer qu'Il existe encore...

Je n'ai jamais rien vu d'aussi poignant.

Vous voyez qu'il se passe quelque chose ici, mais sans savoir ce que c'est, n'est-ce pas Mr John ?, chante Bob Dylan : Chabot est John, à cet instant.

Je sors prendre l'air, vois l'ouvrier agricole s'éloigner comme une bête blessée, rougis en pensant à ce qu'un

Thierry Jonquet aurait dit à ma place, reprends le chemin des fermes, erre à travers champs pendant une éternité.

La peur de ne pas pouvoir « revenir » m'oppresse. J'ai l'impression d'être au milieu de nulle part – un simple atome filant à travers l'Univers. Le LSD modifie si radicalement ma perception qu'il menace mon intégrité mentale et physique : ces sensations sont mille fois trop puissantes, pour un psychisme aussi fragile.

D'ordinaire les adeptes préparent provisions, musiques, boissons avant de se retirer dans des chalets isolés durant la durée du *voyage*, afin d'éviter tout contact avec le monde normal : je comprends pourquoi.

– Alors ? On flippe ? me lance le péteux des Hauts-de-Seine, un petit sourire aux lèvres.

M'aurait-il fourgué un cristal coupé d'amphétamines, ou veut-il juste attiser ma paranoïa de débutant ?

La capacité d'ingestion du fils du maire et celle de l'iguane m'impressionnent. Tout produit susceptible de provoquer le voyage et de tordre la réalité est aussitôt adopté par eux. Les militants de LO étaient prêts à attendre cinq à six générations pour voir leurs rêves se réaliser : eux se gavent de substances pour altérer *sur-le-champ* leur perception de la réalité. Que celle-ci n'en soit en rien modifiée les indiffère : ils n'ont ni l'envie ni le temps d'attendre. Les révolutionnaires qui pensent précipiter la venue de l'Homme nouveau en distribuant des tracts ne leur inspirent que du mépris – des pisse-froid, des gagne-petit.

Ici et maintenant, voilà leur programme.

Ils n'ont rien de hippies. Ce sont des nihilistes qui savent profiter du moment, du lieu – à l'occasion des gens. Tant mieux si cela démoralise les familles ou déstabilise les Etats, tant pis sinon. Ils dodelinent de la tête sur les mélodies incantatoires de Terry Riley, mais leur expérience n'a rien de mystique. Ils ne croient en rien sinon, confusément, en un retour au grand désordre originel ; une sorte de *big crunch*, réplique du *big bang* initial, supposé rendre son énergie première au cosmos : *Back to the future*.

L'offre est infinie, avec eux.

Le haschisch et l'herbe se boivent en décoction ou se fument, mêlés à du tabac, se consomment sous forme de tartes, de résine ou de confiture (le *dawamesk*). Un remède pour chevaux, l'*angel dust,* rivalise avec le gamma OH, découvert par le professeur Laborit, et le *yellow sunshine*, une espèce très prisée de LSD. Le peyotl, selon l'iguane, ajoute aux effets hallucinogènes des *mushrooms* mexicains la plus-value d'authenticité des grands cultes indiens ; la mescaline flatte le fils du maire, qui s'avère être un lecteur de Carlos Castaneda, lequel a décrit ses effets psychotropes dans *L'Herbe du diable et la petite fumée*.

J'apprends auprès d'eux comment faire un bon « voyage ». Pour un joint de H, éviter le lancinant « Suzanne » de Leonard Cohen ou les scies des Pink Floyd qui endorment ; mettre les hurlements de Janis Joplin pour rester éveillé. Les solos de guitare d'Hendrix favorisent les montées d'acide, le « Lay, Lady Lay » de Bob Dylan, créé en l'honneur de Joan Baez, accompagne bien les descentes. L'iguane aime les distorsions dues aux pédales wah-wah, aux *bottle-necks*, aux *pedal-steel guitars* ou aux synthétiseurs Moog qui étirent encore le temps. Le fils du maire préfère aiguiser sa perception au contact de sons bruts.

Je rentre d'Auvergne aguerri. Je passe des journées à écouter les disques de mon ami Simon, sur le lecteur Brion-Vega de ses parents, avec une préférence pour les enregistrements pirates. Je m'attache aux Nice, dont le *leader* crible son orgue Hammond de coups de pubis puis de poignard, comme à Jimi Hendrix, qui déchire les cordes de sa Stratocaster à coups de dents, ses amplis à coups de basse, tombe enfin à genoux devant sa guitare en flammes, prélude au grand bûcher final. J'imagine des bannières étoilées partir en fumée devant des *policemen* effarés. Je jubile en voyant la sauvagerie que notre éducation rêvait de juguler s'épanouir dans une surenchère incontrôlable de décibels : « Wild Thing », chantent les Troggs – une abréviation pour Troglodytes.

J'apprends en lisant la presse *underground* que le guitariste des Animals vit reclus dans une chambre d'hôtel en priant toute la sainte journée et qu'il se prend pour le Christ après s'être voulu littéralement *bestial*. Je découvre que l'esprit de Dennis Wilson, le *lead singer* des Beach Boys, bat en permanence la campagne depuis que Charles Manson, le bourreau de Sharon Tate, lui a servi de guru et que Syd Barrett, l'âme damnée des Pink Floyd, peine à accorder sa guitare depuis *a very bad trip* et ânonne sans répit : « Je me sens creux et irréel. »

Je remonte à toute allure le boulevard Voltaire à l'arrière d'une 4L bondée, au sortir d'un concert donné au Bataclan. La voiture est « conduite » par une vague connaissance qui a aussi sucé son buvard, dont les cheveux se balancent avec des grâces de saule. J'éclate soudain de rire en le voyant brûler, l'un après l'autre, tous les feux rouges commandant la place de la Nation. Nous filons vers le faubourg Saint-Antoine quand un camion de livraison nous frôle, klaxon bloqué. « Parano ! » crie au chauffeur mon voisin, en lui faisant un bras d'honneur. Les fous rires redoublent, comme si l'accident et la mort étaient des inventions policières.

Beaucoup de ces substances ont le don de ridiculiser toute forme d'autorité, d'autres les rendent littéralement *insupportables*, si j'en crois les histoires qui se chuchotent dans les cercles *underground*. Forçant la cabine de l'avion qui leur fait survoler l'Atlantique, des musiciens en tournée s'opposent au pilote sur la direction à suivre et tentent de lui reprendre les commandes avant d'être ceinturés et ligotés. Un guitariste US s'empare d'un camion de pompiers afin de déployer la grande échelle et de délivrer un camarade interné après un *bad trip*. Apprenant la mort par overdose d'un « frère », un bassiste part récupérer son corps à la morgue et le brûle en plein désert navajo comme ils se l'étaient promis, un soir de défonce…

Des médecins nous mettent régulièrement en garde contre l'acide en parlant d'*aller simple vers la folie*, mais personne n'écoute ces oiseaux de malheur qui assuraient déjà que la masturbation rend sourd, sous la reine Victoria. J'entends parler de gens qui ne sont jamais « redescendus » après un trip trop puissant. Je regrette pour eux qu'ils soient mal tombés, mais on peut mourir aussi bien en traversant dans les clous. Certains de nos aînés n'ont déjà plus que la peau et les os, à vingt-cinq ans (*un cerveau de bébé avec un cœur de vieillard*, dirait Alice Cooper) ? Nous sommes convaincus de ne pas faire long feu, comme les Who dans « My Generation » (« I hope I die before I get old »). Brian Jones, Jimi Hendrix et Janis Joplin sont morts d'*overdose* ? Rien ne peut nous décourager d'aller voir au-delà de la bulle où les agents de l'autorité planifient la mort sociale. « Il y a des choses qu'on peut connaître et d'autres qu'on ne peut pas connaître, écrit William Blake : entre les deux, il y a des portes » : la drogue et la musique me paraissent les meilleures façons de forcer les enceintes de la perception.

Changés en gorets couinants dans « I Am the Walrus », les Beatles, avec le Grateful Dead, m'aident à contrer les poisons que diffuse le système. Marquées par l'Orient, ces harmoniques planantes ont le don de désamorcer l'obsession occidentale du résultat : difficile de se lever pour nouer sa cravate après une nuit à planer sur le toit d'un immeuble en écoutant « Lucy in the Sky… » au fond d'un sac de couchage. Peter Fonda et Denis Hopper ont donné le *la* en jetant leurs montres d'un pont, dans l'introït d'*Easy Rider*, avant de lancer leur *chopper* à l'assaut de l'inland américain : je rêve aussi de sortir du temps verrouillé par les décideurs à *briefcase* et les planificateurs à la nuque rase.

La béatitude engendrée par les mélodies planantes du Jethro Tull ou des Moody Blues peut m'irriter, tout comme la mièvrerie des babas cool qui les écoutent, hagards, en dodelinant de la tête. Mais ces sons me semblent une bonne alternative à l'abrutissement matérialiste, jamais les groupes n'ont été si bons et nombreux. « Turn on, tune in, drop out » : *Ouvre-toi, mets-toi à l'écoute, évade-toi*, affirme Timothy Leary, le barde qui a lancé la *révolution chimique* avec Kerouac, Ginsberg et Burroughs, dix ans plus tôt. *L'acide combat la civilisation comme la pénicilline la syphilis*, enchérit Peter Fonda, le héros d'*Easy Rider*. Je ne désapprouve que les « assassins » qui s'amusent, dans les fêtes, à jeter des cristaux d'acide dans les verres à l'insu d'invités qui se retrouvent *spaced out,* sans comprendre pourquoi.

La presse parallèle regorge de récits « héroïques » mettant en scène ces milliers de *freaks* qui ont abandonné les villes pour revivre, comme aux temps d'Eve et d'Adam, dans les déserts du Nouveau-Mexique ou de Californie. Regroupés en « familles », elles-mêmes structurées en tribus, certains anticipent la vie céleste au son des flûtes et de l'harmonium durant des fêtes réglées par le calendrier indien. Ceux-là me font rire, avec leur religiosité assumée : je ne crois pas qu'on réveille la puissance primitive du monde en agitant des crécelles. J'ai pourtant ma façon de « triper » dans les temps primordiaux : je passe les vacances de la Toussaint avec l'ami Simon au cœur de l'éden tropical orchestré par Pharoah Sanders dans *Karma.* Des sons étranges et luxuriants, où les gazelles et les singes eux-mêmes semblent « voyager » sous *yellow sunshine.* Les lyrics d'Amossis Leontopolis Thomas achèvent de donner un tour mystique à ces mélodies célestes (« The creator has a working plan – peace and happiness for every man »), avant que des hurlements jaloux de babouins en rut ne s'élèvent de la forêt enchantée ; l'utopie adamique tourne à l'enfer haineux, le paradis astral à la guerre du feu.

Je ressors sonné de ces orgies sonores, qu'amplifient l'écoute obsessionnelle des albums cosmiques des Soft Machine, le III et le V en particulier. Déjà balbutiante, ma conversation régresse au stade de l'onomatopée *(Génial, ton plan/ Yeah, man).* La parole n'est plus mon langage, en cet apogée de l'ère pop-rock, les machines oniriques de Fellini et les mytho-romans de Michel Tournier sollicitent bien moins ma curiosité que les albums de Frank Zappa ou de Magma. Simon parvient encore à annoter les essais esthétiques de Klee et de Kandinsky, qui nourrissent ses premiers collages, j'ai de plus en plus de mal à me concentrer sur un livre.

Je fréquente des cinémas crapoteux diffusant en boucle le *Rosemary's Baby* de Polanski, exemple parfait de *bad trip*, le *Rocky Horror Picture Show* ou *Le Fantôme de l'Opéra*, deux navets musicaux que les stupéfiants rendent « géniaux ». J'achève de m'initier à la contre-culture dans une disquerie-librairie de la rue Dauphine – La Pensée sauvage ?, Actualité ? – ou en buvant un vin chaud au Polly Magoo, le bar-discothèque de la rue Saint-Jacques : autant de capsules antisociales où j'aime planer. Je découvre la rue des Caves, dans la ville respectable de Sèvres, en partie squattée par des groupes se réclamant de la commune libre de Christiana, à Copenhague, et qui mettent l'essentiel en commun, des poussettes aux voitures en passant par les machines à laver. En découvrant que tout, des repas à l'amour, s'y fait aussi sous le regard de chacun, je recule devant cet équivalent *open space* des prisons panoptiques, type la Santé.

A l'écart, réservés, ces lieux alternatifs m'offrent un vrai recours à la cacophonie ambiante. Loin d'être intégrés aux circuits marchands à coups d'abonnements réglés par Visacard, comme aujourd'hui, ils forment des poches si étanches que je pourrais croire là que le système a réellement disparu, que l'entreprise et la police ne sont plus que des mauvais souvenirs.

Lecteur assidu du *Pop*, un fanzine *underground*, je pense leur proposer des articles sur les disques qui sortent. Je me rends à leur adresse et tombe sur une petite maison de bois, au cœur d'un terrain vague où pousse l'ortie, située derrière le viaduc de l'avenue Daumesnil, dans mon souvenir. Je reste bouche bée devant cette baraque de pionniers qui n'est accessible que par un escalier extérieur : je croyais la feuille *réellement* fabriquée dans un souterrain. Mon premier article est refusé, cela m'est égal, je n'ai aucune ambition.

Tout comme les pays et les villes ne sont plus ordonnés par aucune carte (on se fie au hasard pour arriver à bon port, en voyage), mes journées ne sont plus mesurées par aucune montre : je dérive dans l'espace et le temps, hors de tout rendez-vous. La vie quotidienne m'ennuie, je ne veux plus connaître que des gens singuliers et des états limites. Je regarde avec fascination et effroi le frère aîné de Simon laisser son studio au premier venu (à charge pour lui de relever le courrier) pour prendre la route avec l'invraisemblable groupe pop qu'il a fondé. Passant de caravanes en *choppers* calaminés et de parkings en maisons de la jeunesse, il peut disparaître des mois, comme les héros d'*Alice's Restaurant*, qui vivent dans des bus bariolés.

Mon frère Pierre nomadise aussi, mais sans quitter la Cité Universitaire. Il y rencontre des étudiants de tout pays, passe ses journées à lire dans la bibliothèque de la maison de Cuba ou dans l'herbe du parc. Il fuit lui aussi la réalité, mais dans son coin, immobile et grave comme ces voyageurs qui font retraite en Inde. C'est sa façon de planer.

Désireux de voir le globe avant qu'il ne soit défiguré par le tourisme, Philippe a entamé un tour du monde en stop, à la fin de son année universitaire. Des *cartoline* montrant les ruines de Leptis Magna et les banians des temples d'Angkor nous parviennent par à-coups. Très curieux de connaître les modes de vie qui échappent à l'Occident, Philippe s'arrête ici pour tirer sur le shilum avec un chevrier, là pour s'initier à l'opium avec un bonze, avant de se faire inviter à boire un verre de raki dans un bazar – un Afghan lui proposera même la botte sur le toit d'un bus les menant à Kandahar. J'envie sa capacité à traverser des pays dont il ne parle pas la langue : il s'en sort toujours, même quand il n'a plus un sou en poche.

Je me suis contenté de faire un tour de la Corse en stop, l'été précédent, afin de découvrir l'île hors de la famille. J'ai traversé la forêt d'Aïtone en flammes, vision inoubliable d'apocalypse, et découvert la crique où s'entraînent les commandos de la Légion, au sortir de Calvi. J'ai dormi sous des eucalyptus, dans le maquis, au pied des fontaines. En recevant une bouteille de parfum en plein visage, pelotonné dans un sac de couchage, sur la plage de L'Île-Rousse, j'ai pu mesurer l'accueil qu'elle réserve parfois aux « étrangers » : on fait aussi la route pour en baver…

Pierre en aventurier mental, Philippe en penseur global, moi en Gavroche planant, nous sommes déterminés, chacun à notre façon, à ébranler le monde de notre père, à mesurer notre puissance destructrice. Cela nous mènera-t-il à une seconde Genèse ou au suicide collectif ? Tout vaut mieux que cette société de morts-vivants.

La croisade des enfants

Nos parents ont toujours mis en avant Pierre et Philippe sur les clichés. Leurs traits réguliers et leurs corps élancés les rendent si photogéniques ! Mon visage presque cubiste me désigne *a contrario* comme le vilain petit canard de cette couvée de cygnes. En me lançant : *Tu es beau,* alors que je me cherchais dans un miroir à Souillat, l'ami Serge m'a rassuré et troublé.

J'ai la peau douce, de grosses lèvres, des narines frémissantes, des cheveux bruns et épais, frisés comme une scarole. Mon nez pointu détonne au centre d'un visage rond, comme un os jailli d'un ballon. A dix-sept ans, j'ai des besoins sexuels envahissants et l'incapacité de les satisfaire. La semence me monte à la tête, je crains d'imploser. Du moins commence-t-on à me regarder dans la rue.

Parfois un couple de garçons vient au lycée Charlemagne à vélo ; ils en ont été renvoyés pour agitation, mais y gardent de nombreuses relations. Le jeune bourgeois affable qu'est Régis ne dépareillerait pas dans un club argentin, avec ses cheveux gominés. Fils d'un marchand de biens et d'une styliste, il montre une égale aisance dans tous les milieux et semble trouver évident d'être maoïste, avec son pedigree. René est de ce moment, ne pourrait être que de cette génération. Avec sa tignasse drue et noire en boule de gui et ses pantalons qui balayent le sol, il m'évoque de face Guy Hocquenghem, un des piliers du Front homosexuel d'action révolutionnaire, de dos Angela Davis, l'icône des Blacks Panthers. Beau, souriant, bien fait, ce métis aux yeux verts ne pense qu'à séduire, convaincre et conquérir, échafaude sans cesse des plans qu'il n'éprouve pas toujours le besoin de faire aboutir. Tout est si facile alors…

René et Régis ne me demandent pas d'aller à l'aube « faire » les usines de la banlieue, ils me draguent. Je les accompagne à une conférence de presse de Jean-Paul Sartre, relayée par l'état-major de la Gauche prolétarienne, puis au vernissage d'un membre du groupe La Jeune Peinture, avant de faire une « intervention » dans les foyers du faubourg Saint-Antoine. Ils me font rencontrer toutes sortes de gens, des anonymes vivant dans des conditions précaires et des célébrités que cite la presse – je parle de *vraies célébrités*, non des Claude François ou des Sacha Distel.

Formé porte de Saint-Cloud, j'observe encore autrui avec l'œil critique du lecteur habitué à laisser « parler » les personnages, sans cesser de les juger ; René s'adresse spontanément à tous. Personne n'a l'air hors d'atteinte pour lui, pas plus André Glucksmann que Michel Foucault, dont il a les téléphones. Un réseau indéfiniment extensible le met à portée de grandes têtes pensantes ; les portes s'ouvrent si bien à son approche que j'apprends à être moins méfiant.

Un jour, René me fait monter avec Régis dans le studio d'un maoïste de la cellule d'Aligre, à la sortie du métro Faidherbe-Chaligny ; le lit du militant occupe la presque totalité de l'espace, on n'a d'autre choix que de s'y asseoir puis de s'y rouler. René glisse la main dans mon short tandis que Régis défait ma chemise ; leurs doigts courent sur ma peau, leurs lèvres butinent mes seins, je me sens caressé, embrassé, sucé par un démon à dix bras, la charge blanche tombe en gerbe sur leur chemise.

Je cesse d'être un béotien prenant chaque confidence érotique pour une prouesse fabuleuse. L'effroi propre à l'état de puceau laisse place à l'incommensurable fierté de ceux qui savent. Facile, joyeuse, la réédition de cet « exploit » inaugural m'enivre : je me jette sur Régis et René dès qu'un huis clos s'offre. C'est bon d'étancher sa soif, au sortir du désert.

René m'attire particulièrement. Il a une vraie facilité sexuelle, passe d'un monde l'autre sans transition. Nous devenons des complices chassant sur les mêmes terres, échafaudant parfois les mêmes projets, couchant à l'occasion ensemble dans l'antre d'un homme qui habite au milieu d'un petit bois, entre cette allée des Brouillards que hantait Nerval et le dernier vignoble de la butte Montmartre. On nous voit si souvent à pied ou à bicyclette que la cellule mao d'Aligre se fait vite son opinion à notre sujet. Nous devenons « la bande à vélo », c'est la plus chaleureuse des niches.

Cette réputation me plaît. Elle me singularise, en gardant la légèreté du provisoire : elle ressemble à un costume un peu dandy dont je pourrais me défaire, au cas où. Je suis trop immature pour aller au-delà.

Nous sommes bien décidés à ne pas définir ce que nous vivons. Nous couchons avec qui nous plaît, découchons aussi facilement, refusons *a priori* tout engagement : notre seul devoir est de faire exactement *tout* ce qu'on nous a interdit de faire, d'essayer toutes les combinaisons que le couple normal exclut. René a un tel succès que je ressemble enfin à cet être « libéré » que postulent nos discours.

L'homosexualité reste un sujet de réprobation pour la plupart des militants, mais ceux de la place d'Aligre approuvent René et Régis quand ils proposent que j'intègre leur cellule. Beaucoup viennent des milieux populaires, dont la présence domine encore l'Est parisien. La mère de Raymond B., vendeuse au BHV, lui a transmis un vaste répertoire de chants révolutionnaires (il connaît tous les couplets du « Grand Métingue du Métropolitain »), celle de Patrick H. est ouvrière dans la rue de Charenton ; dans le timbre « titi » de la voix de Marc S. vibre l'accent de ses ancêtres communards.

Je suis d'emblée adopté par lui. Marc S. cherche ma compagnie, veut m'attirer chez lui, je ne sais plus que faire, tout prend un tour fébrile avec lui, il aime les femmes pourtant. A Lutte ouvrière, j'aurais mis dix ans à l'approcher ; après six mois, je le devine presque amoureux.

La Gauche prolétarienne est bien plus souple que l'organisation trotskyste. On y sent plus l'esprit anti-autoritaire de 68 ou de la Révolution culturelle chinoise, qui a vu des millions de jeunes dénoncer leurs professeurs. Des milliers d'étudiants, suivis par des millions de salariés, ont suffi à ébranler le régime en Mai, la GP ne l'a pas oublié.

Chaque dimanche, je retrouve René et Régis, Raymond B. et Marc S. au marché d'Aligre pour vendre *La Cause du peuple*, l'organe mao. Nous diffusons des tracts dénonçant la stratégie des promoteurs qui rêvent de livrer le quartier à cette nouvelle classe d'ingénieurs, de pubards et de branchés qui ne va pas tarder à envahir Paris. Nous partons soutenir les revendications timides des Africains des foyers de la rue de Charenton, qui vivent à six par chambrée, dans la crainte permanente de l'expulsion. Nous prêtons main-forte aux filles qui exigent des avortements libres et gratuits, comme aux femmes encore enfermées dans la prison voisine de la Roquette pour avoir interrompu leur grossesse. Nous diffusons des tracts au sortir d'une imprimerie de Montreuil occupée à l'initiative d'un camarade établi dont le nom m'intrigue, Rémy Kolpa-Kopoul. Nous guerroyons sur tous les fronts, publics ou intimes.

J'abandonne mon patronyme et mon prénom, que je juge fades, pour un pseudonyme potache et guerrier, qu'un élève de Charlemagne m'a trouvé : *Arnulf!* sonne mieux que *Claude!*, dans les manifestations. C'est un nom de bande dessinée, l'écho un peu dérisoire des Rahan qui peuplent les fanzines, mais il sera utile en cas d'arrestation, et il épouse bien mieux ma personnalité. Je dois à mes parents mon nom, ce pseudo n'est qu'à moi.

Ceux-ci s'inquiètent plus pour leur aîné que pour moi, à vrai dire. Ils ont de moins en moins de ses nouvelles, hormis lors des grandes occasions. Et Pierre est souvent incapable de dire à quoi il passe son temps, quand ils mettent la main sur lui. Il s'irrite de leur indiscrétion, se lance dans des explications étranges, se perd dans ses pensées.

En découvrant que son aîné a abandonné l'Ecole des travaux publics pour prendre un emploi à mi-temps dans une banque, mon père a un choc. Que Pierre ne veuille même pas de son diplôme d'ingénieur l'accable : toutes ces années de travail pour en arriver là ! Il ne comprend pas cette démission, qu'il juge suicidaire.

Par son autorité naturelle, notre père a toujours su s'imposer sans trop avoir à forcer la voix, dans les navires qu'il a commandés ou les bureaux qu'il dirige. Ayant la prestance de l'ancien chef de l'Etat, il s'offre comme son représentant implicite à la maison : mort depuis deux ans, de Gaulle se perpétue sans le savoir dans notre foyer. Mais Pierre ne tolère plus cette monarchie prolongée. Il veut en finir avec l'ordre patriarcal, achever à domicile le travail accompli dans la société : sans pères, la Patrie et l'oppression s'effondreront. Pour établir la République, il faut « décapiter » Hubert.

Le père hausse le ton, en voyant le fils s'obstiner. Il lui ordonne de retourner à ses études et exige un diplôme pour la fin de l'année. Le ton monte, les cris fusent, des coups sont échangés.

Il y a six mois encore, notre mère tempérait l'autoritarisme d'Hubert. Bien plus fine que lui, elle sait à l'occasion rapprocher les parties : j'ai même surpris un conflit entre eux, de retour d'Auvergne, après avoir émis le désir de m'inscrire à la Bergerie nationale de Rambouillet. Mais la maladie de notre mère laisse une bien plus grande marge à notre père, ces derniers temps. L'hiver, elle n'ambitionne plus que de parvenir au mois de juin, où elle partira se refaire une santé en Corse ; en attendant, elle veut le moins de drame possible.

Mon père ne supporte déjà plus mon opposition systématique, mes sarcasmes, ma façon de vivre. En découvrant dans mon cartable des brochures subversives, il prend feu. Il s'adresse solennellement à « Claude », exige de lui des explications puis une lettre de repentir, sans voir qu'il parle à Arnulf, qui lui est devenu étranger. Apprenant mon renvoi du lycée Charlemagne pour avoir publiquement accusé le surveillant général, sans la moindre preuve, d'avoir participé au massacre d'Oradour, il perd la tête. Humilié d'avoir à m'inscrire dans un cours privé avec des cancres, il me met au défi de m'installer dans les pays où le communisme a été *réalisé*. Je ne prends même pas la peine de répondre. Ce que peuvent dire « les vieux », comme on appelle les parents, n'a plus aucune valeur ; j'évolue dans un autre espace-temps.

Arnulf sait bien qu'il vaut mieux vivre à Paris qu'à Moscou ou Tirana, mais la démocratie lui apparaît aussi fade qu'un œuf sans sel. En quête d'une vision globale du monde, il rejette radicalement un système libéral qui réduit la vie à la nécessité de gagner son pain et de cohabiter sans heurt, donc d'exploiter ou d'être exploité. Il ne veut pas prendre sa place dans une société fondée sur l'injustice, la compétition et le refoulement. La famille même lui déplaît avec sa façon mesquine de vivre sur soi, d'exclure de ses préoccupations affectives le monde extérieur.

Philippe est rentré métamorphosé de son périple autour du monde. La découverte de l'Asie l'ayant convaincu que l'avenir se joue loin de l'Occident, il a définitivement abandonné la médecine pour s'inscrire en licence de chinois, à l'Ecole des langues orientales. Il en aurait eu le temps qu'il se serait mis à apprendre toutes les langues qu'il a entendu parler durant son voyage, de l'arabe à l'ourdou en passant par le farsi.

Le champ de sa curiosité s'élargit encore, après son adhésion à un mouvement bien plus structuré que la GP, moins radical aussi. Sa référence est Antonio Gramsci, qui voulait faire du Parti communiste italien un intellectuel *organique* dans les années 30. Décidé à produire une analyse calme et grave de la situation mondiale, il pense tout car tout est à penser. Ses cheveux longs, le foulard indien noué à son cou ne doivent pas tromper : le clown imitant les ministres a rangé ses micros, l'esprit facétieux a cédé la place à un moine-soldat, rigoureux et concentré. La Révolution a trouvé en lui un clerc d'élite au dévouement sans faille.

Ce nouveau gâchis scolaire révolte notre père. Il comprend qu'il a engendré trois opposants prêts à tout pour contredire son éducation, jusqu'au déclassement. Philippe se voit intimer de reprendre ses études de médecine, mais s'y refuse avec encore plus d'effronterie que Pierre ou moi. Cette contestation tous azimuts décuple l'autoritarisme d'Hubert, qui se met en tête de conduire sa nombreuse famille comme il commandait en second le sous-marin avec lequel il pensa rallier Londres en 1940, avant que les Anglais ne bombardent Mers el-Kébir. Le père affectueux et lointain se change en un *pater familias* d'une autre ère, impatient d'appliquer *enfin* les recettes éducatives de sa jeunesse. Autrefois moderne, l'officier élégant et sportif ne nous paraît plus qu'un vieux con sentencieux. Il nous donne des directives comme à ses matelots obéissants, fomente malgré lui la révolte du *Potemkine*, version familiale.

En apprenant que je ne mets jamais les pieds au cours Edgar-Poe, sur les Grands Boulevards, Hubert explose. Il menace de m'expédier au Prytanée de La Flèche, un collège militaire pour fils d'officiers, en cas d'échec au bac : je lui promets de m'y rendre avec un cartable bourré d'explosifs. Il m'adresse une lettre glaciale, parle de me couper les vivres ; jamais je ne retournerai à Edgar-Poe.

Le dialogue s'avère impossible entre nous : il se comporte encore comme s'il était la source de toute loi, l'ordonnateur du monde. Je cesse de l'écouter ; quand la foudre tombe je m'éclipse puis reviens cohabiter, comme si de rien n'était.

J'échange mon vélo contre une mobylette bleue de postier afin de pouvoir souffler à tout instant sur la braise, aux quatre coins de Paris. Rassemblement contre l'expulsion d'une famille d'immigrés vivant à Belleville, défilé pour la *juste lutte* du peuple érythréen dans le faubourg du Temple, je cours sans répit aux quatre coins de Paris contre les fauteurs de guerre et de misère. Gagné par le bonheur de crier, le désir ardent de détruire, le sentiment de puissance que la foule procure, je me résorbe dans ces fleuves humains.

A force d'arpenter la capitale, j'en viens à m'identifier au mouvement même de l'Histoire. Je veux croire que les imbéciles, les peine-à-jouir, les colonels à médailles, les ingénieurs fumant la pipe, les psychologues normatifs, les dames catéchistes finiront par tomber sous nos assauts répétés. Comme les enfants des croisades qui déferlaient vers Les Saintes-Maries-de-la-Mer en balayant tout sur leur passage, sous prétexte de délivrer la Terre sainte, je pense précipiter l'avènement d'un monde fondé sur la communauté des biens et des corps. Je porte une torche imaginaire à bout de bras.

J'en viens à acquérir un titre sauvage de propriété sur certains coins de Paris. Du boulevard Saint-Michel, que je bloque avec des milliers de lycéens en m'asseyant sur le macadam pour lancer mon casque en l'air, au boulevard de l'Hôpital, que j'envahis un jour de printemps avec des milliers de manifestants surexcités (un car de Police secours sortant de la Salpêtrière voudra se faufiler parmi nous, et deux policiers manqueront être lynchés – souvenir horrible, presque aussitôt surmonté, jamais oublié).

Beaucoup de quartiers de Paris me restent inconnus. Je les découvre au détour d'un défilé où, pourchassé par les motards de la préfecture, je m'éclipse dans une rue déserte pour sauter une barrière et me retrouver face aux labos de chimie de l'Institut Pierre et Marie-Curie, ou devant la vasque légendaire des jardins de Normale sup – l'école fait doublement rêver depuis que les grands crus de ses caves ont été vidés, une nuit d'occupation sauvage. Je tombe sur des cours intérieures peuplées de fontaines, d'arbres et de rosiers, vois surgir en grimpant dans des combles la coupole du Val-de-Grâce ou la tour de ronde de la prison de la Santé. Je suis Fantômas semant la police par les toits : Paris m'appartient.

Le « mouvement de la jeunesse » maoïste décide alors d'occuper la faculté de Jussieu, je ne sais plus pourquoi, les raisons ne manquaient pas. Je me tiens avec René au sommet du bâtiment, caché derrière une bouche d'aération, d'où l'on domine les CRS qui tiennent la rue des Fossés-Saint-Bernard, que les « occupants » criblent de boulons et de bouteilles incendiaires. La police a beau nous arroser de grenades lacrymogènes depuis ses hélicoptères, nos foulards imbibés de citron, remontés jusqu'aux yeux, nous permettent de revenir assister au harcèlement des forces à pied, l'assaut passé.

Le siège dure deux jours. On tient en puisant dans les stocks de conserves, de bière et de pain de mie cachés dans les sous-sols de la tour 33. En voyant revenir les hélicoptères, j'ai l'impression d'assister au tournage d'un film consacré à la guerre du Vietnam, René et moi sommes deux jeunes acteurs « locaux » recrutés par les studios, la production sera un succès, aucun doute là-dessus.

Le second soir, alors que la police s'apprête à donner l'assaut, je vois jaillir des escaliers un groupe de marxistes-léninistes livides, aux yeux noircis par le manque de sommeil, comme des taupes enfin autorisées à vivre au soleil.

– *Camarades, Radio Tirana nous soutient !* s'exclament-ils d'une même voix.

Membres de Prolétaire Ligne Rouge, un groupuscule rival, ils vivaient depuis deux jours dans les caves, collés à leur radio dans l'espoir que l'Albanie, alors prochinoise, salue « la juste cause des étudiants français ».

Je regarde René, ahuri.

Nous repartons en courant le long du Jardin des Plantes, en bénissant les hiboux qui recouvrent le bruit de nos bottes, comme en riant de ces militants faméliques surgis de leurs sous-sols dostoïevskiens pour nous annoncer la Bonne Nouvelle : la radio la plus rouge du monde venait de donner le feu vert à l'occupation, alors même qu'elle s'achevait.

Nous sommes régulièrement traversés par des élans sacrificiels. Impatients d'abolir nos derniers privilèges, nous nous préparons à devenir grutier ou égoutier – les services parisiens embauchent volontiers, et ces hommes surgissant des sous-sols, le corps moulé par le caoutchouc, une lampe sur le front, réveillent nos rêves conspirationnistes. Mais les recruteurs nous repèrent à nos tignasses, et nous devons nous contenter de devenir coursier, assistant à la morgue du quai de la Rapée ou cobaye pour un laboratoire pharmaceutique : on passe trois jours dans une chambre confinée à prendre un médicament inédit, en donnant nos selles et nos urines, notre sang ou notre tension, contre un mois de salaire.

J'en viens à me porter candidat à toutes sortes d'emplois. Je tente mes chances aux Studios de Billancourt, où Costa-Gavras recrute des figurants pour son film *Section spéciale*, et chez Jean-François Davy, l'auteur d'*Exhibition*, un film d'art et d'essai qui sera classé X. J'ai beau être à chaque fois éconduit, j'acquiers l'impression étrange de pouvoir devenir un peu tout – berger, pour avoir aimé garder un été les moutons, ou acteur, pour manquer de timidité devant les caméras – avec la même facilité que je me voyais médecin de marine en enfilant l'uniforme de mon père, enfant.

Les aveux qu'avait faits Michel Jazy, quand j'avais dix ans, m'avaient frappé ; né dans les corons du Nord, le coureur estimait qu'il aurait fini en prison sans le sport. Je suis persuadé depuis qu'il suffit de changer de contexte pour changer de personne : un « client » sortant d'un bordel ne réagit pas de la même façon lorsqu'il entre à l'église en « fidèle » ; un « travailleur » discutant lors d'une pause pense autrement que le « supporter » d'une équipe de football, fût-ce le même.

La perspective d'une rencontre me fait dire : *je vais jouer le malin, le modeste, ou l'abruti,* et la pire obligation devient virtuellement intéressante. Le meilleur mensonge découlant de la vérité, j'affabule avec aisance, sans la moindre culpabilité, joue à l'égoutier potentiel aussi bien qu'au jeune paysan fictif devant les recruteurs de Billancourt. « Mon parrain Schimmelpreester faisait remarquer qu'au moyen du costume et de la perruque, mon visage s'accordait non seulement à toutes les classes sociales et à tous les pays du monde, mais aussi aux différentes époques », lit-on dans *Les Confessions du chevalier d'industrie Félix Krull,* de Thomas Mann. J'ai aussi l'illusion de pouvoir me pétrir à l'envi, même si je refuse que la sculpture *prenne*. M'établir comme une personne *définitive,* m'en tenir à une seule identité, ne m'intéresse absolument pas. M'achever ? Non merci, je préfère vivre. Refusant de choisir entre tous mes possibles, je veux une vie aussi variée qu'imprévisible comme en mènent les personnages de film. Je veux tout connaître de la condition humaine, ayant en horreur la contrainte.

Un sentiment de toute-puissance me gagne, quand je passe d'un emploi à l'autre. J'ai l'impression d'anticiper sur le moment où les « acteurs » sociaux, lassés de radoter ou de jouer *faux,* prendront en main leur destinée, et s'autoriseront à ne plus faire que ce qu'ils désirent. Plus personne n'aura de spécialité, les rôles deviendront accessibles à chacun, il sera possible de cultiver son potager le matin, de rendre justice l'après-midi et de faire de la poterie le soir…

Le doute me reprend, à d'autres instants. A force de m'imaginer dans mille rôles, je pourrais bien me réduire à un statut d'acteur virtuel, sans pièce ni public, ou bien finir comme ces imposteurs que mes frères et moi étions si habiles à traquer.

Sur ce point Philippe m'approuve : il s'est toujours moqué de ma plasticité, même s'il sait aussi en profiter. « Il faut s'attendre à tout avec Claude », confie-t-il alors à notre mère. Quand j'évoque mes activités militantes, il me regarde avec l'ironie de l'auteur surprenant un comédien répétant un rôle – celui d'Arnulf en l'occurrence. *Tu n'es pas un militant responsable*, semble-t-il penser. *Tu vends un journal maoïste, moi j'apprends le chinois.* Il croit encore que je l'imite.

J'ai longtemps voulu être mon frère, mais ce n'est plus le cas. Au contraire de moi, Philippe n'est fait que pour cet emploi d'intellectuel qui ne me dit trop rien. Il est là pour *penser* la révolution à venir, moi pour accélérer sa venue, en y prenant plaisir au besoin. Il l'incarne et je la mime, à ses yeux, comme si j'assouvissais la vocation dramatique frustrée de notre mère.

Si ma « légèreté » laisse Philippe dubitatif, c'est aussi qu'il sait notre entreprise risquée. Nous aurons un jour, non pas à assumer la responsabilité du pouvoir, qui ne l'intéresse pas, mais à répondre du développement des peuples que nous aurons contribué à libérer ; nous devons donc nous préparer *sérieusement* à la Révolution.

L'étendue de ses lectures continue de m'impressionner : il a beau mépriser les tâches quotidiennes, tout ce qui pourrait améliorer la vie des masses l'intéresse, concrètement. Je suis un agitateur, il est un révolutionnaire. Je défile au moindre prétexte, il potasse des ouvrages d'agronomie, étudie le développement des forces productives dans la Chine du Grand Bond en avant, analyse l'échec de la grande Zafra programmée par Castro. Il est venu au socialisme à travers la lecture de Marx et d'Adorno ; ce sont les témoignages d'établis recueillis par Michèle Manceaux dans *Les Maos en France* qui m'ont mené à la GP. Bouleversant jusqu'aux hiérarchies familiales, il est en passe de devenir notre aîné moral, le biologique étant tout occupé à rompre les amarres.

Nous avons souffert du vide de la porte de Saint-Cloud. Mais Pierre et moi avons d'abord essayé de le remplir, jusqu'à la boulimie, alors que Philippe pensait déjà à renverser. L'aîné et le benjamin cherchent confusément à vivre de façon romanesque ; Philippe veut rebâtir le monde et il n'est prêt à rien négocier de son identité. Il est *lui-même même*, dirait un Haïtien. Et c'est bien parce qu'il est d'un bloc que j'ai dû jouer des rôles pour trouver ma place, à ses côtés. Il a une essence, j'ai une existence.

Je lui donne donc raison, en bonne logique. J'en appelle à un ordre dur, capable de me sauver du caméléonisme. Je tente d'adopter des principes tangibles, de m'en tenir à une seule ligne. Faute d'y parvenir, je m'en remets au hasard. Le destin me semble tramé d'épisodes incongrus dans l'épaisseur desquels mon *moi* tapi attend patiemment sa chance, tout en doutant de sa propre authenticité. Je suis convaincu qu'il *doit* m'arriver quelque chose de bien, qu'une voiture, de nouveau, s'arrêtera pour m'emporter.

Le faubourg Saint-Antoine reste peuplé de matelassiers, d'ébénistes, de rempailleurs et de marchands de meubles, de laqueurs et de tourneurs sur bois, mais la bohème commence à gagner ses passages pavés et ses ateliers sentant fort le vernis, l'alcool et le pin de Finlande.

La porte de Dominique Maurin, passage de la Boule Blanche, est presque toujours ouverte : on pénètre dans un antre aux murs couverts de batiks, de falbalas et d'affiches des Doors qui fleure la tomate, le hasch, et l'encens.

Grand, fort, hâbleur, Dominique est le frère de Patrick Dewaere, qui va triompher avec Depardieu et Miou-Miou dans *Les Valseuses*. Les quatre frères Maurin sont acteurs, comme leur mère Mado et leur sœur Véronique, mais seul Patrick fait parler de lui, il semble pouvoir basculer à chaque plan dans la folie. Dominique s'en flatte parfois, s'en irrite aussi : après avoir commencé enfant, il ne parvient toujours pas à percer.

Frêle et lascive, son amie Rama flotte comme un nuage d'encens dans des échos de sitar. Elle aime traîner en robe de gitane dans les rues, nu-pieds et *stoned*, avec l'indolence de la *wanderer* remontant les plages de Goa en lisant les lignes de la main. Bizarre, lunatique, elle teint au henné son extraordinaire chevelure de Méduse, au brou de noix les robes fuseau qui lui font une taille de couleuvre, tresse ses pendentifs indiens avec de petits ciseaux métalliques.

Elle évolue dans un univers encore plus irréel que le nôtre. D'où vient-elle ? Personne ne le sait. Pourra-t-elle vivre au-delà de la trentaine ? Cela semble peu probable. Mais on pourrait le dire de tant d'autres, alors…

A des années-lumière des galaxies militantes, Rama pleine d'étoiles n'a jamais lu une ligne de Marx, mais elle est toujours prête à diffuser avec nous des tracts dénonçant les conditions de travail dans l'industrie automobile, emmitouflée dans des écharpes en surah : ce ne sont pas des choses qui se refusent.

Un jour qu'elle est alitée, Rama m'envoie à la pharmacie de la rue Trousseau chercher du camphre et des tampons. Je reviens à son chevet pour appliquer du baume du Tigre sur ses tempes malades ; elle m'attire contre elle, m'embrasse voluptueusement, me glisse d'autorité dans son lit et m'implante en elle, en libérant des cris stridents.

Quand je me retire, mon sexe dégoutte de sang : ces caillots rouges, cette odeur de règles et de patchouli, le sourire fou qui mange son visage me marquent durablement.

La classe incarnée

Pierre nous a rejoints en Suisse à l'été 1971, pour nos dernières vacances passées en famille, et s'est confié à moi toute une nuit…

Il n'a jamais fait l'amour, à vingt-quatre ans, et en souffre horriblement. Personne ne l'a caressé, et il n'a embrassé quiconque sur la bouche. Vierge, comme on ne l'est plus en Europe à cet âge, sinon dans les montagnes d'Albanie.

Toute cette énergie inemployée le rend fou. La frustration le tétanise, dès qu'il envisage d'aborder un corps qu'il désire. La cocotte bout en permanence, il a dû quitter son mi-temps dans la banque, il ne se croit déjà plus capable de vivre dans le monde réel. Sa détresse me bouleverse.

Un an plus tôt, alors que je vivais encore au 35, il s'était précipité sur moi en brandissant un ouvrage sur la guerre de Gaston Bouthoul pour me lancer : *Tu as vu ce type ? Je suis sûr que c'est un pédé !* J'exprimai mon scepticisme : sur la photo grisâtre reproduite par les éditions Payot, Bouthoul avait l'air d'un brave père de famille. Ma réponse nuancée avait eu le don de le rendre furieux.

Le sujet est devenu brûlant, depuis que Philippe a avoué son homosexualité. Pierre s'en est indigné devant notre père, en comptant sans doute sur ce dernier pour forcer Philippe à se « rétracter », et ainsi retrouver son rang d'aîné, mais la manœuvre a échoué.

Jalouse-t-il les choix érotiques clairs de Philippe, ou le lien qui m'unit à lui ? Il commence à s'éloigner de nous, comme s'il nous reprochait notre liberté, qu'elle était responsable *a contrario* de sa virginité.

Son asexualité le rend irascible. Il tient des discours bizarres, insulte le pape et la Curie, comme si le Vatican tirait encore toutes les ficelles… Frustré d'avoir manqué 68, il se rattrape au prix d'une surenchère radicale qui me semble avant tout rhétorique.

Son fond réapparaît, par intervalles. Je retrouve le Pierre réfléchi qui faisait l'admiration de notre père, l'élève exceptionnel promis au plus bel avenir. Mais il n'aime plus ce Pierre-là, encore moins ceux qui l'ont encouragé, Hubert le premier. Il accuse son père de l'avoir contraint aux études scientifiques, alors qu'il n'aspirait qu'à intégrer khâgne : le Pierre Arnaud que l'on connaît n'est qu'une caricature érigée à ses dépens. Son prénom même n'est que le fruit d'un jeu de mots dont la traduction falsifiée l'obsède, le vrai nom de Pierre étant Céphas en araméen, la langue du Christ, que l'hébreu traduit par Simon.

Mon frère n'est pas seulement déterminé à éradiquer les valeurs que ses parents lui ont inculquées, il est résolu à défaire *pierre après pierre* cette Eglise que son père a voulu édifier à travers lui. La nature semble s'être plu à donner au père le plus raisonnable un fils décidé à anéantir son œuvre, faute de pouvoir ébranler son incroyable adaptation au monde.

De la poche de Pierre dépassent des petits carnets où il note ses idées. Il lit les romans d'Aragon, griffonne dans les marges des commentaires kabbalistiques en grec, découpe aux ciseaux les passages qui l'intriguent pour les implanter dans un roman de Tolstoï, un texte de Freud sur les rêves. Après avoir pensé à un livre fait entièrement de citations, comme Walter Benjamin, il se lance dans l'écriture d'un roman racontant l'attaque de l'ambassade de Chine, avenue Marceau, par un groupe de maoïstes ultras venus de province.

Il parle parfois de ce livre, mais n'envisage pas encore de le soumettre à un éditeur. Il a un tel respect pour la littérature qu'il ne conçoit même pas de lui donner une existence matérielle : ce roman, c'est lui, il subit donc les mêmes sautes d'humeur que lui – un jour viable, le lendemain difficile. Il cesse enfin de m'en parler, comme si je risquais d'en informer Philippe ou Hubert.

Pierre me donne parfois l'impression de ne plus appartenir à aucun monde. Ses parents sont tombés dans le même discrédit que les grandes écoles ; notre fratrie elle-même l'agace, depuis que Philippe lui a donné une connotation sexuelle ouverte. Les rêves qu'il dit faire, et me raconte volontiers, trahissent pourtant une ambiguïté. Dans l'un, il remonte le boulevard Saint-Germain et aborde Michel Tournier, au sortir de la maison Gallimard. L'auteur du *Roi des Aulnes* le regarde d'un air bizarre, fait mine de se moucher avec les doigts, comme les gens de la campagne, désigne d'un geste explicite son pantalon. Pierre s'agenouille sur le trottoir de la rue Sébastien-Bottin, défait la braguette du romancier, alors au sommet de sa gloire, et le soulage devant tous les employés.

J'ai de la peine pour lui. Les femmes semblent appartenir à ce monde normal où il s'interdit d'entrer, et il n'« aime » les hommes qu'en rêve. Voudrait-il être comme Philippe, se rapprocher de ma propre ambiguïté ?

Découragé par ses logiques bizarres, je le perds un peu de vue. Je sens qu'il aimerait me reconquérir, mais ma vie est très prise, depuis que j'ai intégré de façon informelle le « mouvement de la jeunesse » maoïste. Je n'ai plus la tête familiale, le théâtre où je souhaite paraître est bien plus vaste.

Je rejoins l'Ecole normale supérieure avec René et Régis, un soir de l'automne 1972. Je passe sans les sauter les grilles et descends au sous-sol pour m'asseoir autour d'une table où siègent Pierre Victor, le dirigeant occulte de la Gauche prolétarienne, et Alain Geismar, ex-figure de 68, désormais « patron » du mouvement.

L'ensemble des cellules de la région parisienne est là. Je prends brièvement la parole pour évoquer notre action : grève menée au CHU Saint-Antoine, bilan des Comités Vérité et Justice, nombre d'exemplaires de *La Cause du peuple* vendus au marché d'Aligre. Un délégué de la Seine-Saint-Denis enchaîne, avant de céder la parole à Alain Geismar, qui lui-même s'efface pour laisser Pierre Victor argumenter.

Victor parle bien. Il sait disputer, contredire, susciter des conflits pour circonvenir ses opposants puis les récupérer, repentants ; aucun argument ne le trouble, aucune accusation ne l'atteint, nulle légitimité ne tient longtemps face à la sienne. Sa vivacité gestuelle est communicative, et pourtant il ne montre jamais la moindre émotion. S'il redresse la casquette à carreaux qu'il garde toujours vissée sur la tête, ce n'est pas qu'il a quelqu'un de cher à saluer, c'est qu'elle souligne l'incroyable contrôle qu'il a sur son corps.

Une légende entoure ce réfugié apatride dont la famille a fui l'Egypte en 1956, quand Nasser expulsa les Juifs et les étrangers. Il ne quitte jamais l'enceinte de l'Ecole dont il a été l'élève, les franchises universitaires le garantissant contre toute intrusion policière non voulue par le directeur, Louis Althusser, autrefois son professeur, le protégeant plus particulièrement. Alors qu'il lui arrive d'ordonner des coups de main dans les rues du Quartier latin, Victor reste cloîtré comme le Masque de fer dans les sous-sols de la rue d'Ulm.

Ce retrait est voulu, aussi. Préférant l'ombre à la lumière, Victor ne cherche pas à occuper le devant de la scène : il laisse aux seconds couteaux le soin de figurer publiquement, de se compromettre au besoin. Cette modestie de cistercien parfait le prestige que la clandestinité lui confère.

Victor parle sans se reprendre, pense aussi vite qu'il s'exprime. Sa capacité de synthèse n'a d'égale que sa détermination sans faille, on le sent de force à repenser le monde de zéro. Mais si son intelligence démoniaque stimule, elle suscite immanquablement l'opposition, à terme. On a envie d'être en désaccord avec lui, ne serait-ce que pour se confronter à son esprit véloce, mais très vite on se sent fragile, à court d'arguments ; on se renforce à l'inverse en renchérissant sur lui. Il parle clair, posément, comme s'il avait appris la rhétorique au Portique d'Athènes, et mis la dialectique de Hegel au service d'un marxisme simplifié, proche de l'ouvriérisme. Un jour c'est Lénine sophiste, le charme en plus ; le lendemain, l'un de ces souverains-philosophes de l'Antiquité qui régnaient par le verbe, sans jamais sortir de leur palais.

Quand Victor s'assied sur le dossier de sa chaise pour nous expliquer avec sa gouaille onctueuse en quoi nous avons tort, nous savons déjà que la partie est perdue. Sa voix posée, infailliblement calme, se déploie sans repentir jusqu'à engendrer une bulle captivante, à la façon des phylactères issus de la bouche des anges. Légèrement voûté, noble et antique malgré son jeune âge, il nous regarde avec une tristesse pleine d'affection et de dédain, comme si le prosaïsme de nos objections et leur manque de rigueur théorique l'affectaient *personnellement*. L'opposant s'obstine ? Victor persiste à argumenter avec le même calme docte, jusqu'à le pousser dans ses ultimes retranchements. L'affrontement peut durer une heure ou trois, la reddition est toujours obtenue.

Certains le soupçonnent d'être vicieux, pas moi. Son plaisir me semble même innocent, comparé à celui que mon frère Philippe prenait à me déstabiliser, sans fanatisme dans son cas. Le but de Victor n'est ni érotique, ni même chastement socratique ; il est de mettre à bas ce qui, dans nos croyances, nous empêche d'acquérir une forme d'esprit *authentiquement prolétarienne*, de rejoindre cette classe que nous désignons comme le moteur de l'Histoire, mais dont la morale nous reste *étrangère*.

Ce n'est jamais nous qu'il vise, mais nos idées. Ce n'est jamais lui qui triomphe, mais la cause qu'il incarne : ni la psychologie ni l'individu ne comptent à ses yeux. On ne peut donc le soupçonner de tirer un profit *personnel* des séances de rectification, d'accusation et de repentir qu'il aime orchestrer, en procureur impassible.

Tout comme son frère aîné s'est fait musulman, pour intégrer le mouvement communiste égyptien, Victor le Mutant s'est fait ouvrier français pour porter la parole marxiste. Il s'est personnellement aboli pour incarner la classe – et personne ne peut reprocher à la classe de vouloir sanctionner nos erreurs. Il est l'interprète privilégié de ce messie collectif que Marx a chargé de changer le monde : l'Histoire parle par sa bouche.

Cette fabuleuse médiation confère à Victor quelque chose de lumineux et de « pur » qui nous fascine. Mince et tendu, son corps paraît si peu compter qu'on ne lui prête aucun besoin sexuel, physique ou même alimentaire. Je ne serais pas étonné qu'il garde sa casquette pour dormir : qu'il puisse s'exposer au soleil, aller nu sur une plage, semble tout simplement impensable. Son corps n'est que la matérialisation de son idéologie, le « temple » mobile de sa foi dans le prolétariat mondial.

Je me doute bien que Victor n'a jamais travaillé à la chaîne, et qu'il serait aussi incapable de réparer le moteur de ma mobylette que moi ; l'important n'est pas là. Comme il y a des juges qui incarnent d'emblée la justice par leur maintien austère, Victor donne vie à l'idée que j'ai de la classe ouvrière, et c'est bien ce « miracle » qui l'auréole. Je vois bien aussi que son modèle n'est pas le jeune prolétaire libéré et je-m'en-foutiste, aimant le H et les concerts rock, qui va réserver un triomphe aux *Valseuses*, le film de Bertrand Blier. Pas plus le motard qui s'attroupe le samedi à la Bastille, que notre camarade Raymond B. va contribuer à politiser jusqu'à l'entraîner dans un rassemblement interdit dans la forêt de Bièvre, où il affrontera les gendarmes toute une journée. Non, son modèle est le sidérurgiste obstiné du Front populaire et le mineur taiseux de Hénin-Liétard occupé, les premiers à s'être soulevés contre les « Boches », à qui les meilleurs d'entre nous vont faire allégeance dans les corons du Nord.

Son modèle a un demi-siècle, et curieusement cela me plaît. Tout ce qui est ancien a du prestige à mes yeux, j'ai l'impression d'entrer dans l'Histoire.

A quel titre règne-t-il sur l'organisation ? Je l'ignore. « Officiellement » interdite et donc clandestine, celle-ci ne connaît pas de parlement interne, contrairement à la plupart des partis communistes ou des groupes gauchistes : il n'y a donc ni vote, ni congrès. Victor règne parce qu'il est Victor, et que les autres dirigeants n'impriment pas la rétine : *Tous les hommes sont égaux, mais certains le sont plus que d'autres*, suggérait déjà Orwell.

Je jubile, lors d'un grand séminaire convoqué dans un centre de formation jésuite de l'Est parisien, en le voyant accabler un dirigeant que je n'aime pas, avant de vanter le travail « supérieur » d'un second couteau. La descente aux enfers dure deux heures, l'accusé accumule les « Euh » et les « Faut être clair », tente de se rétablir par l'une de ses plaisanteries pénibles dont il a le secret, s'embourbe dans ce qu'on ne peut raisonnablement appeler sa *pensée*, se résigne enfin à une autocritique complète puis se rassois, penaud, comme vidé de sa substance.

Que ce procès soit d'essence stalinienne ne m'échappe pas, mais c'est aussi ce qui m'excite en lui. Je crois rêver les yeux ouverts, en voyant le mauvais chef battre sa coulpe, sous les coups de l'Inquisiteur. Je retrouve, vertical, le corps passif et horizontal qui se nourrissait autrefois de romans russes, mais c'est encore meilleur d'être somnambule au cœur de la vie réelle. Je ne suis plus moi, avec ce que cela comporte d'inabouti et de bancal, mais la conscience « infaillible » qui relègue aux enfers le dirigeant fautif.

Victor aurait hypnotisé un poulet.

Le plus grand secret entoure sa personne, comme celle de l'homme auquel il a succédé. Issu aussi de Normale sup, plus brillant encore que Victor, Robert Linhart a créé en 1966 l'Union des jeunesses communistes marxistes-léninistes. Encourageant les autres fortes têtes du mouvement, elles encore sorties d'Ulm, de Centrale ou de HEC, à s'établir en usine, Linhart est reçu en Chine par les dirigeants maoïstes en pleine Révolution culturelle. Tout comme Louis Althusser et nombre de chefs de groupuscules, il décrète le mouvement de Mai 68 *contraire à la théorie* et va jusqu'à interdire à ses militants de s'en mêler, suscitant de violentes discussions. Persuadé d'être la victime d'un complot, Linhart craque, court offrir ses services au Parti communiste français afin de protéger la classe ouvrière contre l'influence délétère des étudiants, puis rédige une lettre insultant Mao, qui soutient la révolte. Interné par ses proches, mis sous camisole de force, il ne ressort de l'hôpital que pour être destitué par Victor son second, et part à son tour s'établir dans ces usines Citroën qui m'ont tant impressionné, en Mai. Fédérant maoïstes et soixante-huitards, Victor crée en 69 la Gauche prolétarienne sur laquelle il règne depuis, au nom du même prolétariat, et avec aussi peu de contestation.

Les sanctions qu'il décrète sont sévères : le condamné se voit renvoyé à la base, avec ordre de reprendre telle cellule défaillante du Nord ou du Grand Ouest en main. Nul doute qu'elles pourraient être plus dures si ses erreurs, ou sa trahison, coûtaient à la cause des années de travail, et à des camarades des mois de prison. L'Histoire a un sens clair, à nos yeux ; il est donc possible de sacrifier quelques pions pour atteindre le roi, de faire quelques victimes pour précipiter le triomphe de la vie. *« La mort n'éblouit pas les yeux des partisans ! »* titre avec emphase *La Cause du peuple.* La donner ou la recevoir, c'est tout un.

Un soir, je confie à Philippe l'étrange plaisir que ces miniprocès politiques menés sur le dos d'une chaise me procurent. Mon frère me toise avec suspicion. Ces séances heurtent son sens de l'équité : il est trop sincèrement militant, trop purement littéraire aussi, pour faire aucun amalgame entre l'Histoire et le roman. Mais la dimension monstrueuse et presque fictive de Victor m'attire, moi qui aime vivre l'Histoire avec l'impunité que donne la lecture. Pour avoir lu très tôt des vies de dictateurs, je reconnais en lui certains de leurs traits, entre autres ce mélange de bonté collective, d'indifférence individuelle et de machiavélisme historique.

En surprenant dans mes poches, lors d'un dîner à Ledru-Rollin, le faciès stylisé du président Mao à la une de *La Cause du peuple,* Philippe affiche le même air narquois que mon professeur de lettres autrefois. Ce visage ne me gêne pas, mieux il m'attire. Je ris de l'idolâtrie que les 700 millions de Chinois vouent au Bouddha stalinien mais son faciès joufflu, sous la casquette des gardes rouges, me semble la bonne gousse d'ail contre le vampire bourgeois. Le chaos dictatorial de l'Empire du Milieu m'excite plus que l'ennuyeux ordre démocratique, tout comme le béret noir des Black Panthers me plaît mieux que la voilette des visiteuses de prison.

Philippe ne voit pas ce qu'il y a de flatteur à être membre d'un groupe qui attire les intellectuels les plus brillants. Jean-Paul Sartre n'est pas seulement le directeur en titre de *La Cause du peuple* et de *J'accuse*, il est aussi le petit homme généreux et louchon qui vient soutenir nos initiatives, malgré sa voix de casserole et sa vue déclinante, dues à l'abus de Maxiton et de Gitanes. Michel Foucault est de toutes les interventions du Comité d'action des prisonniers, qui va tant faire pour dénoncer les conditions de vie carcérales, comme Jean Genet est des Comités de défense des immigrés qui tentent régulièrement d'empêcher des expulsions ; et ils vendent dans les rues le même journal que nous, quand il est menacé de saisie par le pouvoir. Tout comme Simone de Beauvoir et Samy Frey, qui laisse alors leur chien Révolution aux bons soins de Delphine Seyrig ; on devient intelligent et un peu célèbre, par transitivité.

Mais la notoriété n'intéresse pas Philippe, pour qui la seule façon de connaître un intellectuel c'est de le *lire in extenso*. Il comprend mal, ou trop bien, les causes de mon enthousiasme : quand Lutte ouvrière me confinait dans un rôle de supplétif, la Gauche prolétarienne « interdite » me hisse d'emblée au sommet ; le petit marxiste jouant au flipper se sent devenir un acteur de l'Histoire en marche. J'interprète une version inattendue de *Victor ou les Enfants au pouvoir*, la pièce de Roger Vitrac, et tous les regards sont tournés vers la scène.

C'est le groupe dont il faut faire partie, la phalange qui réveille le souvenir de la résistance des pères, dans la génération des fils – « Tiens, voilà les collabos ! », lancera un mao de Charlemagne en voyant s'avancer des policiers tenant par le guidon leur vélo, rue des Nonnainsd'Hyères. La contre-culture américaine a pour modèle la sagesse de l'Indien fumant en tribu son calumet de la paix ; le nôtre est le résistant s'attaquant au traître qui flirte avec l'Allemand. Et si Victor a une aura, s'il a une autorité sur nous, qui aimons si peu l'autorité *a priori*, c'est qu'il est prêt à mener *pour de vrai* cette guerre : sa présence dans les sous-sols de Normale sup anticipe sur l'époque où il nous faudra entrer réellement dans la clandestinité. Toute son intelligence austère se prépare à la déflagration historique violente qui pourra seule régénérer l'humanité. Des intellectuels restent à théoriser les conditions de basculement de l'Histoire, dans la plupart des groupes révolutionnaires, jusqu'à ce qu'une brute sorte un pied-de-biche et fracasse la première banque venue : Victor est l'intellectuel qui sait parler à la brute.

Un inconnu croisé à la République, lors d'un défilé du 1er mai, me propose alors de rejoindre la coopérative qu'il vient de créer avec trois camarades. Sans rien connaître au métier, j'intègre une semaine plus tard l'imprimerie installée dans un passage du XXe arrondissement, au milieu d'un entrepôt de bois couvert de lilas et d'une masure au toit de tôle où un lapidaire fraise ses onyx. Je m'initie à la composition, la maquette, la photogravure, l'impression et le massicotage. L'éclat des encres me plaît autant que leur odeur âcre ; j'aime voir les feuilles former un tapis roulant vers le ventre de la Marinoni, qui les attire contre ses rouleaux encrés puis les recrache en affiches de couleur ou en brochures, que je n'ai plus le temps de lire. Je cesse même de jouer de la guitare, je travaille de dix à treize heures par jour. Sur mes fiches de paye, je suis désigné comme aide-offsetiste.

Au débouché du passage des Soupirs, à l'angle de la rue de la Chine, un bistrot propose un plat du jour (steack-purée, poulet-frites, boudin-pomme) à six francs. J'y déjeune parmi des ouvriers qui évaluent les déhanchements des serveuses, les coudes posés sur une nappe en vichy, et se lancent des « vannes » avec un fort accent titi. Leur gouaille, leur sans-gêne, leur souveraineté narquoise leur confèrent une incroyable présence, si je les compare aux fantômes que je croisais porte de Saint-Cloud. Leur insolence me fait penser à ces hommes qui ont déjà tenté de remettre à l'endroit ce monde tombé « cul par-dessus tête », des communards aux sans-culottes.

Mes dons mimétiques aidant, j'attrape certaines de leurs intonations. Quand tant des camarades de mon âge trahissent déjà le professeur, le médecin ou l'affairiste qu'ils souhaitent devenir, j'affiche les signes extérieurs de l'apprenti imprimeur que je suis de fait, sinon de droit. Je sais déjà incliner ma casquette à « l'apache » et maculer mon bleu de chauffe – une palette pour mes mélanges d'encres. J'introduis des « A la tienne Etienne » et des « En voiture Simone » dans mes propos, apprends à manier le rude humour des prolos du XXe. Je m'épanouis dans ce rôle qui encourage les trouvailles langagières et les connivences gestuelles. Quand les gens du quartier me prennent pour l'un d'eux, je jubile : venir du peuple est aussi valorisant, dans notre échelle de valeur, que de naître avec une particule en monarchie[1].

1. Le seul des Imprimeurs libres à ne pas avoir l'air ouvrier est aussi le seul, curieusement, d'origine ouvrière ; sérigraphe de métier, il semble issu de la bohème juive new-yorkaise, avec sa petite taille et son sourire malicieux : tout le monde l'appelle Woody, comme le cinéaste de *Bananas* à qui il ressemble tant.

Philippe ricane, quand il vient imprimer ses tracts à l'atelier, c'est moi le clown désormais. Ma mère note aussi l'évolution, mais n'en dit mot. Je la croise pourtant chaque jour, en partant rejoindre les Imprimeurs libres ou en m'éclipsant pour découcher, mais elle garde ses maigres forces pour lutter contre la maladie. Elle serait d'ailleurs la dernière à me reprocher mes absences. Elle comprend que je préfère sortir plutôt que rester près d'elle, allongée sur son lit, en chemise de nuit. Elle déteste se plaindre, n'exige rien en particulier.

Je lui demande peu de mon côté, pour n'avoir jamais eu le sentiment qu'elle m'appartenait. Contrairement à tant de mères d'alors, elle n'a sacrifié à aucun de ses fils son « moi », aussi m'a-t-elle habitué à une dépendance *a minima.* Mes activités politiques elles-mêmes ne choquent guère celle qui garde le certificat de résistance que lui a décerné le maquis des Corbières pour lequel il lui arrivait de cuisiner. Je l'aime, je la comprends, mais elle reste ma mère, une femme d'une autre génération, trop classique pour ressentir ce que je vis.

J'éprouve parfois un sentiment d'irréalité, entre cette mère si pondérée et mes activités « subversives ». Du rideau de fumée que sécrète la GP surgissent régulièrement des figures marginales ou clandestines, des militants aux noms bizarres, quasi oniriques, comme ce mao nommé Cloud, dont le prénom me surprend si bien que je ne vois même pas qu'il est celui du saint du quartier de mon enfance. Malgré ce flou, j'ai parfois vent de pratiques étranges, d'interrogatoires plus ou moins musclés, comme celui qu'a subi vingt-quatre heures durant un militant noir connu pour avoir distribué dans les foyers africains les foies gras « saisis » par un commando chez

Fauchon, mais qu'on accuse d'avoir été retourné par la police. Ramené clandestinement de Belgique et interrogé dans une champignonnière du Nord, menottes aux poignets et pistolet sur la tempe, Fofana a été condamné à mort, avant d'être relâché.

Un intellectuel comme Glucksmann, très lié aux sphères dirigeantes, avalise-t-il ces méthodes ? Avec ses pommettes mongoles et sa coupe « yéyé », il oppose à nos demandes le visage impénétrable des grandes courtisanes japonaises. Tout en les sollicitant avec zèle, Victor tient à distance « ses » intellectuels, il est vrai, et les utilise avec un cynisme revendiqué ; ils ne sont que des *démocrates*.

Cette tendance à la manipulation nous flatte, en faisant de nous les (tout petits) maîtres virtuels de ces têtes pensantes. La moindre intervention nous vaut le soutien d'adultes prestigieux et les attentions de la presse – *Le Monde* a créé la rubrique « Agitation » rien que pour nous. Nous sommes donc gagnants de tous côtés. Des penseurs éminents nous recherchent, y compris physiquement, les vétérans mêmes nous envient de profiter de cette jeunesse que la guerre leur a dérobée [1]. La peur d'être rangé dans le camp des *vieux cons* fait taire les autres.

1. « Mais comment, tu ne vas pas me vouvoyer, tu m'appelles camarade, merde ! », s'indigne Daniel Guérin, connu pour ses livres sur l'anarchie et l'homosexualité, quand je lui lance : « Prenez votre temps, monsieur, on vous attend », alors que nous partons pour une manifestation interdite dont le rendez-vous secondaire a été fixé dans les sous-sols du métro Jussieu. Lui qui a l'âge d'être mon grand-père ne refuse pas seulement ma déférence, il exige de perdre toute autorité à mes yeux – en espérant peut-être mieux. J'apprendrai plus tard qu'il a été passionnément aimé, jeune homme, par François Mauriac.

Pierre Victor peut en échange presque tout nous demander ; sa mélodie est si prenante ! Qu'il en appelle à la vengeance, quand le pouvoir gracie le milicien Touvier, et nos bouches trouvent des vertus nouvelles à la guillotine. Il est le joueur de flûte de Hamelin, c'est grisant de courir à la mer avec lui !

L'apparition d'une organisation clandestine, la Nouvelle Résistance Populaire, achève de militariser l'organisation et d'introduire une odeur de poudre dans nos réunions. Quand on se retrouve avant une manifestation interdite sous les combles de l'hôpital Saint-Antoine, le sol est désormais jonché de cocktails Molotov, de bidons d'essence et sacs d'engrais d'où l'on extrait le phosphate servant de détonateur.

Tué par un vigile devant les portes des usines Renault, un ouvrier blanchisseur paye pour cette politique excessivement agressive. Son enterrement est poignant : cent cinquante mille personnes traversent Paris derrière le cercueil porté à l'épaule jusqu'au cimetière du Père-Lachaise. En découvrant la coupe « afro » et le visage bordé d'un liséré noir de Pierre Overney, tout le monde a reconnu l'ouvrier qui a écouté les mêmes musiques en fumant les mêmes joints que nous.

Erigée en martyre, cette mort met fin à la phase imitative de l'organisation. La « fiction » résistante se change en une réalité terrible ; à trop crier au loup, le loup est sorti du bois.

Deux « ouvriers » en bleu, quelques jours plus tard, font monter dans une estafette un cadre de la Régie Renault, mitraillettes au poing. Le soir même, la cellule mao du marché d'Aligre investit la gare de Lyon, à la sortie des bureaux. Je diffuse à des milliers de banlieusards ahuris des tracts célébrant *la juste vengeance* des ouvriers de Billancourt.

La police disperse au pas de charge les moineaux.

L'annonce de la libération rapide de Nogrette me surprend : ses ravisseurs ont choisi, pour le détenir, l'artère où des dames à chignon m'avaient inculqué des rudiments de catéchisme, derrière la porte de Saint-Cloud. « Politiquement » insoupçonnable, la rue Parent-de-Rosan a dû les intéresser par sa proximité avec les usines Renault et l'incuriosité de ses habitants : une partie de l'état-major de la GP hante ce *no man's land* dont je croyais l'Histoire à jamais bannie.

Le recours à la violence suscite de vraies discussions, au sein de la cellule d'Aligre. René, Régis et moi avons grandi dans un pays qui n'aspire qu'à vivre en paix, après avoir perdu ses colonies, mais ceux qui ont connu la guerre d'Algérie ou même celle d'Indochine restent marqués par une conception sanglante de l'Histoire ; eux veulent *réellement* faire mieux que nos pères, souvent soupçonnés de n'avoir pas été (assez) résistants. La « séquestration » de Nogrette le prouve, la guerre de classes est bien l'horizon de notre temps. Suis-je prêt à payer mes convictions de ma liberté, ou de ma vie ? J'ai dix-sept ans, je prends pour la première fois le temps d'y réfléchir.

Victor rêve depuis longtemps d'une sainte alliance entre la vieille classe ouvrière française, les travailleurs immigrés et la jeunesse radicalisée. Une fille de mineur ayant été retrouvée sans vie en avril 1972, après un viol dans un terrain vague de la cité ouvrière de Bruay-en-Artois, il veut nous convaincre, lors d'une réunion dans les sous-sols de Normale sup, que « seul un bourgeois peut faire ça». Un notaire est inculpé, aucune preuve n'est encore retenue contre lui, mais la fonction de maître Leroy le dénonce au même titre que sa corpulence et sa compagne, Monique Béghin-Mayeur, l'héritière d'une des dynasties sucrières du Nord.

Victor se méfie de tout plaisir qui pourrait retirer de sa force à la révolution à venir : le libre-échangisme sexuel lui est aussi détestable que l'économique. En vrai puritain, il a réussi à localiser les sources du mal dans la pensée et le corps mêmes du bourgeois. Dans ses instincts toujours vils, et son sexe forcément coupable. Un pénis de classe.

Cette morale génétique ne me convainc pas. Comme s'il était exclu qu'un ouvrier puisse avoir l'envie de forcer une jeune bourgeoise en minijupe ! Ce notaire qui a le tort de s'afficher avec une maîtresse, comme le réprouve officiellement la morale ouvrière, mais dont rien ne prouve encore qu'il est l'assassin de la jeune Brigitte Dewèvre, devrait faire vingt-cinq ans de prison sous prétexte que la maison de Monique Béghin-Mayeur donne sur le terrain vague ?

Victor insiste. Ses prémisses sont contestables ? Il déploie d'autant plus d'intelligence pour nous en convaincre. Il veut que nous abandonnions notre « amoralité » d'enfants radicalisés de la classe moyenne et nos arguties de candidats à la petite intelligentsia parisienne (nous n'avons pas fait Normale sup, contrairement à lui). Nous devons penser *peuple*, comme il l'a fait en s'établissant Conscience de la Classe. Son ouvriérisme est absolu, notre reniement doit donc être intégral. Nous ne pouvons plus nous contenter de frégolisme, nous devons devenir *peuple*.

De retour de Bruay-en-Artois, un camarade me dit alors ses doutes sur le jeune Jean-Pierre, le « fiancé » de la pauvre Brigitte Dewèvre. Le petit juge qui a écroué le notaire est dessaisi, Jean-Pierre est inculpé à son tour. La confusion est à son comble quand Jean-Pierre, lequel a fait des aveux après qu'on a retrouvé les lunettes brisées de la petite Brigitte chez lui, est aussi libéré, étant revenu sur ses dires. Je commence à douter. Le bourgeois naîtrait-il intrinsèquement coupable ? Verrait-on forcément le jour dans le peuple avec une morale d'acier ? Pourquoi confier à l'ensemble des ouvriers un rôle central dans la société à venir, sinon ? Et comment avoir encore foi dans leur pouvoir de rédemption historique ?

Victor m'apparaît soudain comme l'homme du *credo quia absurdum*, le *je crois parce que c'est absurde* des dominicains. Il raisonne avec une efficacité redoutable, mais sur des bases qui ne sont pas forcément logiques, et relèvent plus du prédicat que de l'enquête. Un embryon de bon sens fait retour en moi, de façon encore honteuse, pour réintroduire et l'inconscient et le hasard dans les plans « divins » de l'idéologie. Un coin s'immisce entre la classe que conceptualise Victor et la somme dépareillée d'ouvriers qui la composent et dont aucun, à mes yeux, ne peut avoir exactement la même sexualité, ni la même morale.

Je n'aime pas que les mots trahissent les choses. Qu'ils les exaltent, oui, mais sans les dénaturer. Un homme ne peut être coupable, ou innocent, de naissance. Mon frère Philippe me donnerait lui-même raison, sur ce point[1].

En entendant Victor faire l'apologie de la fidélité, ce pilier de la morale ouvrière, j'ai l'intuition que nos buts divergent. Il rêve d'un régime spartiate mené par des

1. On ne connaît toujours pas le nom de l'assassin de Brigitte.

bataillons d'ouvriers que leur femme attend au foyer, je ne m'interroge jamais sérieusement sur le mode du communisme que je souhaite – conseilliste, centralisé, autogestionnaire. Il veut la mort du parlementarisme bourgeois et de l'ordre marchand ; je l'anticipe en m'en passant, et me contente presque de cette anticipation. La révolution se réalise chaque fois que je tiens le haut du pavé parisien, qu'une usine débraie à l'appel d'un camarade, que j'assiste à moitié *stoned* à un concert, ou que des lèvres m'amènent au plaisir sous un ciel constellé. Elle s'incarne au moins autant dans le partage des appartements et des corps que nous effectuons chaque jour, que dans une croyance littérale en un Grand Soir dont l'essence religieuse commence à m'apparaître. Victor nous le reproche, évidemment.

Le pouvoir l'intéresse, il est même l'un des rares *leaders* d'alors à le vouloir *vraiment*. Mais il ne me dit trop rien, je n'aime pas donner d'ordre, personnellement. Devinant que le prendre c'est se charger d'un fardeau fatal, je crains confusément un nouvel échec, à la soviétique ; je m'avoue donc que je ne me donne pas tous les moyens de ce que je souhaite. Je méprise même tout ce qui pourrait m'aider à établir un plan, à rédiger un rapport, à lire une carte afin de prendre les commandes, le jour dit. Pourquoi apprendre à faire décoller les avions et rouler les trains ? Je n'ai qu'à lever le pouce pour prendre la route[1]...

Invoquée à tout propos, la révolution relève pour moi de l'incantation performative : la dire, c'est la faire.

---

1. Fidèle partisan de l'économie libérale, notre père ne nous a rien dit non plus des règles élémentaires de l'économie ; les idées comptent plus que les faits, des deux côtés.

Desceller les grilles en fer des arbres, renvoyer aux CRS leurs grenades, caillasser une banque avant de disparaître dans une rue déserte pour boire un pastis à la terrasse d'un café, sourire aux lèvres, c'est abolir la réalité, plus sûrement qu'en prenant l'Elysée.

Ai-je envie de vivre beaucoup plus que ce carnaval menaçant ? Je commence à en douter.

Les ouvriers de Lip me font mentir en occupant au printemps 1973 leur entreprise menacée, puis en mettant « à l'abri » les stocks de montres pour mieux négocier. Quand enfin ils se décident à vendre au public leur trésor de guerre, René et Régis se précipitent vers Besançon et Palente afin de rencontrer ces ouvriers qui parlent de relancer en autogestion leur entreprise ; je suis désigné pour imprimer les affiches appelant le quartier à une vente de soutien dans un cinéma du faubourg Saint-Antoine.

L'appel reçoit un succès inattendu ; des centaines de personnes se pressent dans cette salle vieillotte qui survit en diffusant des films X ; les matelassiers, les ébénistes et les bistrotiers du quartier viennent enfin à nous !

Les *speeches* de Régis et de René sur la juste lutte des Lip ne tardent pas à lasser ; la salle n'est là que pour acheter au rabais des montres. Jusqu'à quelle profondeur le modèle « plongée » est-il *waterproof* ? Les pièces détachées resteront-elles disponibles, et pour combien de temps ? Et si la direction portait plainte pour vol ?

... René et Régis croulent sous les questions.

Je ris sous cape, en voyant grandir leur embarras ; ils m'ont irrité en me reprochant une faute d'orthographe sur l'affiche appelant au meeting que j'ai imprimée seul, de nuit, alors qu'ils accomplissaient le pèlerinage tant désiré. Je finis par rire jaune en entendant un homme demander :

– Qui réparera ces montres, au cas où les concessionnaires agréés refuseraient de les prendre ?

La face cachée de la réalité m'apparaît soudain : les « masses » n'ont pas couru vers nous pour chasser les marchands du Temple, mais pour acheter à bas prix des montres de marque. Elles ne rêvent pas du Grand Soir, mais de petites Lip bon marché, solides et prestigieuses, notre seule utopie commune pour finir : elles croient aux montres, comme mon père aux ponts. Nous ne sommes pas des militants pour eux, tout juste des VRP improvisés dont ils interrogent, à juste titre, et la compétence et le pouvoir. Nos réponses vagues leur font-elles comprendre que nous avons depuis longtemps jeté nos propres Kelton à la mer, comme les héros d'*Easy Rider* ?

Cette braderie dévoyée me marque. Le réalisme des participants a décapé mon idéalisme : j'ai fait l'ange, ils ont fait la bête. Je cesse peu à peu de croire à l'*inéluctable* rôle historique de la classe ouvrière, comme j'ai commencé à « douter » à onze ans en découvrant que l'autel des prêtres de Saint-Jeanne-de-Chantal, sous le napperon, était fait des mêmes briques rouges que le gymnase où je m'entraînais.

Constatant l'impasse où la mène sa ligne aventuriste, la direction de la GP décide alors de dissoudre l'organisation sans même juger bon de s'en expliquer devant ses *petites mains*. Pour moi qui perds la foi, c'est un soulagement, mais d'autres rejettent cette capitulation désinvolte. Souvent issus du monde ouvrier, ils refusent d'admettre que Victor ait mené la guerre *pour du beurre :* l'oukase des « liquidateurs » les ébranle dans leurs fondements sociaux. « Pierre Victor » était l'émanation idéalisée de leur classe, un homme sans désir propre, un proscrit merveilleux. En reprenant son vrai nom et en demandant sa régularisation, Benny Lévy redevient un apatride en quête de reconnaissance. Quand Sartre le fait naturaliser français puis le prend comme secrétaire, ils pensent à une trahison.

Raymond B. se replie dans un premier temps sur sa base d'action naturelle, la Bastille et ses motards. Mais en apprenant que le nouveau président souhaite célébrer son premier 14 Juillet à la Bastille, symbole entre tous des espoirs révolutionnaires, afin de corriger son image par trop hautaine et droitière, il prend la mouche. Il élabore un plan et m'offre d'être de ceux qui se faufileront avec lui sous les gradins, la veille du passage des troupes, pour poser des engins destinés à « troubler » la cérémonie de Giscard d'Estaing l'usurpateur. Je refuse poliment.

Raymond B. est pris sur le fait, dans la nuit du 13 juillet 1974, et part pour la prison de la Santé. *Peuple français, la Bastille est détruite*, dit « Le Grand Métingue du Métropolitain », la chanson de Mac-Nab que Raymond B. aimait entonner, mais *le plus dur reste à faire...*

« Car c'est toujours l'pauvre ouvrier qui trinque,
C'est lui qu'on met en prison pour des riens. »

J'apprends qu'un réfugié chilien monte un réseau de fournitures d'armes, entre Santiago et Paris : il s'agit d'engager une rupture irréversible avec le système de part et d'autre de l'Atlantique. Convaincu que les jours de la liberté sont comptés, depuis le *golpe* des militaires chiliens, Marc S. prépare de son côté notre entrée dans la clandestinité. Il me mène dans son studio de

Vincennes où, une fois les rideaux tirés, il ouvre une malle contenant un fusil à pompe, trois revolvers récupérés, calibres 7.63 et 11.45 – des armes qui semblent avoir à ses yeux un éclat historique majeur. Je reste coi en l'entendant proposer une séance de tir en forêt.

Il m'a toujours semblé étrange, mais plus que sincère dans son exaltation ; certains n'excluent pas qu'il puisse être en contact avec la police. Dans le climat de conspiration où l'on vit, rien n'est à exclure.

Je décline encore une fois : je ne me sens fait ni pour les échanges de tirs ni pour les *expropriations révolutionnaires*. Soupçonné d'avoir tué deux pharmaciennes lors d'un hold-up boulevard Richard-Lenoir, Pierre Goldmann vient d'être arrêté en se rendant chez Félix Guattari, son psychanalyste : ce désir de violence qui monte de partout m'intrigue.

Je ne suis pas fait pour donner des coups.

Que faire ?

Notre père nous demande de l'accompagner à l'hôpital Lariboisière, à la veille de la Noël 1973, afin de célébrer *un semblant de réveillon* avec notre mère. Le jour dit, un appel nous annonce qu'elle vient d'être transférée aux urgence de Laennec, sur la rive gauche. Notre taxi entre dans le sillage d'une ambulance qui se fraye un chemin, toutes sirènes hurlantes, dans le boulevard Raspail. J'ai la certitude que notre mère est dedans, curieusement.

Nous arrivons à l'hôpital Laennec vers minuit.

Les couloirs sont déserts, les portes entrouvertes, je pourrais entrer dans les services et approcher les malades. Le couloir fait un angle droit, au bout de ce pavillon fantôme éclairé par des néons ; sur un chariot d'acier repose un corps livide, les bras le long des cuisses.

Pour la première fois je vois ma mère nue, le regard absent, les seins défaits. Morte, pour l'éternité.

Je reste bouche bée. C'est le premier cadavre que je vois, je n'ai même pas la force de pleurer, j'affiche cet air stupide qui gênait précisément ma mère.

Je passe la nuit à jouer à la guitare ses airs préférés, de

« Minighola », un air traditionnel corse, à « Déjeuner du matin », un poème de Prévert mis en musique par Kosma que je l'ai entendue répéter, en vue d'une soirée costumée, fume-cigare au bec, en robe à fourreau, perruque blonde et huit-reflets, imitant les intonations rauques de Marlène Dietrich…

« Il a bu le café au lait
Et il a reposé la tasse
Sans me parler (…)
Sans me regarder.
Il s'est levé
Il a mis
Son chapeau sur la tête
Il a mis
Son manteau de pluie
Parce qu'il pleuvait
Et il est parti
Sous la pluie
Sans me parler
Sans me regarder
Et moi j'ai pris
Ma tête entre mes mains
Et j'ai pleuré. »

Je retourne le lendemain me recueillir devant le corps, à la morgue, et trouve Philippe en larmes. J'envie son affliction, j'accuse le reste d'enfance qui bride mes émotions. Je finis par pleurer à mon tour, devant mon incapacité à « vivre » l'événement.

En entendant Philippe dire combien il aimait notre mère, je réalise à quel point je la connaissais mal. Proche d'elle, à l'enfance, au point d'être perçu comme sa réplique en culotte courte, je me suis éloigné sensiblement d'elle, à l'adolescence. Son champ d'intervention n'a cessé de se réduire, avec la maladie, le mien s'est ouvert à l'infini. Elle s'est pelotonnée dans son intérieur jusqu'à ne plus quitter sa chambre, seuls les grands problèmes du monde me concernaient encore.

Nos relations n'ont jamais été assez personnelles pour que je devine la femme sous la mère, et cette absence est peut-être plus dure à vivre que l'autre. Ma mère me manque, sans complètement exister, faute de s'être vraiment incarnée.

Je m'en veux d'avoir pris tout le temps d'étudier la « pensée » de Mao, à travers cent brochures indigestes, non de l'observer au quotidien. Elle était pourtant plus que disponible. Trop, sans doute.

… J'ai sept ans, nous partons visiter le paquebot *Liberté* au Havre, j'arbore fièrement le blazer à écusson royal qu'elle vient de m'acheter chez Manby, je bondis en découvrant la salle des machines. Enfin ensemble ! Je tire sur son tailleur de laine pour l'entraîner vers la salle de bal, je nous imagine déjà gagner la haute mer…

Le week-end est sans lendemain. Je n'aurai plus jamais ma mère pour moi, nous sommes trop de garçons sous le même toit, « Bibiche » a besoin d'air.

Hubert envoie Jérôme en Corse pour lui éviter d'avoir à enterrer sa mère et réunit avenue Ledru-Rollin ses trois aînés pour leur lire des extraits du journal qu'elle tenait. J'entends la voix profonde de celle qui voulait croire aussi qu'elle l'emporterait sur sa maladie :

« Ayant connu la plénitude, un bonheur éclatant, il serait de mauvaise guerre de ne pas accepter d'épreuve, si longue soit-elle. De quel droit n'aurais-je de la vie que le meilleur ? Déjà un mieux s'amorce ; j'ai confiance. Tout refleurira et je connaîtrai à nouveau l'allégresse, et je pourrai à nouveau la communiquer aux autres. » Difficile d'être plus stoïque, plus claire aussi dans ses préférences : « Une seule chose compte, une seule chose donne à la vie son prix et la transfigure, c'est l'amour (y compris l'amour maternel mais aussi l'amitié). »

Je découvre les poèmes qu'elle écrivit, tout au long de sa maladie. Leur simplicité me touche tant que je me promets de les imprimer. Je conçois une couverture où le nom de Paule Arnaud surmonte l'inscription *Poèmes posthumes* composée en Garamond, un caractère que Philippe trouve élégant aussi. Déjà je prévois d'éditer des extraits de son journal, dont le style aphoristique trahit l'influence de Pascal et de La Rochefoucauld, les moralistes qu'elle a étudiés à Montpellier durant la guerre. Des milliers d'affiches, de brochures et de tracts sortiront des Imprimeurs libres, à l'exception de ces deux seuls ouvrages, une trahison qui me hantera longtemps. Comme si j'avais contribué à éliminer ma mère, en effaçant les traces les plus singulières de son passage sur terre.

Pierre réagit étrangement, quand on réussit à le joindre. Dans le convoi funèbre roulant vers Grenoble, assis entre notre oncle Charles Zuccarelli et sa femme Camille, il se comporte comme si rien de tout cela ne lui arrivait *personnellement*. Il fait des signes de croix automatiques durant la messe, agite sans conviction l'encensoir au-dessus du cercueil, reçoit les condoléances comme un être de passage obligé à prendre le deuil dans une famille inconnue. Il ne semble pas même souffrir de sa propre absence, durant la mise au tombeau. « Aujourd'hui maman est morte, écrit Meursault, au début de *L'Etran-*

ger. Ou peut-être hier, je ne sais pas. J'ai reçu un télégramme de l'asile : "Mère décédée. Enterrement demain. Sentiments distingués." Cela ne veut rien dire. C'était peut-être hier. »

De retour à Paris, notre père fait donner une messe en l'église Saint-François-Xavier. Des femmes en noir occupent les premiers rangs, à notre arrivée dans le chœur. En les entendant murmurer : « Les fils ! », je sais que le malheur me rend intéressant ; je suis orphelin à dix-huit ans, c'est un rôle peu banal, je me sens important.

Hubert fait rentrer Jérôme de Corse, mais notre petit frère est déjà assez sensible, à neuf ans, pour comprendre qu'on a voulu l'écarter. Peinant à se faire une place entre des aînés étouffants, comme moi-même autrefois, il se persuade qu'on l'a mis délibérément de côté. Cette relégation le blesse, autant que Philippe dans *son exil* à Michelet.

Notre père décide de ne *rien* toucher à l'avenue Ledru-Rollin. Les affaires de « Bibiche » restent pendues à leurs cintres comme si elle allait revenir un jour. Il ressort parfois ses robes à fleurs à la lumière pour leur redonner vie et repense alors aux jours heureux où ils s'avançaient, unis, sur le chemin de l'existence.

Je ne veux pas m'ensevelir dans un mausolée. Je pars vivre chez un peintre qui habite à cinq cents mètres de chez nous. Je ne me retourne pas en arrière, je ne pense ni à Hubert, ni à Jérôme, j'ai dix-huit ans et je veux vivre au grand air, non dans la naphtaline. Je n'ai qu'un désir, conjurer la mort.

En entendant mes camarades d'Aligre parler de louer des planques – box de garages ou chambres de bonne –, en prévision du putsch qui ne saurait tarder, je prends mes distances. Cette paranoïa bavarde, rarement suivie d'effet, ces menaces récurrentes de passer à la clandestinité me paraissent trahir un désir sournois de répression, plus qu'une peur tangible liée à la prise du pouvoir par l'armée, au Chili. Qu'on nous batte et nous torture afin que nos thèses soient justifiées, semblent-ils dire. Je m'éloigne de ces va-t-en-guerre, moi qui connais *enfin* un vrai malheur.

Frappé par la tendance des Français, au sortir de repas longs de quatre heures, à idéaliser l'activité révolutionnaire, alors qu'il était à Paris pour suivre les cours sur l'hystérie de Charcot, Freud note : « C'est le peuple des épidémies psychiques et des convulsions historiques. » Je commence à voir ces discussions interminables comme une forme de tradition.

Ma mère devient un élément central de mon existence, à la fois motif de remords et principe causal alternatif. Découvrant que je lui ai accordé moins de temps qu'à Pierre Victor, je me reproche d'avoir négligé celle qui m'a donné la vie au profit de celui qui voulait la changer. « Le révolutionnaire est un homme perdu d'avance. Il n'a pas d'intérêts particuliers, d'affaires privées, de sentiments, d'attaches personnelles, de propriétés, il n'a même pas un nom…, lit-on dans *Le Cathéchisme du révolutionnaire* de Netchaïev, un nihiliste russe du XIXe siècle. Il a perdu tout lien avec l'ordre public et avec le monde civilisé (…) Dur envers soi-même, il doit être dur également avec les autres. Tous les tendres sentiments qui rendent efféminés, tels que les liens de parenté, l'amour, la gratitude, l'honneur même doivent être étouffés. » A lire ce portrait, je n'en suis plus.

En sortant du métro Emile-Zola, au printemps 1974, je me retrouve au milieu d'un cortège dénonçant le coup d'Etat chilien. « Il est pourri, le régime UDR[1], *car* il soutient la junte militaire ! », crient les militants casqués. Leur emphase me rend soudain mauvais : ce « car » est disgracieux comme un exemple scolaire, et ce slogan est trop mal écrit pour ne pas avoir été *également* mal pensé. Faut-il être *pourri* pour soutenir des crimes ? Les « purs » ne sont-ils pas aussi capables de putsch, comme les militaires portugais, à l'initiative de la révolution des Œillets ?...

Ces actions réflexes qui jettent les mêmes têtes dans les mêmes rues, ce masochisme qui pousse les mêmes syndicats à s'indigner chaque 1er mai d'avoir été *trahis* par le même patronat me deviennent pénibles. Ma dernière joie, modeste, amère, est de voir en queue de défilé des travestis *en pleine montée d'hormones* brandir une culotte douteuse au nez des gros bras de la CGT en hurlant *Bite ! Bite ! Bite !* Avec leurs lunettes roses carrées, les Gazolines ont au moins le mérite de l'absurde.

Mai 68 a dégagé une chaleur orgiaque, mais je ne me vois pas souffler *ad vitam aeternam* sur les braises. Les révolutions sont belles à leur aurore, mais l'âge leur est cruel, et je ne veux pas vieillir en défilant. Après m'avoir semblé l'origine de toute pensée, l'idéologie, par son systématisme même, s'impose à mes yeux comme une forme incomplète d'intelligence, un facteur *ultime* d'obscurcissement. J'apprends à moins dire « nous » et à penser « je ».

Parvenant à des conclusions voisines, la bande à vélo est renvoyée à sa légèreté originelle, via sa sexualité. J'accepte

1. Initiales du parti gaulliste, au pouvoir alors.

sans broncher notre excommunication et me démaoïse insensiblement. Ne plus me sentir responsable de la misère du monde est un soulagement, même si c'est aussi un motif de mauvaise conscience. Je ne pense toujours pas à mon avenir, encore moins à mon passé, m'éloigne là encore sans me retourner. J'abandonne les Imprimeurs libres pour m'inscrire au chômage, lequel permet alors de vivre avec un salaire augmenté. Le vrai-faux apprenti redevient une virtualité.

J'ai à nouveau du temps pour moi. Les heures qu'Arnulf passait près d'une concierge de la Bastille, menacée d'expulsion avec ses sept enfants adoptés, il les consacre à voir des films ou à lire les journaux « bourgeois ». Il continue en même temps de frayer dans les marges, sans rien renier de son mode d'existence. Il participe encore aux rassemblements de motards de la Bastille, mais rit en voyant une silhouette d'adulte, familière à sa mouvance, descendre d'une camionnette Peugeot pour lui proposer de « faire un tour » avant d'ouvrir les portes arrière de son van sur les fétiches en cuir et en métal des masochistes.

Je remonte le boulevard Saint-Michel qu'arpente à vélo Aguigui Mouna, vieil anarchiste à barbe blanche et au béret basque constellé de pin's, qui diffuse son propre fanzine, *Mouna frères*, en débitant des maximes absurdes *(Je préfère le vin d'ici à l'eau de là)* : il me jette une semence de blé avant d'ajouter, menaçant : *Prends-en de la graine*. J'ai des élans de gratitude en croisant, sur son triporteur, cet autre vieillard qui vend à la criée, avec un fort accent Mitteleuropa, et pour un franc seulement, *Le Droit à la paresse*, le pamphlet de Paul Lafargue. C'est le plus beau titre qui puisse exister, à mes yeux.

Je me purge par le vide, sans même lire les premiers ouvrages à dénoncer la logique totalitaire, sous le seul effet des drames frappant l'Asie. Je devine quel type de société Victor et ses « enfants » auraient pu susciter, en voyant la Chine compter les morts de la Révolution culturelle : profs battus jusqu'au sang sous leur bonnet d'âne, pour ne pas avoir porté assez haut le nom du président Mao ; écrivains défenestrés pour avoir montré leur indifférence au peuple dans leurs écrits, et se déplaçant depuis en chaise roulante ; recteurs pris en sandwich entre deux planches.

Le massacre prend au même moment des proportions fabuleuses, au Cambodge. Désireux d'éradiquer toute influence étrangère ou bourgeoise, les Khmers rouges éliminent tout ce qui possède une autorité, des biens, un savoir, tuent à coups de fusil ou de pelle quiconque a le tort d'être diplômé, du professeur au médecin, font crever de fatigue et de faim des milliers de paysans et de rizicultrices, à travers d'interminables campagnes de travaux forcés. Et j'ai défilé pour ces assassins !

Comme les chefs khmers rouges se substituent à un prolétariat défaillant, en l'occurrence inexistant, pour assumer sa tâche historique supposée, Pierre Victor et nous-mêmes avons usurpé le rôle dévolu aux ouvriers. Nous les avons imités jusqu'à l'imposture, et au nom de la lutte contre la falsification sociale !, avant de les abandonner en rase campagne. Tel Nanni Balestrini, cette figure de l'avant-garde littéraire italienne, auteur du premier poème réalisé sur calculateur IBM, qui mènera la lutte armée à la tête de Potere Operaio et fera tirer sur les syndicalistes trop « conciliants », avant de revenir à ses chères études. Comme le paradoxe de Zénon nie la réalité du mouvement, à trop décomposer la distance parcourue par la flèche, l'idéologie nous fait nier la mort à trop viser la cible.

Ces boucheries asiatiques finissent par s'imposer comme *la seule réalité tangible* d'une époque marquée par un sentiment profond d'irréalité. Il y a une telle disproportion entre la répression que nous avons parfois subie, à force de la solliciter, et ces massacres de masse par nous approuvés ! Nous pouvons à l'instant changer de vie (Arnulf est en train de le prouver), la société passera l'éponge : tous ces Khmers et ces Chinois ne ressusciteront jamais.

« Ce que nous voulons ? Tout ! », titre l'organe d'un mouvement rival : cette exigence de milliardaire laisse place à son contraire, dans mon cas. Le modèle idéologique entraîne beaucoup de mes certitudes dans sa chute, je me retrouve de nouveau face au vide laissé porte de Saint-Cloud. La critique du faux s'efface devant l'affirmation universelle du néant ; tout m'apparaît à nouveau absurde, comique ou insignifiant. « L'éternelle misère de tout » disait déjà Flaubert.

En apprenant que j'ai perdu ma mère à tout juste dix-huit ans, les gens me plaignent, cette mort leur semble injuste. Mais cet emploi d'orphelin est un peu trop larmoyant pour moi. Je suis comme ces malades qui ont besoin d'une transfusion massive pour prendre un nouveau départ.

Je vais rester des mois sans rien faire, à attendre je ne sais quoi.

Pierre, roman

La vie n'est pas trop difficile, pour un Parisien un peu éveillé. Invité à dîner chez un inconnu par un ami, il peut l'être aussi à dormir et rester une durée indéterminée : personne n'est plus censé vouloir garder son appartement pour soi. Il faut pouvoir aussi coucher à trois ou quatre, non plus à deux exclusivement : la propriété doit disparaître, le couple aussi, et les frontières sexuelles autant que nationales ; plus de femmes et d'hommes en soi, plus d'hétéros ni d'homos, plus même d'exclusive d'âge en théorie : enfants et vieillards ont un même droit au plaisir.

La petite amie de Pavel, un camarade dont les parents communistes ont été chassés de Pologne par la campagne antijuive du général Moczar, peut quitter leur lit pour rejoindre le matelas mousse sur lequel je dors, dans la chambre voisine, pendant que Pavel rejoint René dans le sien. La jalousie est devenue ridicule, aucun corps ne doit plus prétendre en *posséder* un autre. Les parents eux-mêmes laissent leurs enfants dans des crèches sauvages, afin qu'ils aillent nus et dansent en liberté ; la chaîne désirante court sans but ni fin à travers la ville, comme dans *La Ronde* de Schnitzler.

Le grand jeu est de détourner de leur sexualité affichée les sujets les plus désirables. Je passe une après-midi à convaincre un jeune footballeur d'origine espagnole qu'un « pompier » reste délicieux, quelles que soient les lèvres qui s'y adonnent, et à le lui prouver. Les femmes les plus délurées s'amusent à rappeler aux plus jeunes des pédés que les choses sont rarement aussi tranchées, dans la chaleur de la nuit. Tout concourt à abolir les divisions sexuelles et les rôles qu'elles impliquent, depuis les années 50. Tel, qu'on voyait arpenter en motard le marché d'Aligre, y revient avec des seins naissants, des faux cils voyants et une démarche à l'ondoiement un peu... carré, comme une prof d'harmonium rêvant de faire bander. Tel autre, aux signes encore embryonnaires de féminité, est déjà au travail sur les trottoirs de Pigalle pour financer sa transformation à coups d'hormones. Je les regarde avec un mélange d'admiration et d'effroi, à la pensée des piqûres qu'elles s'infligent.

Merri Jolivet, chez qui j'habite depuis l'enterrement de ma mère, touche de près à nos cercles : il a composé les affiches des Comités Vérité et Justice créés par les maos pour que les familles des victimes d'un coup de grisou mortel, dans les houillères du Nord, obtiennent réparation. Il passe pour avoir caché Alain Geismar, quand la police le recherchait, et abrité des réunions interdites. Fils d'André Jolivet, le musicien varésien de *Mana*, il est le plus subtil des membres de la Jeune Peinture, ces plasticiens qui initièrent un retour à la Figuration narrative dans les années 60, et dont certains ont dessiné les affiches sérigraphiées par les ateliers des Beaux-Arts, en Mai 68. Il dessine avec minutie, à partir de photos projetées, des places de Paris qu'il prive de leurs monuments, royaux, républicains ou bourgeois : une sorte de castration symbolique.

Toujours vêtu d'une veste de coutil bleu d'ouvrier chinois, des oreilles en feuille de chou, à la Serge Gainsbourg, Merri vient de se séparer de Martine ; j'occupe la chambre où dort la petite Sarah, leur fille, à l'entrée de cette fabrique de matelas transformée en atelier-appartement. Un sourire énigmatique aux lèvres, Merri semble détenir plein de lourds secrets qu'il tait. Engagé dans une psychanalyse, il se comporte à chaque instant comme celui qui écoute et interprète.

Les seuls artistes qu'on croisait au 35 étaient les manchots peignant avec la bouche qui vendaient au porte-à-porte leurs toiles. Je rencontre à travers Merri des peintres qui peuvent perturber l'exposition de leurs propres œuvres au Grand Palais pour des motifs politiques, ou fêter leur vernissage au premier étage de la brasserie Bofinger, à la Bastille, en compagnie d'un héritier de la famille Rothschild.

Le discours est régulièrement démenti par la pratique, mais ces contradictions m'intriguent, je n'aime plus trop les gens qui font bloc avec leur idéologie. Je me plais au contact de Guy de Rougemont, qui fut proche des Pompidou avant d'occuper les Beaux-Arts en 68 et qui me demande, lors d'une grève des postiers parisiens, de porter à mobylette cinq cents invitations pour la rétrospective que lui consacre le musée d'Art moderne, me faisant ainsi découvrir les hôtels particuliers de la rue Masseran.

Philippe vit depuis peu en communauté à Saint-Mandé, dans un pavillon doté d'un jardin au détour d'une rue tranquille. Décidés à rompre avec le ronron conjugal, quatre couples habitent là, sur deux étages ; mon frère est le seul célibataire, le seul aussi à aimer les garçons. Une grande affection entoure cet aîné perçu comme un intellectuel d'exception. La plupart militent, hormis peut-être Barbara, une Américaine trop vivante pour entrer dans la logique étroite des groupuscules français. Tous veulent vivre *autrement*, loin de la famille, ce creuset des valeurs régressives où le pouvoir revient d'emblée au mâle dominant et où l'obéissance est inculquée aux enfants : tous les abus de l'ordre social y trouvent leur source.

Je dors là quand je rate le dernier métro, le week-end. Les couples entourant Philippe sont aussi curieux de voir en quoi nous différons que de capter les effets d'écho, dans l'espoir d'entrevoir ces secrets que mon frère sait si bien garder. Je suis la clef d'une fratrie dont ils savent l'importance, sans bien en saisir les ressorts. Pour tous, Philippe est une énigme.

Du monde passe sans cesse, comédiens intervenant dans les usines en grève, soldats en rupture de caserne, activistes fuyant la police – autant de types que je cherche à séduire mais aussi à agacer, quand leurs idées me semblent trop prévisibles. Les achats de nourriture, les frais ménagers, les factures de gaz et d'électricité sont réglés en commun. La cuisine est collective, deux salles de bains permettent à chacun d'avoir son intimité – mais patience ! Il n'y a plus de cravates ni de soutiens-gorge dans les penderies, slips et chaussettes tendent aussi à disparaître. Du cannabis pousse dans le jardin entre deux plants de mimosa, et dans le garage attend une MZ, moto tchécoslovaque qui pourrait avoir lancé T.E. Lawrence dans les sables de l'Arabie heureuse.

Philippe est dans son élément. Comme tant de militants, il vit des rentes que le chômage lui verse et des avantages que son statut d'étudiant prolongé lui réserve. Il est amoureux de l'homme qui vit avec Annick. Dominique aime les femmes, mais il fait en sorte que Philippe souffre le moins possible de son absence de désir, ne se sente pas exclu du couple qu'il forme avec Annick. Il recueille les confidences de mon frère tout comme un amant, déplore ouvertement de ne pouvoir aller au-delà, regrette presque l'exclusivité des liens qui l'attachent à son amie. Cette impossibilité faite relation attise le désir de Philippe.

Pourquoi se compliquer autant la vie ? me demandé-je. Ignorant tout des rapports amoureux, je crois encore qu'il suffit de savoir ce qu'on veut pour l'avoir, et soupçonne mon frère de couper inutilement les cheveux en quatre. J'ai du mal à reconnaître dans cet emploi « empêché », aux frontières du masochisme, l'aîné qui a toujours été pour moi l'image de la facilité conquérante et de la domination orgueilleuse. J'ai déjà oublié tout ce que j'ai enduré, durant mes premières amours muettes.

Pierre accentue au même moment son mouvement de sécession. Rejetant tout lien avec l'ordre social, notre aîné s'occupe à détruire tout papier susceptible d'établir son identité légale sous prétexte que ces attestations, produites par la police, lui servent à contrôler la population.

Philippe et moi laissons faire, sachant qu'il est toujours possible d'obtenir des extraits de ces documents. Nous mettons ces actes d'autodafé sur le compte du combat que Pierre mène contre Hubert, chaque jour plus marqué depuis la mort de notre mère. Pour souligner son statut d'extraterritorialité, l'ancien fort en thème ne signe même plus de son prénom « suspect », mais de son équivalent gréco-français πr, le chiffre qui, puissance 2, mesure l'aire d'un cercle, à la numération infinie : 3,14116... : façon de dire qu'il n'y a jamais assez de signes ou de mots pour définir une personne.

Pierre devient dès lors inatteignable. A tout, il oppose cette blancheur robotique qu'il manifestait déjà, à l'enterrement de notre mère. Mais à quel titre pourrais-je lui conseiller quoi que ce soit ? Je suis son cadet de sept ans, après tout.

Je me présente alors pour les « trois jours » à la caserne de Vincennes. Je subis des tests censés mesurer mon QI et, à la visite médicale, tends un certificat de complaisance émis par un disciple du docteur Ferdière, qui soigna Antonin Artaud, lequel fait de moi un dépressif sujet à une névrose narcissique grave, auquel il serait dangereux de confier une arme. Le médecin militaire me dit ses doutes quant à la sincérité de ce certificat puis, après m'avoir longuement interrogé, me prédit qu'il s'avérera fondé, mais seulement dans quelques années, avant de me réformer.

Je ressors soulagé : n'étant pas étudiant, j'aurais dû rapidement intégrer l'armée.

Je traverse le boulevard Malesherbes, quelques semaines plus tard, quand je tombe en arrêt devant un aveugle qui attend, stoïque, près d'un feu de signalisation.

Je le dévisage avec incrédulité avant de me rendre à l'évidence ; cet homme protégé par de petites lunettes teintées est mon frère aîné.

– Mais qu'est-ce que tu fous là ? murmuré-je.

– J'attends qu'on m'aide à traverser, répond Pierre, désinvolte.

– Mais qu'est-ce qui t'arrive ? ajouté-je en lui prenant le bras.

– Rien, je vis comme ça. Ça te dérange ?

La glace peine à fondre. Je dois assurer à Pierre que je n'ai rien contre *ça*, que chacun agit comme il le pense, avant de lui soutirer quelques confidences…

Il se sent bien mieux depuis qu'il vit en aveugle. Il fait de nombreuses rencontres, en tire un peu d'argent parfois. Il arpente les beaux quartiers, se poste aux carrefours les plus fréquentés, fait tinter les feux de croisement et les poteaux de signalisation en balayant l'air de sa canne, enfin attend qu'un agent de la circulation le prenne par le bras.

Plutôt heureux de mon apparition pour finir, Pierre me confie qu'il aime voir une vieille dame l'empoigner d'autorité pour le faire traverser dans les clous, comme aux alentours de la salle Pleyel, quelques semaines plus tôt. La dame s'avérant curieuse, il s'était mis à broder. Il était devenu un orphelin aveugle, sourd et muet de naissance, ayant réussi à récupérer en partie son ouïe et sa voix grâce aux éducateurs de l'Institut des sourds-muets de la rue de l'Abbé-de-l'Epée – des hommes d'un dévouement hors du commun, de vrais *saints laïcs*. Invité à venir boire un verre par cette dame charitable, il avait monté les escaliers d'un immeuble cossu de la rue Daru.

Fortement émue, à mesure qu'il ajoutait des détails poignants à son histoire, la petite vieille avait fini par rejoindre sa cuisine afin de lui préparer une orangeade. Remarquant une médaille en argent sur la console du salon, Pierre avait glissé son butin dans sa poche puis était reparti sur la pointe des pieds !

Je l'entraîne dans un café voisin de l'église Saint-Augustin pour en savoir plus. Il devient intarissable.

– J'ai commencé par voler une canne de marche, dans les sous-sols du BHV, et je l'ai peinte en blanc. Je me suis rendu dans les couloirs du métro Franklin-Roosevelt, où un aveugle chantait en s'accompagnant d'un mini-radiocassette. J'ai attendu qu'il ait fini pour lui proposer de l'aider à rentrer chez lui, et l'ai pris sous mon bras. Quand la rame est entrée dans la station, je lui ai arraché des mains sa canne télescopique, un modèle homologué. Un touriste américain s'est interposé. J'ai dû me dégager à coups de poing.

A son expression, je comprends qu'il dit la vérité.

Le vol n'est pas le seul motif de Pierre. Il prend autant de plaisir à remonter à l'aube la rue de l'Université, armé d'un rouleau d'adhésif noir, en barrant d'un X les sens uniques qui gardent cette artère étroite. Il attend alors, protégé par ses lunettes teintées et sa canne blanche, les premiers heurts entre automobilistes.

Il vit dans une telle euphorie que Philippe lui-même a droit au récit détaillé de ses exploits. Comme si Pierre s'était trouvé, en « s'aveuglant ».

Apprenant que son aîné erre dans les rues, Hubert prend peur. Il pense à son beau-frère Pascal divaguant sur les chemins menant à notre village, à notre oncle Philippe rentrant de Sermano en jouant de l'harmonica.

Philippe et moi haussons les épaules. Quel rapport entre tous ces cas ? C'est en toute lucidité que Pierre s'amuse à contrefaire la cécité, j'en suis témoin. Mais il n'a plus de comptes à rendre à personne, et cela sans doute irrite Hubert. En défaisant la personnalité que celui-ci l'a obligé à construire, il s'est libéré d'un poids. Le personnage qu'il compose est certes d'emprunt, mais il en est l'auteur unique, et s'il paraît parfois en perdre le contrôle, c'est à la façon des romanciers qui vont partout disant que *leurs personnages leur échappent*, qu'ils mènent leur vie propre et les tirent par le bras. Quand Pierre se rend au musée Guimet et interrompt une conférence sur le Tibet en hurlant : « Cet homme est fou, le Tibet n'est pas situé au cœur des massifs himalayens ! », c'est en sachant bien que personne n'osera s'en prendre à un aveugle, et en savourant d'avance son effet. Et quand il se mêle à une messe en murmurant, avec des airs de conspirateur : « Le gendarme porte la moustache, le gendarme porte la moustache », c'est avec l'assurance qu'aucun fidèle ne prendra jamais le risque de souligner son infirmité.

Ne tient-il pas là la preuve que tout n'est que rôles et simulacres, mensonges et impostures ?

Pourquoi regarde-t-on avec défiance l'Arabe qui s'introduit dans une épicerie de luxe, et ne soupçonne-t-on jamais d'usurpation l'aveugle qu'il « est » ? Parce que la société repose sur des signes qu'elle prend pour des *essences* et donc elle se réduit à un spectacle…

Pierre n'a rien d'un fou, j'en suis certain, il s'amuse à *jouer au fou* pour montrer aux croyants que les rites perpétrés dans les églises ne sont qu'*une farce pratiquée au détriment du Christ*, pour reprendre l'expression de Tolstoï. Tel Soupault et Aragon sifflant les curés en soutanes comme s'il s'agissait de tapins et grimpant aux lampadaires pour faire des déclarations aux vieilles dames, à l'ère surréaliste. Ou encore Lafcadio qui s'amuse à jouer au meurtrier dans *Les Caves du Vatican* de Gide, même s'il finit par *réellement* pousser dans le vide un voyageur, dans le train pour Rome.

« Pourquoi être soi quand on peut être quelqu'un d'autre ? » est l'une des questions qu'on se pose alors. « Pourquoi rester le produit de son milieu, quand on peut s'inventer ? »

Les bizarreries de Pierre sont sa riposte au faux *moi* qu'a encouragé son père.

Je dois reconnaître que sa complaisance me gêne parfois lorsqu'il raconte comment, dans le Jardin des Poètes de la place d'Auteuil où notre mère aimait lire durant sa maladie, il s'installe ostensiblement sur le banc faisant face au parc où jouent des enfants. Intriguée par ses lunettes et sa canne, une petite fille s'approche, le dévisage avec embarras en faisant voltiger ses nattes, puis grimace pour s'assurer qu'il ne voit pas ; Pierre se penche alors pour lui souffler à l'oreille : « Va dire à ta maman que tu es très laide. »

Dans la fiction qu'il orchestre, Pierre est toujours seul à jouer le rôle de l'original ou du *maverick* ; les autres sont cantonnés dans les rôles de dupes ou d'imbéciles. Il lui faut des victimes pour donner un tour romanesque à sa vie, établir ses prétentions de voyant. Comme le hippie agressant l'ouvrier agricole de mon ami Serge, il s'identifie à Diogène, ce philosophe sans œuvre qui allait pieds nus et dormait dans une amphore, vivait de mendicité et insultait ses « donateurs ». Le pape lui-même, quand mon frère lui écrit, est traité comme un moins-que-rien – « Très Saint-Père, on me dit que vous avez encore souillé votre petit linge ce matin »...

Comme toujours les débuts du « voyage » sont enchanteurs. Pierre semble avoir trouvé une porte secrète débouchant sur l'antimonde que nous cherchons tous à tâtons, une porte qu'il semble être le seul à connaître et dont il modifie à volonté le code. « Tandis que de nos jours on nous donne sans cesse à entendre que le génie possède au lieu d'un grain de bon sens un grain de folie, les hommes d'autrefois étaient plus près de l'idée que là où il y a de la folie il y a aussi un grain de génie et de sagesse – quelque chose de "divin", écrit Nietzsche aux premières pages d'*Aurore*. Avançons encore d'un pas : à tous ces hommes supérieurs poussés irrésistiblement à briser le joug d'une moralité quelconque et à proclamer des lois nouvelles, il ne resta pas autre chose à faire, *lorsqu'ils n'étaient pas véritablement fous,* que de le devenir ou de simuler la folie. Et il en est ainsi de tous les novateurs dans tous les domaines »...

– Votre frère est malade, insiste Hubert. Rappelez-vous ses accès de violence contre sa mère. A dix ans, il était déjà un opposant, il avait fallu l'amener chez le médecin !

– A Moscou aussi, on envoie les « opposants » à l'asile, note perfidement Philippe.

La remarque agace Hubert. Tout le monde est sain de corps et d'esprit, dans sa famille ; jamais un cas d'épilepsie en trois siècles, dans ces régions froides et tenues, Jura, Franche-Comté, Bresse...

Le sang corse à l'inverse est vicié.

– Comment expliquer la leucémie de votre mère, la folie de vos oncles, l'état de certains de vos cousins ?

Mais enfin, papa ! fais-je accablé.

Hubert en est resté aux obsessions sanitaires du XIXe siècle, où les familles passaient pour se transmettre de maux horribles, éthylisme, syphilis, de génération en génération, comme dans les romans de Zola.

L'Anti-Œdipe vient de souligner à l'inverse les vertus subversives de la dérive psychique ; en ne s'assignant aucun territoire, en minant jusqu'à la notion d'identité, le schizo anticipe sur de nouvelles façons d'être et de désirer… Foucault n'a-t-il pas éclairé l'arbitraire des frontières séparant l'homme sain du fou, le juge du criminel ? Le *moi* occidental ne serait lui-même qu'une construction condamnée à bientôt disparaître, aux dires de l'auteur de l'*Histoire de la folie à l'âge classique*.

Mais Hubert ignore tout de ces avancées, comme il se moque que Dubuffet ait consacré des créateurs réputés fous en baptisant l'art brut. Il demande conseil à Didier R…, le meilleur ami de Pierre, qui étudie la psychiatrie. Didier voit notre frère, confirme que quelque chose ne tourne pas rond, mais se refuse à tout diagnostic, vu leur proximité.

Pierre se met en rage, en apprenant que le rendez-vous était piégé : Hubert l'a doublement trahi, en compromettant son meilleur ami.

Le piège se referme.

Le père devient l'objet de toutes les vindictes du fils, l'incarnation de tout ce qu'il y a d'odieux sur terre. Plus qu'un adversaire, un ennemi intime, tapi à l'intérieur de lui-même. Quand il regarde cet homme au prénom haï, « un sobriquet de chasseur », dira-t-il avec mépris, Pierre a un fusil dans les yeux.

Hubert s'arrange pour qu'un médecin de la Cité Universitaire le voie. Le praticien déclare notre frère schizophrène et prescrit une brève hospitalisation, afin d'affiner son diagnostic. Celui-ci me paraît d'autant plus suspect que le médecin s'est appuyé sur nos antécédents familiaux pour le délivrer.

Je demande avec Philippe une contre-expertise, mais Pierre s'y oppose. Déjà familier de Freud, notre aîné se met à lire les *Séminaires* de Lacan avec fébrilité. « Les non-dupes errent », écrit le psychanalyste, en jouant sur les mots ; afin de prouver qu'il n'est pas le jouet de son père, encore moins des psychiatres, Pierre reprend ses pérégrinations. On verra bien qui est le plus sain d'esprit, d'Hubert ou de lui.

Tantôt il part se mettre à l'abri sur la péniche de l'Armée du Salut, quai d'Austerlitz, tantôt il s'en va dormir dans les escaliers des immeubles de Neuilly – les digicodes n'existent pas encore – ou se fait recueillir par la Croix-Rouge, dans son centre du XIXe arrondissement.

Il fait rarement signe, durant ces semaines de dérive. Parfois un message pour signaler qu'il est dans un foyer, mange à sa faim, se porte bien, puis un long silence. Je refuse encore de m'inquiéter, mais le doute s'insinue en moi.

Un jour, Hubert reçoit un appel d'un commissariat de police parisien : au volant d'un triporteur, Pierre vient d'emboutir une DS. Le triporteur n'étant pas assuré, le conducteur de la voiture réclame le remboursement de ses frais, qu'un garagiste vient d'estimer à deux mille francs.

Hubert demande à ses deux autres fils de s'en mêler. Un bénévole de la Croix-Rouge m'apprend que Pierre vit en récupérant des emballages en carton dans les supermarchés de la banlieue parisienne. Ils lui sont payés 20 centimes le kilo par le chiffonnier qui l'emploie au noir et l'héberge, quelque part dans Paris.

Je commence à penser que quelque chose ne va plus ; Philippe lui-même reconnaît que Pierre adhère un peu trop à son rôle d'errant métaphysique. Il faut ramener notre frère à la réalité.

Le notaire chargé de la succession de notre mère nous convoque alors dans son étude, près du Palais-Royal, afin de finaliser les actes. Nous redoutons ce moment : en réglant le partage des biens de notre mère, il va parachever sa disparition.

L'étude est sens dessus dessous à mon arrivée. Frappé de stupeur, le notaire lève à répétition ses tout petits bras en guise de déploration. Le torse décalé d'un quart de tour par rapport à la colonne vertébrale, comme si on l'avait accouché au tire-bouchon, ce nain affublé d'une bosse ferait un Toulouse-Lautrec saisissant pour une série télévisée.

– Mais expliquez-nous, maître ! s'impatiente Hubert.

– *Tout le dossier de succession a disparu !* halète le notaire.

Pierre est arrivé très en avance, le visage barré par d'épaisses lunettes noires, en faisant tinter les murs avec sa canne. Arguant de ses problèmes de vue, après avoir décliné son identité, il a demandé à pouvoir lire de plus près les actes de succession. Une assistante est allée chercher des pièces complémentaires dans les rayonnages. Il s'est alors emparé de tout le dossier et s'est enfui en courant. Le temps que le notaire se lève de son fauteuil et rejoigne à petits pas l'escalier, Pierre était déjà dans la rue. Un vol passible de prison ferme, à en croire l'homme de loi, qui se verrait dans l'obligation de porter plainte si le dossier ne lui était pas restitué sous vingt-quatre heures.

Conscient du risque, je me remets avec Philippe en quête de Pierre. Dans les hôpitaux où il a séjourné, comme dans le foyer de la rue Mabillon qui l'a recueilli. Le père Helminger nous confirme qu'il travaille pour une compagnie de récupération de carton située, dans son souvenir, rue Quincampoix. Nous finissons par dénicher, au numéro 7 de cette artère malfamée, un immeuble borgne d'où un tandem aviné sort des ballots de cartons comprimés par paquets de 100.

Dans la pièce où débouche le couloir, au premier étage, un clochard puant dort au beau milieu d'une forêt de bouteilles d'un affreux picrate. Dans la suivante, un autre clochard regarde, hébété, une télévision muette. Nous enjambons son corps pour découvrir, dans une ultime chambre, allongé derrière des montagnes de livres, Pierre en train de noircir un cahier Clairefontaine. Une porte entrouverte donne sur une cabine de douche où s'entassent tout un tas d'objets que j'imagine volés ou « récupérés ». J'ai la gorge serrée.

Notre intrusion horripile Pierre. Comment sommes-nous assez naïfs pour accepter une succession manipulée par Hubert ? Comment, moi qui viens de fêter mes dix-huit ans, puis-je supporter d'être partout qualifié de *mineur*, donc exclu de tout pouvoir sur le processus, alors que la majorité légale vient d'être fixée à dix-huit ans ?

Pierre se dresse comme un diable de sa boîte.

– Hubert veut nous spolier, en prenant l'argent de maman !

Philippe et moi protestons, mais nos arguments trop logiques n'ont pas grand succès. Nous finissons néanmoins par user ses défenses, après deux heures d'argutie : le dossier de la succession ressort du coffre où s'emmêlent ses derniers vêtements. A chaque paragraphe, Pierre a rayé au stylo l'expression « employé de banque » qui suit son nom, Hubert voulant lui éviter la honte du « sans profession », comme le qualificatif « mineur » qui suit le mien.

Je repars accablé. Ce frère si beau et doué n'est plus qu'un déchet végétant parmi des clochards avinés avec qui il se bat régulièrement – il y en a toujours un pour lui voler ses costumes ou ses disques. Le Pierre « dostoïevskien » nous semblait encore assez cohérent, dans son processus d'autodestruction concertée ; âpre au gain et procédurier, le « balzacien » nous paraît surjoué : l'argent n'a jamais intéressé notre frère.

Décidé à lui éviter une condamnation en justice ou une hospitalisation d'office, Philipe retourne s'expliquer rue Quincampoix et parvient à rétablir un contact avec son aîné, pour la première fois depuis deux ans. Je me retire du jeu pour faciliter leurs retrouvailles.

Pierre sonne quelque temps plus tard à la porte du pavillon de Saint-Mandé où vit Philippe. Il demande à prendre un bain et s'installe dans une chambre vacante. Les quatre couples ont beau avoir été informés de son comportement bizarre, ils lui font bon accueil : eux aussi veulent voire la folie comme le symptôme d'un plus vaste dérèglement social, sinon l'invention autojustificatrice des psychiatres.

Le va-et-vient incessant d'amis et de militants remet Pierre à flot. Il recommence à prendre des notes, raconte le sujet de son roman à Philippe, qui le juge digne d'Aragon, reprend confiance en lui et en son destin. Il se couche de plus en plus tard, en vient à mener une vie totalement décalée. Mais je ne sais plus pour quelles raisons, il lui faut repartir après trois semaines.

Je le convainc de ne pas retourner rue Quincampoix ; il se résigne à revenir chez notre père, qui a réintégré la porte de Saint-Cloud après l'intermède Ledru-Rollin.

La cohabitation se passe mal. Pierre ne supporte plus son père, qui ne comprend plus rien à son aîné.

Je retrouve l'appartement de notre enfance, après quatre ans d'absence. En voyant Pierre ranger ses livres dans notre bibliothèque, j'ai l'impression qu'il n'est jamais parti du 35. A vingt-six ans, il joue avec Jérôme, qui en a maintenant dix, comme le héros des *Enfants*, le film de Duras, va encore à l'école à quarante ans.

Pour encourager Pierre à conclure son roman, je cite le nom d'un ami qui a ses entrées dans une maison d'édition parisienne, mais je sens, à sa réponse vague, qu'il ne conçoit pas *vraiment* d'être publié un jour. Ce livre est plus qu'un livre, son dernier point d'attache à la réalité, le centre hypersensible de sa vie, le baromètre de sa météo mentale. Tantôt il se persuade d'avoir trouvé la solution narrative qui va l'emporter, comme Joyce écrivant *Ulysse*, et il s'y met avec une ferveur redoublée ; tantôt, dégoûté par la difficulté, il empaquette son manuscrit et l'abandonne dans un abribus où il passe la nuit, à deux pas du 35, quand il se dispute avec son père.

Au terme d'une nuit blanche dans notre double chambre d'enfants, Pierre entasse ses feuilles dactylographiées et y met le feu sur le balcon.

– Mais tu as un double, j'espère ?

– Non, me dit-il sans regret.

Comme si ce roman ne pesait pas lourd, au regard de « l'œuvre » qu'il est en train de construire. Comme si sa folie était une « création » bien plus personnelle que toute cette paperasse.

Ces rencontres m'accablent.

Comment mon frère peut-il survivre à toutes ces destructions ? Il croit s'être enfin « trouvé » ; j'ai à l'inverse l'impression que, pour mener la vie dure à son père, il est en train de détruire pierre à pierre son « église ».

Il est parfois tout, parfois rien – et d'autant plus rien qu'il a été proche de tout. Il s'éloigne du monde et de la raison, deux entités qui me semblent relever à ses yeux d'une même contrainte totalitaire.

Je ne crois pas trop aux racines : un homme n'est pas un arbre, il change sans cesse de place. Où seraient les nôtres ? En Corse ? Nous n'y vivons pas. Et nous n'allons jamais dans le Jura, la région de notre père. Plus je grandis, plus il m'apparaît que notre seul terreau est psychique ; plus j'observe Pierre, plus je ressens la volatilité de cette instance sans arrêt défaite et relancée par les liens qui la trament.

Comme Pascalou, qui vit trois étages plus bas, Pierre est parfaitement capable de lire, d'écouter de la musique, d'émettre des avis sur toutes sortes de sujets. Il peut, lors des week-ends qu'il passe chez Emile, qui vit avec Ange-Marie près de la porte de Saint-Cloud, se lancer dans des discussions brillantes – le fils de notre grand-oncle Jean Zuccarelli et son épouse gardent leurs portes ouvertes pour lui. Mais soudain la cannette saute, le dessin du tissu devient trouble, le chaos se propage dans la pensée. « L'homme, sous la pression d'un sentiment arrivé au point d'être une monomanie à cause de son intensité, se trouve souvent dans la situation où le plongent l'opium, le haschisch et le protoxyde d'azote, écrit Balzac dans

Splendeurs et misères des courtisanes. Alors apparaissent les spectres, les fantômes, les rêves prennent du corps, les choses détruites revivent dans leurs conditions premières, ce qui dans le cerveau n'était qu'une idée devient une créature animée. »

Nous poussons tous un soupir de soulagement, en apprenant que notre frère fréquente une étudiante de son âge. Heureux d'intéresser enfin quelqu'un sexuellement, Pierre reprend confiance. Il amène son amie au cinéma, lui fait visiter la Cité Universitaire, se sent bientôt assez à l'aise pour lui proposer de venir dîner au 35.

Soulagé de voir son fils manifester enfin de l'intérêt pour une femme, devant lui du moins, notre père se montre charmant, enjoué. Encore beau et galant, à soixante-trois ans, Hubert attire l'étudiante par ses manières exquises et la délicatesse de son langage. Content de plaire encore, il retrouve ses réflexes de séducteur et la complimente avec insistance. Peut-être y met-il un peu de cette complaisance qui l'avait poussé à se déchausser, dans le « salon » de Mana, notre arrière-grand-mère, afin de prouver à l'assemblée bastiaise qu'il avait le pied égyptien…

La jeune fille repartie, Pierre se précipite sur son père. Il l'accuse d'avoir gâché sa première chance d'exister sexuellement, lui serre à toute force le cou, serre encore en lui promettant la pire des morts. Hubert défaille, la chaise tombe, notre père réussit à se défaire, mais il a frôlé l'apoplexie et ne l'oubliera jamais. Le personnage du fils prêt à tout pour tuer le papa-patron ne relève plus de la « composition » : il est devenu l'essence même de Pierre.

Effrayé de se retrouver face à ce fils criminel, Hubert demande à l'hôpital de la Cité Universitaire d'interner

Pierre, comme la loi l'y autorise, jusqu'à ce qu'il soit « stabilisé ». L'hôpital admet Pierre d'autorité.

Je comprends sa décision, mais elle me glace. En Corse, la folie peut courir les rues ; à Paris, on en convient en le déplorant, il faut l'endiguer, la médicaliser. Ni Philippe ni moi n'avons d'alternative à proposer, en même temps.

Que dire à Pierre, quand il affirme qu'Hubert est malade, et que si quelqu'un est à soigner c'est lui qui, dans son *délire*, croit que toutes les femmes lui reviennent de droit ?

Cette hospitalisation n'aura d'autre effet que de faire fuir définitivement la « fiancée » et de rendre Pierre encore plus agressif.

Entravé par une camisole, il se persuade que son père le fait surveiller, via les micros que les infirmiers « implantent » en lui à travers leurs électrodes. Dans les grands titres des journaux, dans les lettres que la banque lui adresse, notre frère voit des messages cryptés tentant d'infléchir ses pensées, des signaux mettant en branle de redoutables programmes, des « mouches » destinées à fliquer sa conscience.

Dhuizon

Au printemps 1974, je me rends avec Merri Jolivet à la première de *Fauves*, que de tout jeunes travestis aixois donnent au théâtre du Ranelagh, derrière la maison de la Radio. Un dompteur pervers y dresse à coups de fouet quatre créatures félines enfermées dans des cages d'acier, à l'anatomie et la voix incertaines. Le rôle de Rocco le Dompteur prouve avec maestria l'autorité qu'un homme peut acquérir, en changeant de sexe. Altier et vaporeux dans sa robe blanche à volants, droit venue des comédies rustiques du XVIIIe siècle, Rocco domine la scène de sa haute taille, de sa gestuelle languide et de sa voix suave. Les lèvres larges et pulpeuses, les joues rehaussées de mouches, un teint mat que souligne le linge blanc posé sous son chapeau de paille, Rocco se montre aussi à l'aise dans le menuet que dans la bourrée fantasque, les vocalises de ténor que de haute-contre : rappelé d'un coup de baguette magique du paradis, un prince d'autrefois redescend déguisé en bergère dans le Paris post-gauchiste pour relancer les « impromptus » du règne de Marie-Antoinette.

Rocco est le premier être qui me donne l'impression de relever des deux genres également, d'être l'exacte incarnation de cet androgyne premier d'où les deux sexes auraient été extraits après une opération douloureuse, aux dires de Platon. Fasciné par sa grâce dansante et son ironie légère, je retourne voir *Fauves* deux fois, trois fois, jusqu'à passer mes soirées dans ce vieux théâtre de bois, plus fait pour une reprise de *Cyrano de Bergerac* que pour ces travestis cultivés, comiques et décalés, à qui se mêle une vraie femme, Lulu – bien malin qui la repère. J'y retrouve Arlette Donati, sanglée dans ce blouson de cuir noir qui est l'apanage des garçons à garçons. La psychanalyste de Merri est aussi tombée sous le charme de ces créatures hybrides, formées à l'école du cabaret et de Marivaux, qui répondent aux noms délicieux de Ginette Plumetis, de la limande Germaine, de Nini Crépon et de Marie Bonheur. Rocco nous rapproche : elle a aussi élu ce géant vaporeux dans son panthéon privé.

Je trouve Arlette belle, avec ses cheveux noirs, son sourire dévorant, ses dents blanches et chanceuses. Son Perfecto clouté, sa voix rauque et son assurance physique rehaussent son aura presque irrésistible de femme libre. Le corps souple et la posture frondeuse disent mieux que tous les pamphlets l'aisance souveraine qu'une sexualité enfin libre de risque a donnée aux femmes les plus affirmées. Tout comme René ou Rama, Arlette est profondément de ce moment : encore aujourd'hui je ne pourrais l'imaginer dans une autre décennie.

Petits dealers et gigolos d'un soir forment le public naturel de la Buvette du Ve, un bar caché derrière la place du Panthéon où nous allons boire. Son animateur, un pédéraste rude et bon, passe en boucle les airs de Billie Holiday tout en surveillant d'un œil jaloux ses très jeunes protégés, mais la mélancolie de Lady Day, envoûtante jusqu'à l'hypnose, finit par nous chasser. Nous suivons Arlette dans la rue Monsieur-le-Prince jusqu'à la rue de Condé, dans un immeuble érigé au temps de Beaumarchais, où elle partage un appartement avec Félix Guattari, dont elle vient de se séparer.

Mes doigts roulent de gros pétards d'herbe et de tabac hollandais tandis qu'Arlettte et les Mirabelles reprennent les airs d'un 33 tours de Julien Clerc – « Mon piano est un éléphant / Et l'ivoire de ses dents / Que je caresse me console… » La ritournelle me fait tourner la tête, c'est bon de fumer en chantant dans ce grand appartement, à deux pas du théâtre de l'Odéon.

Je suis le cadet de la troupe dans la chambre qu'il occupe dans une rue voisine et passe la nuit avec lui, pour le plaisir de connaître *mon premier travesti*. Je retourne le lendemain rue de Condé et, profitant de l'obscurité, me glisse dans le lit de Rocco, qui dort avec un chinchilla au cou, puis me perds dans ses membres souples comme des lianes, pour la joie de connaître *mon second travesti*. Je prends le petit déjeuner avec « elles », fous rires et pain grillé, puis les accompagne dans la boutique Yves Saint Laurent de la rue de Tournon où « elles » font une razzia de flacons de *Rive Gauche*. Nous rallions enfin les jardins du Luxembourg, pour comparer les qualités anatomiques des joueurs de tennis, tandis que Nini Crépon s'amuse à contrefaire les *passing-shots* de Suzanne Lenglen, la *tenniswoman* des années 30. « Elles » se sentent triplement concernées quand, de retour rue de Condé, le présentateur de la télévision lance : « Bonsoir mesdames, bonsoir mesdemoiselles, bonsoir messieurs. »

La présence de ces êtres à l'identité réversible m'euphorise. Je profite en leur compagnie des deux sexes, me réconcilie indirectement avec moi-même. Taquines, grivoises, mauvaises à l'occasion, les Mirabelles ne sont pas aussi stridentes et abrasives que les Gazolines, dont les cabas de chineuses semblent autant de sacs à venin lorsqu'elles se ruent sur une inconnue en hurlant : « Poisson ! Poisson ! Poisson ! », avant de la défier, les mains sur les hanches, comme les pires des harengères. Egalement fripières dans l'âme, tout aussi fascinées par l'imagerie féminine, les Mirabelles ne sont pas misogynes. Ces travestis aixois, à l'inverse, ne demandent qu'à rejoindre en beauté le deuxième sexe.

Nous fumons tant de H que je m'endors à même le parquet de la rue de Condé ; j'ai le cerveau plein de suc, d'odeurs suaves, de récits obscènes. Un corps se blottit contre le mien, vers trois heures du matin, jusqu'à obtenir le réveil complet de mes membres : celui d'Arlette Donati, avec qui j'ai dû échanger vingt phrases jusque-là. Je me rendors au milieu de la nuit pour la retrouver à l'aube, dans les mêmes dispositions, et le soir encore.

J'éprouve pour la première fois un sentiment de familiarité avec une femme. Le corps-sœur d'Arlette ne m'intimide pas, nos formes s'accouplent avec grâce, ondoient au gré du plaisir. Le garçon que je suis apprend enfin à aimer la fille qu'il abrite, à mesure qu'Arlette « la » gâte en coiffant ses longs cheveux bruns, en soulignant d'un trait de khôl ses yeux, tout en riant de la surveillance qu' « elle » exerce sur sa ligne.

Ma timidité initiale s'inverse en une forme irraisonnée d'assurance, à mesure de nos nuits. J'ai l'impression d'être capable d'un peu tout dans ce domaine aussi, de pouvoir aller d'un désir à l'autre, aussi facilement que lorsque je sautillais du XVIe arrondissement à Boulogne, dans le salon du 35. Je suis enfin au complet, sexuellement.

Le tourbillon s'amplifie, les jours suivants.

Le matin, ce sont les patients d'Arlette qui sonnent, jusqu'en milieu d'après-midi. Le soir, ce sont les amis de Félix Guattari, si hospitalier que nous sommes parfois vingt dans leur appartement aux cinq pièces. Un jour, Hervé Guibert frappe timidement à la porte et s'assied à la table où nous finissons d'engloutir un poulet aux morilles. Comme les Mirabelles, je reste en arrêt devant ses boucles immenses, sa bouche parfaite, sa beauté poignante. Effrayé et happé à la fois par l'intensité de nos regards, celui qui publiera peu après *La Mort propagande* reste à nous fixer sans mot dire, comme un lapin dans les phares d'une voiture.

Hervé Guibert m'adresse un sourire sans chaleur, en croisant mon regard insistant. Je le sens fragile et déterminé à la fois, comme un être venu d'ailleurs mais aussi capable d'écrire à *20 ans,* un magazine *pour jeunes filles*, comme me le souffle la limande Germaine. Le malheur exsude de lui, comme une poisse indélébile, j'ai l'impression de tenir en main sa radiographie psychique. Etre si beau et sembler si peu apte à en jouir ! Découvrant tout juste les secrets d'une vie facile, je me perçois comme un ange brun, forcément mineur, face à cet ange blond voué à la mort.

Le lendemain, c'est l'un des acteurs fétiches de la Nouvelle Vague qui s'assoit à la table où je petit-déjeune, en attendant sa séance d'analyse avec Arlette. Intimidé par la somptueuse créature qu'est Rocco, dont le déshabillé révèle toutes les formes, le héros des films de Godard et de Truffaut se met à « la » complimenter sur ses jambes, avec le lyrisme balbutiant d'un adorateur immature rencontrant une danseuse des Folies. L'acteur est si instable psychiquement qu'il repart avant même d'être reçu par Arlette : notre regard sur lui, mi-compatissant mi-ironique, lui est insupportable.

Vers six heures, les Mirabelles partent pour le théâtre du Ranelagh. Je file rue de Buci acheter de gros choux violets, la fleur du moment, et reviens écouter de la *soul* en attendant qu'Arlette finisse de consulter. Nous sortons dîner vers dix heures et rentrons pour retrouver Jean-Marie raconter comment, jeune ouvrier sur les chantiers navals de La Ciotat, il a été remarqué par Jean Genet au détour d'un camping et encouragé à tenter sa chance dans le spectacle, comme autrefois Abdallah le funambule. Le défilé se prolonge jusqu'à l'aube, les Mirabelles se déchaînent devant ce défilé non-stop, la nuit crée une émulation invraisemblable entre elles.

Dès dix heures du matin, les patients frappent. Certains vont si mal qu'ils viennent sans rendez-vous et nous implorent de leur ouvrir. Je perds toute notion de sérieux, d'espace et de temps, en voyant Rocco les accueillir en frou-frou, le moins pénible des électrochocs pour eux, je suppose. C'est une vie si facile, abondante et animée que je me découvre une ambition, celle de ne *jamais rien faire*. De passer mes journées à sentir, à comprendre, à paresser et à jouir, en respirant l'air du temps. Il est hors de question que je perde ma vie à la gagner ; je la passerai à la dépenser.

Le week-end, nous montons dans la Mini Morris d'Arlette pour gagner Dhuizon, près de Cour-Cheverny, où elle loue avec trois amis infirmiers un corps de ferme jouxtant le manoir où Félix vit, face à un grand parc ouvrant sur des étangs très prisés pour leur gibier d'eau par les chasseurs. La valse reprend de plus belle, entre les deux maisons : acteur entre deux tournages, philosophe en panne d'amour, psychanalystes assez contents de retrouver leurs patients en plein air. Félix accueille chacun avec chaleur, comme s'il avait fait salon toute sa vie, avant de partir travailler à La Borde, la clinique psychiatrique voisine.

Il souffre du « départ » d'Arlette, mais s'interdit de le montrer. Il souhaite en secret la retrouver tout en encourageant indirectement ma présence, qu'il pense provisoire, afin de démentir toute jalousie. Il est si hostile à la conjugalité qu'il va jusqu'à combattre les couples infirmiers-malades qui se forment parfois, à La Borde, mais il est moins net dans les faits. Il peut entrer tout sourires dans notre chambre, au premier étage du corps de ferme, alors qu'on est encore au lit, avant d'en ressortir attristé qu'Arlette ne l'ait pas invité à rester. Il multiplie les aventures pour brouiller les cartes, mais souffre aussi de voir que ces conquêtes, loin de la blesser, arrangent désormais Arlette. Il peine à trouver la bonne tactique, comme le joueur qui s'entend dire à chaque nouvelle donne : « Face tu perds, pile je gagne. »

C'est la première fois que je côtoie un personnage dont *tout le monde* parle – *L'Anti-Œdipe* est sorti un an plus tôt, avec un retentissement proportionnel à sa difficulté. Mais Félix a un rapport très naturel à sa notoriété ; il aime en faire profiter les autres, et on l'oublie d'emblée, plutôt on la désire pour lui. L'envie de comprendre, le plaisir de réfléchir à plusieurs, le besoin de tout reprendre à zéro l'anime et parfois l'exalte. En quête permanente de gens, d'idées, de lectures et de « branchements », il montre une volonté de savoir sans égal. Malicieux et affable, comme un adolescent qui n'en reviendrait pas d'être parvenu au mitan de sa vie, il appuie la plupart des projets que ses proches caressent, attend aussi qu'on approuve ceux qui le traversent. Universelle, la générosité de Félix tend presque à l'indifférence ; personne ne peut prétendre en avoir l'exclusivité.

Il y a quelque chose d'étonnant à le voir vivre. Félix aime l'existence, la veut belle et jouissive, ne se montre jamais petit. Alors que nombre d'intellectuels restent puritains, à l'image de Pierre Victor/Benny Lévy, il ne se cache pas de regretter l'héritage de la société Banania, dont son père a été le directeur avant de créer sa propre poudre chocolatée, Monbana, comme il évoque avec jubilation la martingale qui lui a longtemps permis de gagner gros dans les casinos. Alors que nous mangeons à sa table « au château », il peut me soumettre le texte qu'il vient d'écrire sur les tableaux de Merri Jolivet, puis l'article sur les Mirabelles qu'il prépare : « J'ai même rencontré des travestis heureux. » Cela me le rend encore plus sympathique, mais un peu moins prestigieux ; je ne vois pas quel besoin il a de mon approbation. Son sens de la hiérarchie est si faible que le mien se réveille, à son détriment.

« C'est la première fois qu'un garçon est avec moi non pour lui, mais pour moi », me confie Arlette, toute surprise que je reste sans arrière-pensée. Je tombe des nues, en découvrant cette forme sournoise d'homophilie chez des hommes insoupçonnables *a priori*. Arlette parle de Félix avec affection, mais aussi avec un mélange de désappointement et de cynisme. Elle n'en attend plus qu'un soutien matériel, après en avoir beaucoup espéré. Elle l'aurait aimé plus tenu, mais il déborde en permanence : lui-même se compare à un autodidacte, ou l'un de ces inventeurs à la Eiffel qui briguent le Concours Lépine. Il rêve d'être Joyce *et* Lacan et cherche encore, à quarante ans passés, la martingale qui lui permettrait d'exprimer unanimement ces rêves contradictoires.

Arlette sait tout de ses difficultés à écrire, comme à se concentrer. Son programme de recherches est si large, philosophie, ethnologie, psychanalyse, linguistique, biologie, thermodynamique…, qu'il peine à fixer durablement son attention. Débordant d'intuitions et d'idées, Félix a du mal à les associer solidement. Le silence lui pèse encore plus que la solitude ; à peine a-t-il rédigé un paragraphe qu'il le soumet au premier venu : vaste mais désossée, son intelligence réclame une tutelle amie.

Deleuze ne passe que rarement, et jamais sans s'être annoncé : il n'aime pas les bandes et encore moins les fous, malgré ce qu'une lecture hâtive de *L'Anti-Œdipe* pourrait faire penser. Quand sa silhouette étrange se dessine en ombre chinoise dans les couloirs du « château », avec son nez crochu et ses ongles interminables, il m'évoque le capitaine Crochet dans *Peter Pan*. Rare exemple de piano à quatre mains philosophique, les deux hommes se fréquentent peu et se vouvoient systématiquement, à une époque où le « tu » s'impose sur-le-champ. Félix envoie par la poste ses idées et ses réflexions à Deleuze, lequel réagit par le même biais. Les livres s'élaborent sans que les deux hommes se voient, par la simple opération d'un verbe rétrofécondant. « Félix est le trouveur de diamants, je suis le tailleur », confie Deleuze à Arlette.

Elle sait quelle frustration Félix éprouvait, avant de rencontrer l'auteur de *Différence et répétition*. Je reconnais chez lui ce désir de tout penser qui anime mon frère Philippe, la sociabilité en plus. La clinique de La Borde m'intrigue, où il expérimente avec Jean Oury des thérapies comportementales inédites : impliqués autant que possible dans la gestion de l'établissement, les patients sont encouragés à y prendre la parole, y faire du théâtre, y peindre. Je n'ai pas trop peur des fous ; je reste assez proche de mon frère et de mon oncle Pascal pour avoir l'illusion fugitive de les comprendre. Mais je ne suis jamais entré dans un asile, où je pressens les ressorts inavouables de ma propre famille.

Félix m'ouvre la salle commune de l'établissement où Arlette travaille aussi. Le salon grouille de malades et malgré la relative liberté dont ils jouissent, le spectacle me serre le cœur ; ce ne sont que corps prostrés et visages hagards. Les dizaines de fantômes qui errent dans cette ancienne salle de concert me révèlent la face cachée de l'humanité…

Une femme à la fois jeune et usée astique sans répit les chaises et les tables en bois. J'apprends qu'elle allait autrefois dans les galeries passer sur tous les tableaux un chiffon imbibé d'alcool dans l'espoir de *découvrir leur signification*. Les psychiatres avaient d'abord parlé de lubie chiffonnante, avant que des analyses ne révèlent une carence en magnésium ; réduites de moitié, ses crises de tétanie n'en restent pas moins spectaculaires…

Croyant deviner que quelque chose est à blanchir, dans son histoire, les thérapeutes de La Borde l'encouragent à fouiller en elle, à devenir sa propre archéologue, peut-être son historienne…

Un déclic se produit en moi. J'ai envie pour la première fois de prendre un peu de recul par rapport à ce que je vis. Pour mieux me comprendre, pour savoir aussi ce que je dois à mes frères. Réveillé intellectuellement par la compagnie d'Arlette et de Félix, j'ai envie de réintroduire un nuancier dans une conscience qui a tout coloré d'une teinte unique, de stimuler un imaginaire que la révolution a monopolisé durant des années. Je veux sortir du cercle « enchanté » de ma génération pour me faire un point de vue déjà plus personnel.

J'entame la lecture de *L'Anti-Œdipe* et très vite me noie – trop de corps sans organes et de plans d'immanence, de pistes ethno-linguistiques et de réactions chimico-philosophiques –, j'ai l'impression d'un Bouvard supérieur qui, rencontrant un Pécuchet d'exception, prendrait d'assaut toutes les disciplines. Je tombe dans la bibliothèque d'Arlette sur *Le Cas Schreber*, la somme que Freud a consacrée à un magistrat paranoïaque de Dresde convaincu que des petits hommes bâclés à la six-quatre-deux s'insinuent dans son anus, dès qu'il s'installe *sur le trône*, afin de lui porter les messages de Dieu. Le cas Schreber me fascine. Rêvant de lever croisade contre les Allemands et les Juifs, ce bourgeois pompeux pense aussi posséder des organes génitaux féminins où niche déjà un embryon destiné à jouer un jour un grand rôle, comme Marie autrefois.

Après six heures d'efforts intenses, je me mets à pleurer. La signification du livre s'évapore à mesure que je progresse ; les lignes ondulent puis se défont sous mes yeux. Moi qui lisais à treize ans *L'Interprétation des rêves*, je n'arrive même plus à me concentrer sur une page imprimée de Freud : quelques mots ardus suffisent pour qu'un narcotique gagne mes synapses. Humilié par mon illettrisme, je m'acharne contre Arnulf, qui n'éprouvait plus aucun besoin de lire depuis des années, pas même les projets de loi contre lesquels il organisait des grèves au lycée. *Une paire de bottes vaut plus que toute l'œuvre de Shakespeare*, disaient les populistes russes : je paie le prix de cette surestimation.

Plus solidement formés, nos aînés ont repris sans mal leurs habitudes, se sont remis à lire, à écrire, à étudier. Sartre s'approchant de la cécité, Pierre Victor/Benny Lévy lui fait déjà la lecture de Flaubert – *L'Idiot de la Famille* est en préparation –, en attendant de lui faire découvrir Levinas, le philosophe de l'altérité. Pour avoir abandonné mes études au bac, je ne parviens même pas à dépasser le premier chapitre du *Cas Schreber*. Je suis devenu l'imbécile que je craignais tant d'être à douze ans.

Mes échanges avec les infirmiers de La Borde me déçoivent. L'idéologie rend tout évident et contestable à la fois – *Mais d'où tu parles, là ? T'as pas tort, quelque part*... Il faut encore être le plus radical possible pour l'emporter, le plus flou aussi pour respecter les motivations sinueuses de l'inconscient. Les réponses divorcent toujours plus des questions avec la diffusion de la psychanalyse et des drogues, qui favorisent également les lapsus. A quoi me raccrocher quand on me rétorque à tout propos : *C'est pas mon problème* ? J'ai l'impression de me débattre dans un pot de sirop d'érable.

Unique responsable de mon semi-analphabétisme, je m'oblige à recommencer à lire un peu chaque jour, comme un convalescent. Je récupère les manuels scolaires abandonnés au 35 et tente, dans les matières principales, de retrouver le niveau d'un élève de première. Beaucoup dédaignent autour de moi tout ce qui pourrait ressembler à un héritage littéraire classique, français en particulier : l'ignorance leur semble le meilleur garant de leur sincérité, sinon de leur radicalité. Je choisis d'en apprendre un peu plus avant de critiquer.

J'y prends tant de plaisir que j'éprouve bientôt l'envie de transmettre un peu de ce nouveau savoir à Bruno, le fils aîné de Félix, un garçon sensible qui cherche ses repères, dans le maelström suscité par *Libres enfants de Summerhill*, la bible de l'éducation non dirigée. Je guéris de l'ignorance en l'éveillant aux disciplines que je redécouvre. J'actualise les méthodes de mon frère Philippe – abstraction, anecdote, ironie – pour l'ouvrir à la littérature et la psychanalyse. J'apprends autant que lui.

A la fin de juin 1974, Arlette et moi partons avec trois des Mirabelles pour le Midi. Nous faisons halte au château de Montfrin, au sud d'Avignon, où trois grandes familles politiques françaises cohabitent. Ce fief féodal reconstruit au XVIIIe siècle en style provençal m'impressionne, avec ses hectares de gazon et de pins, sa piscine et ses communs, ses terrasses et ses vergers, dont les fruits entretiennent encore en partie le domaine. De cette forteresse imposante, dont les terrasses à degrés, blotties en coquille d'escargot, dominent le Gardon et le village, on distingue encore les maisons protestantes des catholiques à la forme de leurs cheminées ; en montant sur le donjon en ruine, c'est toute la vallée du Rhône qu'on découvre.

Il y a une certaine ironie à voir ces familles plutôt progressistes, d'origine juive, allemande (Servan-Schreiber) et portugaise (Mendès), ou protestante (Duhamel) rejoindre dans ce somptueux château une vieille famille catholique d'Ancien Régime – un Fleurieu a été ministre de Louis XVI. Je ris ouvertement en voyant Rocco et Nini Crépon arpenter en « hommes » ces pièces immenses, où partout trônent des portraits de Pierre Mendès France, comme si le politique qui accorda à la Tunisie son indépendance était toujours président du Conseil. Quand le fils de Marie-Claire Mendès France, un bon ami d'Arlette, nous amène sur les hauteurs d'Avignon voir un feu d'artifice géant commenté par Salvador Dalí, avec sa sobriété habituelle, je me crois revenu aux temps où les comtes de Provence régalaient leurs vassaux.

Beaucaire m'impressionne, avant les placettes à platanes d'Arles, à qui Arlette doit son prénom. Je découvre à Aix-en-Provence ses parents, un couple d'immigrés italiens qui tient un petit restaurant rue des Tanneurs, puis le réseau de fripiers, de *dealers* et de *fans* qui entoure les Mirabelles, dont les chassés-croisés amoureux animent cette ville admirable, parfois aussi mortelle d'ennui.

Plaisir de remonter le cours Mirabeau au bras d'un homme en robe en chantant « Maladie d'amour ». Joie de choquer les Méridionaux qui se font encore une haute idée de la masculinité. Bonheur de faire le marché, un panier d'osier au bras, en gloussant devant des vendeurs qui ne savent sans doute pas que le Berlin des années 20 grouillait de ce genre de « créatures », ou ne peuvent admettre que leur bonne ville d'Aix, un demi-siècle plus tard, soit atteinte à son tour par la « peste ».

Je passe une partie de la nuit à fumer de la colombienne avec Arlette autour de la fontaine des Dauphins, qui susurrent leur cantate liquide depuis deux siècles, dans une vasque couverte de mousse. En levant les yeux vers les hôtels particuliers des magistrats aixois, pour deviner un visage réticent derrière le lourd brocart d'un rideau, j'ai l'impression de revivre l'époque où Mirabeau enlevait à l'aube une jeune héritière, sur le cours qui porte désormais son nom. J'imagine le parlement qui condamna à mort le marquis de Sade, pour un excès d'orgies locales, et m'entiche instinctivement de cette époque fabuleuse.

Arlette me présente un garçon qui s'est installé comme psychanalyste boulevard du roi René, sans le moindre titre, et avec des résultats supérieurs à certains de ses « confrères », semble-t-il. Altier, superbe, énigmatique, Éloi M. nous conduit en décapotable au barrage Zola où l'on se baigne parmi des *cacous* qui hurlent en faisant des bombes, avant de passer la soirée chez un groupe d'infirmiers de Montfavet, l'hôpital psychiatrique d'Avignon, dans un mas situé au pied de la Sainte-Victoire. La plupart des participants ont pris de l'acide, mais leur conversation reste extraordinairement lucide. M'étant contenté d'un demi-cristal, j'ai l'impression flatteuse d'avoir récupéré une partie de mon intelligence.

Nous partons à l'aube pour la Lozère dans une Volkswagen décapotable, qui mérite à chaque virage son surnom de coccinelle, par son absence de tenue de route. A l'approche de Saint-Hippolyte-du-Fort paraît l'ancienne abbaye de Gourgas, que Félix ouvre là encore à tous. Nous soufflons dans ce hameau où certains dorment à même le réservoir servant de salle de bains collective avant de redescendre, moteur coupé, vers le Gard. Arrivé au pied du grand pont romain, je me déshabille pour me baigner en caleçon dans l'eau fraîche. J'éprouve un moment de grâce en m'allongeant au soleil, face à cet ouvrage vieux de vingt siècles, au milieu des lauriers-roses et sous la caresse du vent. En fermant les yeux pour mieux percevoir l'écoulement du fleuve, je prends soudain conscience de notre chance. Nous ne travaillons pas, n'obéissons à personne. Un mécanisme invisible semble assurer notre ravitaillement en nourriture et en essence, en musique et en H. J'ai l'impression que la terre tourne et que l'humanité s'agite pour nous éviter toute forme de souffrance. Je ne pense plus aux malheurs du monde, ni aux victimes asiatiques des idées que je partageais un an plus tôt. Je suis à nouveau innocent.

Arlette surgit soudain de l'eau en se tordant les cheveux, un sourire désarmant aux lèvres, nue comme Eve et Adam. Son teint cuivré, sa peau éclatante, tout évoque en elle la vie, le plaisir, la facilité. En revoyant ses parents italiens s'activer sans répit dans leur petit restaurant aixois, elle m'apparaît comme une de ces réussites naturelles qui justifie, avec quel éclat !, les efforts cumulés de plusieurs générations, sinon les sacrifices d'un peuple entier. Un vrai accomplissement génétique, l'apogée de la sélection.

Un sentiment de fierté m'envahit, en la voyant s'allonger près de moi. Il n'y a jamais ni reproche, ni tension entre nous, rien ne pèse au contraire. J'ai l'impression de continuer nos conversations en faisant l'amour : nos langues changent tout juste de bouche.

C'est cela, être amoureux, imaginé-je.

Nous passons le mois de juillet dans le château de Goult, propriété des parents de l'amie de Nini Crépon. Le Lubéron n'a pas encore été « découvert » par les Parisiens ; le village de Lacoste, comme le château du marquis de Sade, restent de simples ruines jonchées de gravats, comme au sortir d'une guerre de Cent Ans ; on joue au loto et au baby-foot en attendant les résultats du tiercé dans les cafés de Ménerbes et de Bonnieux. Dans la tour du château de Goult, d'où l'on domine le village, Nini Crépon n'a pas trop de mal à s'envoler comme la fée Morgane, dans ses longs fourreaux de tulle : « elle » pèse vingt grammes.

Je rêve d'une vie à voyager ainsi, en nomade invité. Je pense à ces cohortes qui suivaient les rois de province en duché, dans l'ancien temps, et imagine le prince Rocco en souverain. Des travelos sur le trône ! Je suis en plein conte, je rêve éveillé.

Les Mirabelles rejoignent le festival d'Avignon où elles doivent présenter *Fauves* dans une petite salle *off-off*. Arlette et moi posons nos bagages dans une maison proche du pont cassé, qu'un ami lui a prêtée. Sans Félix, ni Jacinthe ou Nini Crépon. Seuls, pour la première fois depuis deux mois.

Le tourbillon retombe, le silence succède aux chants et aux rires. Dans la cuisine tout équipée, nos pas résonnent bizarrement sur les tomettes industrielles.

– J'aimerais qu'on ait une vraie relation, toi et moi, me dit soudain Arlette.

Je reste sans voix, ignorant tout de ce qu'est *une relation*. Je vois ce qui fait un couple, en revanche, et cela ne me dit rien. Comment, à dix-neuf ans, ferais-je le poids avec une psychanalyste qui en a vingt-huit ? Que pourrais-je construire auprès d'elle, moi qui ai l'impression d'être inachevé ? Que puis-je surtout lui offrir que Félix n'ait pu lui proposer, en sept ans de vie commune ?

Partisan d'un libertinage généralisé, Félix a multiplié les aventures « contingentes », c'est vrai. Mais je présente encore moins de garanties. Je suis même, si je me regarde avec les yeux d'Arlette, ce que je ne cesse à cet instant de faire, la personne la moins rassurante qui soit.

Je finis par penser que mon sentiment est sans racines. Qu'il n'a pu « prendre » que parce que je savais notre relation sans avenir, comme une succession d'instants magiquement solidaires. Je suis tombé amoureux de notre vie facile, du plaisir qu'on se donne, des châteaux qu'on habite, du climat de la Provence, pas d'Arlette.

Elle m'a pris pour Figaro et j'ai vu en elle la comtesse, comme dans la comédie de Beaumarchais.

Ne sachant comment interpréter mon mutisme, à chaque heure plus pesant, Arlette décide de repartir pour les Calanques. Nous longeons la Méditerranée pour arriver à minuit passé dans les faubourgs de La Ciotat, avant d'être arrêtés par un feu au croisement de deux avenues désertes. Les lampions vacillants d'un café, où boivent les ouvriers des chantiers navals, éclairent d'une gaieté lugubre le front de mer.

Le feu rouge s'éternise. Ce suspens, la désolation qui émane de cette ville fantôme, perdue au milieu de nulle part, ont le don d'amplifier mon désarroi. Une dépression insidieuse me gagne ; je suis l'otage d'un monde tout près de s'éteindre, vidé de l'intérieur, résigné à sa propre fin. Et je vais me dissoudre au fond de ce cul-de-sac, dans cette voiture silencieuse, près de cette femme belle et flatteuse que je connais si mal.

Je revois ce week-end où j'étais allé rejoindre Arlette, à Dhuizon. Les choses ne s'étaient pas bien passées avec Félix, elle avait bu et fumé, s'était mise à conduire n'importe comment, à rire et à chanter, comme si les feux rouges et les stops n'existaient plus…

Elle non plus n'était personne !

Aurait-elle jeté son dévolu sur moi, si elle voulait une relation ? Elle avait avant tout besoin d'un homme pour donner corps à son existence.

Je ne vois même pas qu'Arlette, lassée par le vibrionnisme de Félix, cherche à s'établir. Ce n'est pas dans l'air du temps.

La chanson de Roland

Je ne pourrais dire quand j'ai rencontré Roland pour la première fois. On se croisait alors, plus qu'on ne se rencontrait vraiment : les hasards de la rue semblaient préférables à tous les rendez-vous ; à force de se croiser, on se liait parfois.

J'ai trouvé Roland antipathique les premiers temps. Il regarde avec dédain tout ce que René, qu'il connaît bien, et moi-même pouvons représenter. Il nous a d'emblée rangés dans une génération négligeable de cadets flottants, manquant de caractère et n'ayant pas fait khâgne, contrairement à lui. Il a fini de perdre tout crédit à mes yeux en dénigrant systématiquement Arlette, puis en me soupçonnant de vouloir devenir son gigolo.

C'est alors qu'il a commencé à me rechercher. Insensiblement d'abord, plus activement ensuite, avec une insistance troublante enfin. Comme s'il n'était pas concevable que je lui résiste, que je n'en avais pas les moyens.

Du lutteur, Roland a la force physique, l'endurance morale, le goût pour la confrontation : il vous prend par la culotte, vous soulève de terre et vous hisse en triomphe, tels les Romains raptant les Sabines. Son corps lourd, musclé, populaire, digne d'un Rubens, le rend aussitôt présent, tout comme ses pommettes saillantes et ses yeux fendus, qu'on retrouve dans toute la plaine orientale de l'Europe, des confins polonais aux pourtours picards.

Du canard, Roland a la moue boudeuse, le coup de bec rapide et les embardées criardes. Né deux ans avant mon frère Philippe, il a fait ses études supérieures avec quelques-uns des élèves qui furent des débuts de la Gauche prolétarienne. Mais il a manqué Normale sup et s'est marginalisé tandis qu'ils faisaient carrière dans le journalisme, l'édition ou l'université. Devenu un chat de gouttière, il tire de sa dissidence une fierté teintée d'un peu de vinaigre. Sans autre ambition que de réduire à néant celle des autres, il regarde en ricanant sa génération se domestiquer, prendre goût à la réussite ou à la notoriété.

Il lui arrive d'écrire dans les journaux, mais il ne peut s'empêcher d'attaquer ces mêmes journaux à la radio, à moins qu'il ne s'arrange pour se brouiller avec leur directeur au terme d'une cour trop insistante : bruyamment menées, ses intrigues échouent presque toutes. Il est capable de défendre des causes auxquelles il ne croit qu'à moitié, pour le plaisir d'exercer ses facultés d'argumentation, en écho au *credo quia absurdum* de Pierre Victor. Intéressé dans la démarche, Roland est gratuit quant au but. Le premier à batailler pour telle puissance, il refuse de se faire rémunérer par elle. Ce mercenaire est hostile aux gages, bizarrement.

Encore surnommé « Jdanov » en 1969, sa rage à dénoncer tout opposant à la GP rappelant le commissaire stalinien à la culture, Roland a été parmi les premiers à rompre avec le béton idéologique pour tenter d'esquisser une façon singulière de penser, nourrie de psychanalyse et de philosophie. L'activisme homosexuel lui-même l'a lassé ; il est trop personnel pour trouver encore goût à ces assemblées interminables dans la cour de l'Ecole des beaux-arts, souvent conclues par des bacchanales dans les toilettes. Il préfère arpenter Paris en suscitant des rencontres, au gré de son humeur instable. Premier *original* que je rencontre depuis mon frère Philippe, Roland ne tient littéralement pas en place.

Ses raisonnements frisent le sophisme ; il soutient une thèse puis se met soudain à rire, ou à s'énerver. Ses yeux fendus prennent un éclat noir, dense, souverain, ses pupilles projettent des rais qui ébranlent les nerfs. Une cruauté asiatique émane de son visage, qu'un sourire désarmant éclaire soudain. Irriter lui procure un plaisir bien plus durable et tangible que la jouissance. Intrigué par son instabilité, je m'attache à son énergie.

J'entre après lui dans un café du faubourg Saint-Antoine, où il a repéré une silhouette susceptible de nous offrir à boire ou un garçon désirable et, qui sait ?, les deux à la fois. Il raconte une anecdote flatteuse qui le mêle à Roland Barthes, se met à développer une thèse contredisant celle qu'il défendait la veille, rit de ses propres trouvailles comme s'il était au théâtre des Deux-Ânes, ressort sans raison voler une pomme aux étals du marché d'Aligre.

Alors qu'on attend d'affronter le maître de go qui trône à l'étage du café du Trait d'Union, rue de Rennes, il vante l'efficacité des concepts lacaniens et de la cure parlée. Le lendemain, au sortir du restaurant universitaire de la rue Mabillon, il attaque la pseudo-science normative qui cherche à culpabiliser l'homosexualité. Je ris. Comment peut-on être contre la psychanalyse et se présenter comme son palladium à la fois ? Mon esprit de synthèse ayant sombré avec mes réflexes de lecture, je ne suis pas de force à remettre ses discours à l'endroit, mais pressens qu'ils ne tiennent pas.

Ma résistance excite Roland ; il redouble d'efforts pour me convaincre de l'ineptie de mes objections. Je dois trouver de nouveaux arguments pour ne pas perdre la face, m'enlise une fois sur deux, progresse à tâtons. Le matin, j'ai droit à des regards complices et des propos obliquement flatteurs qui m'entretiennent dans l'idée de mon envol. Le soir, j'ai perdu tout intérêt à ses yeux. Mes idées n'arrivent jamais à la cheville des siennes, qui sont avant tout des dégoûts conceptualisés : Roland doit être seul à penser ce qu'il pense, bien qu'il tolère mal que j'aie un avis contraire aux siens. Je m'éloigne à nouveau de cette contradiction vivante.

Roland est le premier à me faire signe, le lendemain. Mécontents en se quittant, nous nous retrouvons sur la même longueur d'onde. La séduction réopère, on se surprend à rire des mêmes choses, c'est « Ni avec toi, ni sans toi ». J'ai conscience d'être dominé, mais je préfère cela à dominer médiocrement : plutôt être fille parmi les hommes que la réciproque. L'ersatz de supériorité que les femmes m'offrent à l'occasion ne m'intéresse plus, je n'en veux qu'acquise et méritée.

Nous nous découvrons une détestation commune pour les gens *obscènes* moralement, les « belles âmes » qu'exécrait Nietzsche, les barbus et les fumeurs de pipe. Mais que puis-je répliquer, quand Roland donne les jeunes Allemands pour cent fois plus beaux que les Italiens, ces êtres *huileux et veules* ? Je n'ai pas assez voyagé pour pouvoir évaluer des populations entières ; mes goûts restent trop indéfinis pour que je sélectionne des milliers de jeunes candidats dans une telle « rafle » érotique.

Il a une personnalité, je dois m'en faire une.

Roland peut damer le pion à nombre d'interlocuteurs, mais il n'arrive à mettre sur le papier ses idées qu'au prix d'un terrible gâchis d'énergie : j'ai tant vu mon frère Pierre reprendre son roman que cette paralysie m'émeut. Ceux de ses camarades qui ont l'heur d'écrire suscitent sa fureur aussi bien que ses flagorneries. L'empathie l'emporte chez moi, devant les tortures que lui inflige la moindre page à écrire. Je m'attache à Roland, cette force qui va, sans savoir où ni pourquoi.

On le trouve étrange, ou irritant – les deux attitudes étant compatibles, j'en suis la preuve vivante. Mais cet inconfort m'intrigue, il a un goût de piment, d'aventure, de transgression. Le bonheur me semble sans profondeur, depuis mon aventure sans suite avec Arlette. L'inconfort qu'entretient Roland m'intéresse déjà plus, lui qui me pousse à me défaire des automatismes de ma génération. En l'écoutant, j'ai l'impression d'avoir dormi longtemps : on m'attrape par l'ouïe.

Avec son mauvais goût et son énergie, Roland me semble à vrai dire plus réel qu'Arlette, incarnation gracile d'une harmonie sans poids. Il a beau être infiniment moins généreux, il existe *vraiment*, sa lourdeur même le fait consister à mes yeux. Il s'impose à chaque instant, même quand je rejette ce qu'il dit.

On l'invite volontiers pour sa culture composite, stressante, bizarre, son esprit permanent de contradiction, ses liens épisodiques avec les écrivains dont on parle, les livres qu'on l'imagine faire un jour. Roland change la mie en mots et le fromage en idées ; c'est le miracle de Cana, sans les Noces.

Nous remontons la rue Saint-Séverin, au sortir d'une rencontre dans les sous-sols de la librairie Maspero. Arrivé devant la pâtisserie tunisienne faisant l'angle avec la rue de La Harpe, Roland frappe chez la compagne de Jean-Edern Hallier, une avocate renommée, en se rappelant avoir besoin d'un conseil juridique. Nous passons l'après-midi avec l'écrivain, qui vient de publier *Le premier qui s'endort réveille l'autre*, le roman d'un inceste entre frères, avant d'aller dîner au restaurant universitaire de la rue de Tournefort, un bouillon infâme où l'on croise un militant du Comité d'action des prisonniers. Le lendemain, je retrouve Roland rue de Vaugirard, chez un Michel Foucault jovial, à fêter le prix Médicis d'un tout jeune écrivain aux cheveux blond platine, aux côtés d'Hervé Guibert, de son ami Matthieu Lindon, le fils de l'éditeur, et de Daniel Defert, le compagnon du philosophe. Ce dernier nous reçoit comme si nous étions attendus. En acceptant le verre qu'il me tend, je m'aperçois que son appartement dépouillé n'est peuplé que d'hommes, pour la plupart jeunes et beaux ; ce parterre autour du maître a quelque chose de grec.

Le marché d'Aligre, où je vendais *La Cause du peuple* deux ans plus tôt, reste le meilleur point de rencontre, durant le week-end. Je retrouve Roland parmi les bibelots 1900 qu'un couple de garçons vend à même le sol. Impossible d'approcher ces chineurs sans déclencher des flots d'acidité ; leur méchanceté réduit à néant toute personne évoquée ; l'homosexualité est encore volontiers caustique, parfois misogyne, souvent stérile à force d'abondance.

On s'éloigne pour frapper à la porte d'un obsédé terré dans un entresol de la rue de Charenton qui lui sert de local commercial et qui déborde de films X et de tout un attirail gymno-érotique. J'échappe de peu au traquenard pour prendre la direction du marché Saint-Germain, où j'achète de l'anis étoilé à une marchande des quatre-saisons martiniquaise, délicieuse et ridée ; enfin j'emprunte les lignes 7 et 9 jusqu'au métro Ranelagh pour aller avec Roland prendre le thé chez un fils de famille, sur le visage duquel je retrouve instantanément les traits de sa mère, que je ne connais pas : je découvre Jean Genet, à travers *Le Journal d'un voleur*, en passant la nuit chez lui, mais Genet est encore trop littéraire pour moi.

J'en viens à croiser toutes les déclinaisons d'une homosexualité que l'imagerie militante et la machinerie commerciale n'ont pas encore homogénéisée, avec ses universitaires à gilet et ses voyous duplices, ses chéries hautaines et ses tapettes surexcitées, ses érotomanes tristes et ses gigolos qui longent le drugstore Saint-Germain, un sourire obligé aux lèvres.

Roland et moi évoquons les billes affolées d'un billard électrique. Nous pouvons parler à vingt personnes par jour, notre temps n'est jamais compté : c'est l'énergie aléatoire d'alors, étrangère à toute forme d'utilité. Chaque rencontre nous propulse vers une autre qui empêche Roland d'épuiser la précédente et donc de s'en lasser. Déjà il lui faut impressionner, contredire, troubler, partir en quête d'une victoire mentale ou d'une brève conquête sexuelle.

Sa vie ressemble à la danse d'un crabe. Je cours comme un lapin d'un bout à l'autre de la plage.

Je deviens le compagnon favori des déambulations de Roland, cet insomniaque qui préfère parcourir trois kilomètres à pied que prendre le bus, et sauter les portillons du métro qu'héler un taxi. Sans argent, Roland emprunte ici, fait du troc là, improvise en permanence sa survie en vagabond mal luné, peu fiable et non policé, mais curieux, intrigant, jamais indifférent. Le vivier naturel de ce neveu de Rameau est vaste : des milliers de gens dans Paris se lèvent encore sans savoir quoi faire de la sainte journée. Le matin se passe à décrocher des invitations à des fêtes, des concerts, un dîner, toutes sortes de combines et de passe-droits qui permettent de surseoir à l'abolition prochaine de l'argent, à laquelle personne ne croit plus. A chaque heure, une rencontre, un appel, une rumeur peut ouvrir dans ce temps extensible des chaînes de possibles, misérables ou luxueuses.

Je le rejoins dans les sous-sols du Centre Pompidou pour suivre le dialogue de sourds qui oppose Maria-Antonietta Macciocchi, une Italienne maophile, et Emmanuel Le Roy Ladurie, l'historien récalcitrant du climat. Nous gagnons ensuite le Châtelet pour longer la Seine à pied, passons par le jardin des Tuileries pour prendre la température érotique des bosquets, rejoignons enfin la rue de Tournon pour dîner chez un savant atomiste qui a participé à la fabrication de la bombe A, en compagnie d'un mathématicien-philosophe qui déverse sa colère contre ses collègues, si prompts à l'intrigue, si sourds à la pensée critique.

Le dîner fini, Roland m'entraîne place du Panthéon, près de laquelle Verlaine a vécu ses années les plus alcoolisées, en se moquant de notre hôte et de ses invités. Arrivé devant l'Hôtel des Grands Hommes, il évoque l'arrivée de Rimbaud, venant de Charleville, son séjour chez Forain, qui lui ouvrit son atelier, enfin l'étron que le Voyant lâcha dans le verre de lait que le caricaturiste avait amoureusement préparé, pour son dernier petit déjeuner. Enfin nous rejoignons à Mouffetard la chambre de bonne qu'on prête à Roland (il ne dort jamais trois mois au même endroit).

Je m'amuse encore à le contredire, mais je l'écoute intensément. Je ne l'aime toujours pas, mais je me définis selon *ses* arguments, dans l'espoir qu'il m'accorde enfin intelligence et singularité. Il sait beaucoup de choses, et j'aime cela. Sa personnalité détraquée me stimule, je me mets à y croire, en viens à espérer.

Je finis par recevoir une lettre, barbouillée au dos de l'affiche d'un film récemment sorti, *Les Loulous de banlieue*, plus confuse que poétique, pleine de jeux de mots lacaniens – « l'acte des sexes est l'axe des sectes », « quand c'est leurre, c'est leurre », « le moi ne fait pas l'habit, la bite fait le moi »… –, d'allusions à la virginité du Christ, à l'association plaisir/douleur chez Socrate et aux lumpenprolétaires de Marx, dans un style qui doit à la lecture de Tony Duvert – « couler le sang, perler la lymphe, pertes blanches, roses rouges… » et de *L'Anti-Œdipe* – « tout ça pour dire, les territoires, c'est pas vrai, c'est bien des histoires de peaux, de sur-peaux… mon œil vos transversalités », de digressions sur les greffes qui prennent – épidermes, races, rhésus – et celles qui ne *prennent* pas.

Etouffante et elliptique, émiettée et byzantine (mon nom y est écrit de façon tantôt germanique et tantôt moliéresque, *Arnulphe*), cette missive me confère, par sa seule existence dans une époque où l'on ne s'écrit plus, une importance que je ne m'accorde encore que par éclipses. Je ne sais quoi répondre, mais j'ai enfin l'impression d'exister vraiment. Si Roland me reconnaît, c'est que je suis réel.

Il se propose de lui-même d'assister à la première communion de Jérôme, mon petit frère. J'hésite, mais en le voyant argumenter avec Philippe, puis parler à notre père, je m'en félicite : Roland séduit, quand il veut faire preuve d'humanité.

Lui qui n'a que mépris pour la psychologie et déteste les roucoulades publiques auxquelles se livrent les couples, homos ou hétéros, a éradiqué *a priori* toute possibilité d'attendrissement. Sa santé rustique le pousse vers des affrontements élémentaires dont il parvient avec un art consommé à brouiller les vrais enjeux. Mais je ne pense pas qu'on puisse vivre longtemps ainsi. Comme il lui arrive d'être touchant, je veux croire qu'il cache un cœur sous sa cuirasse d'acier. Convaincu de sortir de l'ordinaire des garçons qu'il lève, au hasard de ses dérives, je parie que la machine célibataire finira par s'emballer ; même les samouraïs ont besoin de recrues dans leur armée.

Mes airs androgynes attirant les deux sexes, j'ai pris l'habitude de plaire : je n'ai plus d'autre effort à faire, depuis un temps, qu'à repousser ceux et celles qui ne me disent rien, ou à approuver leur désir, quand ils savent attiser le mien. Pris dans le faisceau de regards qu'ils tissent autour de moi, je me laisse plus ou moins porter ; cette fois je désire *en mon nom*. Je veux plaire à Roland, j'en ai besoin même, les autres me semblent fades en comparaison.

Le devinant, Roland fait plus que jamais sonner ses paradoxes à mes oreilles, comme le rémouleur agite ses clochettes à la volée. Il lutte contre ce qu'il appelle mes *préjugés*, mais ce bruit permanent ne m'aide pas à me construire ; Roland pense trop « Marat-bout-de-ficelle » pour me permettre d'organiser mes propres idées. Le reste est tabou.

Un jour, il évoque la possibilité qu'on prenne un appartement ensemble, le lendemain il me fait brutalement comprendre qu'il n'a plus aucun désir pour moi. « C'est tout de même plus fort avec une femme », a-t-il marmonné, la seconde fois où l'on a couché ensemble ; or il n'en touche jamais, hormis de temps à autre la sœur d'un ami, qui a eu le malheur de tomber amoureuse de lui et qui en souffre, psychiquement.

Le matin, Roland vante ma disponibilité sexuelle à son ami mathématicien, le soir il me met en compétition avec un petit blond insignifiant qu'il ramène dans l'appartement de Merri Jolivet, avant de me rejoindre sous la douche pour entonner « La Marseillaise », qu'il parvient à rythmer avec ses couilles – une, deux, une, deux…

C'est la chanson de Roland, d'un comique grinçant.

Jamais on ne passera une nuit entière dans le même lit, il préfère me faire coucher avec ses amis. Je me retrouve sous les draps d'un acteur que je ne désire pas, l'un des « clous » d'une troupe en vogue, ou en contrebas du Sacré-Cœur, accroupi sur le balcon du mathématicien, lequel se tient dans la position de la louve romaine, alors que le soleil se lève dans l'axe de la rue.

Tout le monde tente sa chance ; je trouverais mesquin de dire non, à mon âge.

Plus je me prête à son jeu, pourtant, plus Roland me tient à distance. Alors que je m'en plains, il me lance en croisant les bras, comme le Zampano de *La Strada* : « Mais tu n'as qu'à retrouver tes copains bi ! », presque une insulte dans sa bouche. Comme s'il me déniait le droit de devenir *pleinement* homosexuel pour lui. Comme si je ne méritais pas ce privilège, et à vrai dire ne le méritais pas *lui*.

Cherche-t-il à mettre à mal mes défenses, ou se moque-t-il tout simplement de ce que je peux éprouver ? En me désignant comme *indésirable*, il blesse mon estime et se rehausse à vil prix.

Je commence à perdre pied. Quand je me regarde dans *ses* yeux, je ne vois plus qu'un être sans poids, tout juste bon à être investi. Je n'aurais pas été choqué qu'on paye pour moi, mais Roland n'a jamais rien à m'offrir, même le jour de mes vingt ans.

Me trouvant face à un mur, j'en viens à me dénigrer. Je me reproche d'avoir fréquenté trop de gens moyens, dévalorise jusqu'à mes amis, René et Arlette compris, me montre injuste envers mon propre passé. Le refus de Roland m'atteint si bien que je suis incapable de lui dire clairement ce que je pense, souhaite et attends. Le pourrais-je, d'ailleurs ? Mon inaptitude à répondre aux attentes d'Arlette m'a rendu dubitatif sur mes capacités à aimer. Comme si ce don ne m'avait pas été accordé.

J'entre en sidération. Ce n'est plus moi qui vis, ressens, réfléchis, mais l'effet que Roland *a sur moi*. Je tâche de comprendre pourquoi il m'interdit son corps, tout en cherchant à savoir pourquoi il m'attire autant, alors qu'il ne me plaît pas tant que cela physiquement. Mais si je suis aussi insaisissable que lui, il est plus fort que moi, malheureusement.

J'ai vingt ans, je suis dépassé. Les composantes de ma personnalité flottent, faute de noyau dur capable de les fédérer. J'ai pris l'habitude de plaire aux hommes, depuis mon frère Philippe ; je ne supporte pas de ne pas être désiré par Roland.

Soudain mon orgueil se réveille, à l'idée du rendez-vous qu'il m'a fixé. Je lui pose un lapin et ne le vois plus, cinq jours durant. Le croisant par hasard dans le faubourg Saint-Antoine, je le traite en pédagogue démodé devant un tiers, avec une ironie qui finit par piquer son peu d'humour. Reprenant confiance en mes pouvoirs, je me sens pousser des ailes, finis par me vivre en ange exterminateur, tel Rimbaud face à Verlaine. Roland n'a qu'à me tourner le dos pour que la griserie cesse, que le manque reprenne, que la souffrance s'accuse.

Je ne suis plus capable de me passer de lui : l'aspect artificiel de ses raisonnements les rend obsédants. Ils se forcent un passage, font souche en moi, prolifèrent comme des bacilles, rendent l'erreur plus attirante que la vérité. Philippe avait aussi ce pouvoir, à l'occasion, à ceci près que mon frère voulait m'élever par l'ironie, alors que Roland ne me veut *rien en particulier*.

Il monopolise si bien la discussion que j'ai envie de me boucher les oreilles en le quittant : j'ai atteint ce seuil où le marteau, dilaté par la surchauffe, ne cesse de frapper le tympan. Je réentends sans cesse ses arguments.

Son côté paysan me sidère, son sans-gêne m'effare. Je le vois foncer vers le rayon charcuterie d'un Monoprix, demander à goûter un jambon, puis un autre, afficher une déception ostensible. Il se tourne alors vers les fromages, se bourre d'extraits de cantal et de fourme d'Ambert, toujours en boudant, passe aux rayons « fruits » pour s'empiffrer de kiwis, finit par repartir le ventre plein sans avoir rien déboursé. Il mange avec une telle gloutonnerie que j'en viens à perdre l'appétit. Toutes les saucisses qu'il engloutit dans la rue, tous les poulets qu'il achève dans le métro, les doigts pleins d'huile, me sont ôtés.

Ma maigreur achève de compléter, dans une union presque jamais accomplie, sa pesanteur ; à force de privations, je retrouve la distinction qu'il bafoue chaque jour avec une grossièreté revendiquée : c'est Ariel et Caliban.

La lutte devenant inégale, je me décide à faire enfin quelque chose, dans l'espoir de prouver de quoi je suis capable. Rejetant le dilettantisme intrinsèque d'Arnulf, je m'intime l'ordre de devenir intellectuellement crédible, et m'inscris au département de littérature comparée de l'université de Vincennes. Bâti sur des terrains appartenant à l'armée, l'endroit a été un des creusets du maoïsme puis du féminisme, mais on a cessé de s'y écharper à tout propos, et les cours ne sont plus trop interrompus, dit-on. Recueillant tous les ennemis du cours magistral, dans la foulée du printemps 68, des enseignants souvent remarquables nous initient à la littérature, à la psychanalyse et à la philosophie, non plus en barbons dirigistes, comme dans la vieille Sorbonne, mais en aînés persuasifs animant ce lieu inventif ouvert aux salariés.

Je retrouve en attendant Roland dans un camp de nudistes situé dans l'estuaire de la Gironde. C'est une idée à lui, il a ses habitudes à Montalivet, je veux croire encore à ma chance. Nous sommes en juillet 1975, je me retrouve à dormir sous la tente pour la première fois depuis mon bref passage chez les scouts.

Je ne supporte plus la nature, du fait de mon allergie saisonnière. Les pins m'irritent, les pollens enflamment mes sinus, mes pupilles s'imbibent de larmes en voyant Roland tourner autour d'un jeune Allemand.

Je m'habitue à passer mes journées de mon côté, puis me mets en tête de rédiger un roman dont j'ai tout oublié et qui ne dépassera pas les dix premières pages ; je suis bien trop obsédé par ce que je vis, ou ne vis pas, pour élaborer une quelconque fiction. J'ai beau nier l'affront, je souffre le martyre en voyant Roland saisir le jeune Thomas par la taille pour le soulever de terre, et s'esclaffer avec lui en allemand, comme il le faisait avec moi six mois plus tôt. Et Thomas, frêle, gracile, innocent, de se débattre en riant…

Le soir, au bar, Roland se penche pour lui parler à l'oreille, jusqu'à paraître glisser la langue dans son tympan. Eclairée par une applique, l'oreille de Roland devint rouge et translucide, comme si on l'avait vidée et minéralisée, un rouge fluorescent, quasi diabolique. Je réalise soudain à quelle dépendance je suis parvenu. A force d'élargir ma personnalité à celle de Roland, j'ai fini par me couper de toute source alternative de gratifications. Ce n'est ni de l'amour, ni du désir, mais le mélange frustré et explosif de ces deux sentiments. Un sabre me transperce à chaque fois que je les croise, riant ou se chamaillant.

Roland a beau faire mine d'écouter passionnément Thomas, je sais qu'il n'entend rien, il s'agite bien trop pour cela. Incapable de faire place au jeune Allemand, il cherche à lui imposer à tout prix sa personnalité, avec une énergie qu'il prend pour une relation. J'accusais mon infirmité affective ; j'entrevois la damnation de cet autarcique, incapable de jouir *réciproquement*.

Je me mets à haïr son agitation, son avarice, sa façon de revendiquer tout ce qu'il fait, cette névrose qu'il m'inflige comme si elle était un don du ciel, ce *moi* qui tourne autour de lui-même en sifflant, telle une planète invivable.

Ma fureur s'étend à son corps trop populaire, puis à ces naturistes pansus qui s'accouplent à contre-jour. A cette banalité qui va nue et se croit singulière : paradis pour ses adeptes, enfer à mes yeux.

Sortant de sa tente avec Thomas, Roland fait mine le lendemain de ne pas me reconnaître. Je me vois brandir un couteau, mais où frapper ?, sa cuirasse est sans faille. Après avoir tout détruit sur son passage, ma fureur se retourne contre l'amoureux de Roland, non pas Thomas le candide, mais ce crétin d'Arnulf. La partie non incarnée de mon *moi*, qui s'est rétractée pour faire place à Roland, cesse de me regarder comme un être mineur ; c'est plutôt moi qui la vois désormais comme une forme *mensongère*. J'étais l'otage d'un *alien* cruel ne me jugeant jamais assez intelligent ni désirable ; je me retourne contre cet envahisseur qui a si bien réussi à m'humilier, ce Roland intériorisé qui ne me mérite pas.

Le combat entre ma personnalité retrouvée et l'*alien-Roland* va durer des semaines. La première a beau juger *aberrant* tout ce qui vient de lui désormais, la part de *moi* qui reste sous son emprise continue de me regarder en chien de faïence, de me reprocher ma candeur et mon suivisme. Elle me méprise d'avoir agi de façon si passive et féminine, jusqu'à la misogynie. Elle me traite de « colonisé », avec la rudesse des peuples fraîchement libérés.

Serais-je une fille dans un corps de garçon ou la nouvelle victime d'un psychisme familial malade ?

Les heures où j'arpente la pinède, en larmes, ne m'apportent pas de réponse. Je finis par m'allonger sur un matelas d'aiguilles de pin et serre les dents, comme un fakir à l'entraînement. En voyant un écureuil passer de branche en branche, je décide de rompre, comme si je m'étais déclaré !, et repars seul pour Paris.

Je reçois de Roland une lettre si mesquine que mon sentiment achève de se muer en une haine échappant à tout contrôle. Le Roland intériorisé explose en mille morceaux, ses éclats viennent se ficher dans tout mon corps. Pour contrer ma souffrance, je passe des heures à marcher dans Paris jusqu'à finir les pieds en sang. Je suis parfois si fatigué que je reste dans une cabine téléphonique à parler, en esquissant des ∞ sur mon carnet d'adresses, plutôt que de rentrer dans l'appartement que m'ont prêté des infirmiers de La Borde, à Notre-Dame-de-Lorette.

Pour donner sens à ces dérives, j'imagine la France en guerre, je transporte des documents vitaux pour sa défense. Mais les composantes de ma personnalité brisée reprennent vite leur conflit civil, autrement plus féroce ; des voix s'élèvent pour m'accuser de tous les maux, me reprocher de ne pas savoir vivre ou d'aimer souffrir. Je redouble d'effort pour les faire taire, elles ne sont jamais d'accord sur rien, me renvoient toujours à mon immaturité.

Qui est Arnulf ?

Que désire-t-il vraiment ?

Plus rien ne lui est naturel. Un sentiment d'inanité le poursuit jusqu'au coucher, annulant tous ses efforts, « tuant » ses derniers proches. En décalage constant avec le monde, il simule l'existence, plus qu'il ne la vit : il lui faut se battre les flancs pour écrire encore une lettre ou répondre au téléphone.

Il ne mange plus. Coupé en deux par la douleur, il se regarde frémir avec la froideur de l'enfant qui scie la guêpe qu'il vient d'attraper. Il lui arrive de pousser la porte d'un restaurant, le soir, mais en voyant les groupes rire et les couples s'embrasser, il souffre et reflue : l'enfer n'est rien, à côté de ce qu'il vit.

Il relit une dernière fois la lettre de Roland. Elle est si grossière qu'elle finit par le soulager : il le décrète cent fois trop ingrat pour mériter ne serait-ce que sa haine. Il l'expulse de son cœur et, progressivement, de ses pensées.

Adieu, Roland. J'ai la vie devant moi.

Le cœur est un chasseur solitaire

On est en janvier 1976, je reprends vie.

Je travaille dans l'entreprise du père de mon ami Simon, à porter des caisses de pull-overs. Je quitte le deux pièces des infirmiers de La Borde, dans la rue de La Tour-d'Auvergne, pour un studio que me cède généreusement le père de Simon à Saint-Denis – un endroit si petit que je saisis toutes les occasions de ne pas y rentrer.

Sur mon carnet d'adresses, à la rubrique Nom est inscrit : « Arnulf » et à la section Adresse : « changeante ». Ayant compris qu'il est des musiques aussi efficaces que les drogues, je passe des heures à écouter les albums « décadents » de Lou Reed. Mes veines se gonflent d'héroïne, quand j'écoute *Berlin* ou *Transformer*, leurs *riffs* s'implantent en moi comme autant de seringues : j'aime les messages susurrés par cet ange de la mort qui dit faire des *films pour les oreilles*.

Un jour les pulls du père de Simon se vengent, mon dos cède à la hauteur de la 11e vertèbre je n'ai plus qu'un petit chômage pour vivre. Je vole mes vêtements, mes disques, mes chapkas, les livres que j'étudie, les disques que j'écoute. Je n'ai qu'une vingtaine d'heures de cours par semaine à Vincennes, le reste du temps je dérive dans Paris. J'ai la chance d'habiter une grande ville après avoir grandi « en exil », j'en abuse. L'Est et le Centre abritent encore toute une faune, je ne peux pousser de porte sans tomber sur des gens tordus, je veux traverser le plus de milieux possible : chacun a le don de m'ennuyer, pris séparément.

Je zone. Je marche. Je parle. Je jauge – « la brigade du regard », dira un ami. Je suis à la fois l'éclaireur qui repère, le chef qui s'élance, le fantassin qui tombe, la tenancière qui console. Il y a foule en moi, mais c'est mon lot, je ne veux toujours pas être *quelqu'un* en particulier. Je suis partout où il se passe quelque chose, avec l'impression insidieuse d'être en permanence filmé par une caméra chargée d'enregistrer les moindres faits et gestes de ma génération. Le rôle que je joue est intégralement écrit par l'époque.

J'« acquiers » à la devanture d'un libraire de la rue du Vieux-Colombier *Les Météores*, de Michel Tournier. J'aime ce roman qui fabule autour des liens ombilicaux unissant deux frères. « Chaque enfant singulier ne naît solitaire que pour avoir tué et mangé in utero son frère jumeau », lis-je, troublé. Pour remercier la jeune Grecque qui m'héberge un week-end avec Philipe Krootchey, un Pierrot franco-béninois aux cheveux en ressorts qu'une photo de Pierre et Gilles « fixera » en *Y'a bon Banania*, je retourne chez le libraire afin d'« acquérir » un nouvel exemplaire du roman. Il me surprend, me poursuit, me plaque au sol. Par miracle, j'échappe à la police.

Ma confrontation avec Roland m'a endurci. Je suis décidé à ne plus éprouver de sentiments, l'amour vaut faiblesse à mes yeux. Réprimant toute forme de tendresse, je traite les autres et moi-même comme les joueurs de go que j'affronte rue de Rennes : sans pitié. Quand les gens qui me reçoivent ne m'impressionnent pas, je leur vole un livre ou un objet, par principe. Je suis comme le jeune renard qui regarde avec férocité, au sortir du bois, jusqu'à la main qu'on lui tend, mais qui rêve en secret d'une tanière et d'un garde-manger.

Je passe la matinée dans la chambre de bonne d'un garçon habitant boulevard Voltaire, à parler d'une association de jeunes gays nietzschéens en gésine, sous le nom de Soleil Noir, et l'après-midi dans le plus chaleureux, le plus *gemütlich* des appartements parisiens, celui d'une Allemande venue se réfugier à Paris après que la République fédérale l'a accusée d'avoir servi de relais à la Fraction Armée rouge. Maren Sell vit dans un six pièces situé près du Cirque d'Hiver avec l'héritière d'une riche famille parisienne qui tente de racheter sa chance en travaillant en sous-sol comme sténo-dactylo à *Libération*, dont le capital est constitué en partie par ses dons. Ainsi est-elle à la fois l'actionnaire et l'employée du journal, l'une des moins bien payées en fait.

J'ai encouragé Maren à venir suivre le séminaire d'Hélène Cixous à Vincennes. Les nouvelles de Blanchot, de Kleist et d'Hoffmann sont disséquées au scalpel par une femme qui rêve, sur la lancée de Joyce, Lacan et Derrida, d'inventer une langue littéraire propre à son sexe, où rai(ré)sonnerait en écho l'inconscient utérin. Je suis un des quelques garçons à ressentir la fascination qu'exerce la beauté hautaine de l'auteur de *Là*, ses yeux-poisson soulignés de khôl, son timbre diffus et capiteux qui s'insinue dans la psyché comme un opium, un regard-Néfertiti au service d'une voix-Barbara. Hélène est inspirée. Son *ça* lui dicte tout un tas de visions, des ondes venues du cosmos la font entrer en vibrations, tous les livres du monde la traversent, comme les langues de la Pentecôte : les Vincennoises l'écoutent, médusées. Un scribe délicieux consigne ses visions sous la dictée quand elle rentre à la maison. Je plais à Salim, pourtant c'est Hélène qui m'arrache un baiser devant témoins.

Plusieurs filles tombent secrètement amoureuses d'Hélène, tandis qu'elle traque les non-dits dans *L'Arrêt de mort*. Ruza, qui a fui la Yougoslavie de Tito, lui expédie des caisses de Clairette de Die étiquetées à son nom, « Cuvée Hélène Cixous ». Embauchée en arrivant à Paris par la patronne du Katmandou, *la* boîte pour filles, puis hébergée par elle dans une chambre de bonne, Ruza habite un studio qui donne sur la place de Barcelone, si petit qu'il lui faut replier le lit chaque matin. Elle ne vit que pour assister au séminaire de son idole, dans ces bâtiments en préfabriqué où Sappho charme, envoûte, rayonne.

Beaucoup de ces Vincennoises viennent chez Maren danser sur de vieux standards latinos actualisés par Carlos d'Alessio, que les films de Duras ont relancé ; chacun se rêve l'égal des beautés chlorotiques qui errent, dans une *chaleur mortelle, entière,* sur le balcon d'une villa donnant sur le Gange – en vérité la Seine – dans *India Song*, avant d'esquisser un pas de tango lent au bras d'un ambassadeur somnambule. Hélène part : elle ne supporte pas le culte qu'on rend à cette grande prêtresse rivale, dont la gloire occulte sa propre révolution. Elle est Gaia, la déesse-mer, celle qui sème en s'aimant, ses oracles sont les bons.

Un soir que je dîne rue de Franche-Comté, Maren évoque en riant notre mariage à l'église Saint-Sulpice. C'est une de ces hypothèses improbables qu'on aime alors agiter, mais elle me trouble : Maren ne veut pas que je finisse avec un « méchant » pédé, et je ne veux pas de son refus.

Un brouillard me gagne pourtant, quand j'essaie de lire dans mon avenir. Le désir des femmes me flatte, mais il ne me surprend plus tellement ; celui des hommes me trouble et m'implique bien plus profondément. Je peux désirer les premières, fortement même, leur personne ne s'impose pas à moi, leur être reste en retrait, comme derrière un film – Maren est belle pourtant.

J'ai grandi sous le regard de frères aînés plus que définis ; ils savent en permanence ce qu'ils aiment, pensent ou rejettent. Ils ne négocient rien de ce qu'ils sont, c'est à prendre ou à laisser. Les femmes, à l'inverse, me semblent attendre l'amour pour savoir quoi penser (une telle généralité me gêne, rétrospectivement, mais la taire m'embarrasserait tout autant). Elles ne sont pas tout à fait réelles à mes yeux, faute d'exister *en soi et pour soi*. Elles me semblent la résultante des désirs d'autrui, autant que de leurs propres attentes ; si virile par certains aspects, Arlette elle-même n'espérait finalement qu'enfanter.

Quelques-unes me croient romantique, devant mes cheveux longs et mes cils courbes, mais il existe peu d'hommes de ce genre, hormis dans les romans. Je n'ai pu éprouver de sentiment profond pour Arlette, si bienfaisante pourtant ; je suis à l'inverse tombé amoureux de Roland, et de tout mon poids. Je crois les femmes infiniment plus abondantes que les hommes, affectivement, mais cet avantage ne joue pas en leur faveur. Leur domination est si visible, leur supériorité si écrasante que j'ai peur en secret de leur caïdat amoureux. Mieux vaut se ranger sous la coupe d'un chef de bande, en prison, dit quelque part Genet ; rester seul, c'est avoir des centaines de détenus à affronter ; je préfère cette multiplicité à la monogamie.

L'humanité des femmes les pénalise donc, dans mon esprit. Je suis plus attiré par la dureté des hommes, qui m'oblige à me « muscler » moralement. Et la rue, où je vis la plupart du temps et où je fais mes classes humainement, est le territoire des hommes. Ils s'y sentent chez eux, plus qu'à la maison. Sur ce point, je suis vraiment l'un d'eux.

Animé jusqu'à l'exubérance, le pavé parisien est alors le paradis du libre-échangisme. Toutes sortes de faunes s'y croisent, l'apartheid social et le tourisme mondialisé ne l'ont pas encore vidé ou stérilisé. Des bandes s'activent dans la plupart des quartiers : amateurs de cocaïne ou de films *underground*, punks en quête de concerts et parasites cherchant une « invite », *dandys* chinant dès l'aube aux Puces ou voyous en maraude, tous les secteurs de la ville sont sillonnés par des agrégats mobiles pratiquant des formes actives de marginalité. Drogués revendant les objets qu'ils volent à leurs victimes, fugueurs coupant avec du bicarbonate de soude la *dope* qu'ils extorquent à coups de lame, resquilleurs de tout ordre entrant au cinéma par les sorties de secours et quittant les restaurants au pas de course, meutes anticipant d'un coup de reins la fin de la propriété…

Beaucoup de ces bandes convergent le week-end vers l'Olympic et l'Entrepôt, les salles de cinéma que Frédéric Mitterrand programme dans le XIVe arrondissement. Le spectacle y est permanent. On peut y voir à toute heure les longs métrages de la nouvelle vague allemande (Fassbinder, Schmidt, Herzog), les films expérimentaux de Kenneth Anger et les kammerspiels d'Adolfo Arietta, mais aussi, le week-end, de minuit à l'aube, des films de science-fiction des années 50 et des comédies musicales égyptiennes, aussi crémeuses que des gâteaux de mariage.

La foule afflue dès onze heures, dans l'espoir de passer la nuit au premier rang, jambes saucissonnées dans une couverture. *Dealers* de poudre et *night-clubbers*, esthètes que la scène *gay* attire et enfants dévoyés du VIIe arrondissement prennent leur tour dans la queue. De toutes les manifs et de tous les concerts, grâce à ses réseaux exponentiels – je l'ai vu s'indigner de ne pouvoir entrer *gratos* à un concert de Lou Reed, un mois plus tôt –, Charlie Najman arrive entouré de lolitas au sortir de la Closerie des Lilas : avec son charme inné, sa bouche pulpeuse, son sens envahissant du plaisir, ses brèves bouderies et ses colères sans suite, il m'évoque le Mick Jagger de *Sympathy for the Devil*, dont il imite à merveille la danse du croupion.

Menée par un géant mutique dont le premier lieutenant a la maigreur de l'aîné des frères Dalton, une bande de voyous vient rituellement jouer les trouble-fête, passé minuit. Ayant pour règle ne jamais payer, Rodolphe, dit Gros Débile, Titus et Blaise se postent devant Frédéric Mitterrand en exigeant « leurs » démarques. L'animateur leur refuse à chaque fois l'entrée, avec un courage qui surprend. Ils insistent, menacent en verlan, rien n'y fait. Rejointes par Erik et Bibendum, leurs troupes se mettent à rouler des mécaniques dans l'espoir de faire craquer Frédéric Mitterrand, mais s'arrêtent toujours avant l'affrontement physique, comme si le plaisir de jouer les mouches du coche l'emportait sur tout.

Le face-à-face peut durer une heure ou trois, le neveu du *leader* socialiste tient bon : c'est son cinéma, il s'est endetté pour l'ouvrir, il ne sera pas Maspero dont la librairie a coulé sous le poids de vols, il *faut* payer son ticket.

Frédéric Mitterrand a décidé de rendre hommage à Marilyn Monroe en produisant le show de Marie-France, la plus glamoureuse des travestis. L'affiche est si tentante que la bande parvient à se faufiler dans la salle. Frédéric s'empare alors d'un balai ; Rodolphe, son lieutenant Petit Deb', Titus et Blaise ressortent sans livrer bataille dans la rue Francis-de-Pressensé, puis s'éloignent en direction de Montparnasse en quête d'un autre « plan », avant de se retrouver à l'aube devant la boulangerie de la rue Raymond-Losserand qui sert des croissants sortis du four. Le masochisme d'acier de Frédéric a encore eu raison de leur sadisme mou.

Ce sont des voyous un peu particuliers. Les parents de Rodolphe habitent près de la place du Trocadéro ; proches de Jean Cassou, le conservateur en chef du musée d'Art moderne, ils passent pour avoir des Picasso aux murs. Un QI d'ours brun, Blaise est le fils d'un député gaulliste influent, Erik vient d'être le second assistant de Robert Bresson sur le tournage du *Diable probablement*. Immanquablement vêtu en boy-scout des années 40 – short de velours beige, brodequins à languettes, badge à l'effigie de Staline, de Franco et du maréchal Pétain –, Titus ne fait peur qu'à son ombre. D'immenses dents de rongeur plein la bouche, cet intarissable ouistiti, maigre, vif et petit, a pourtant fait trois mois de prison pour avoir caillassé des flics au festival de Palavas-les-Flots, ses jambes trop courtes en ayant fait une proie facile. Fils d'un chauffeur de taxi et d'une concierge de banlieue, dans mon souvenir, Titus ouvre en toute occasion un Portfolio rempli de clichés le montrant en hippie, en voyou, en motard, mais aussi en GI américain, en poilu soviétique ou en officier nazi lançant des grenades au sortir d'une tranchée, sous le titre « Titus au service du peuple », « Titus meurt pour la France » ou « Titus fait des merveilles à Oradour ». Comme s'il avait été sur tous les fronts, durant la Seconde Guerre mondiale, pour mieux voir l'horreur…

Titus rêve d'être exposé, pense déjà au mouvement artistique qu'il baptisera « En avant comme avant », noie ses attentes d'une gouaille de titi relevée d'une dérision quasi warholienne.

Paris abrite des voyous plus sérieux, que je croise au hasard de mes dérives. Les Hell's Angels sont connus pour la brutalité des raids qu'ils mènent, au guidon de leur *chopper*, depuis leur bar-QG du XIXe arrondissement. Ils se font tatouer dans un tout petit local de la rue de Lappe, vivent, dorment et se délassent avec leur Harley, comme les héros du *Scorpio Rising* de Kenneth Anger. D'une grande beauté patibulaire, leur chef Dany la Lame en impose quand il s'avance, torse nu sous son Perfecto, le sexe moulé par un jean usé jusqu'à la trame, ou qu'il se retourne pour faire valoir l'aigle de cuir qui vole dans son dos. Lui aussi a des connexions *arty* à travers l'aîné de mon ami Simon, autre *byker* avec Olivier Mosset, le héraut de la Radical Painting. A force de me voir hanter les lieux mal famés, Rouquin, le second de Dany la Lame, me surnomme Trompe-la-Mort, évoquant à la fois mon indifférence aux risques et ma minceur.

Dany la Lame est secrètement amoureux de Maria, belle Kabyle qui vit à l'année au Stella, un petit hôtel crapoteux voisin de Polidor, la brasserie que Verlaine fréquentait, rue Monsieur-le-Prince. Mais les seins de Maria, tendus sous la maille, font rêver la bohème, et Maria est généreuse de son corps. Dany la Lame souffre autant qu'un avaleur de sabres, lui qui brûle d'avoir sa sorcière pour lui seul. On le retrouvera sur les rails du métro Stalingrad, le corps coupé par la rame.

La bande des Abbesses fait peur elle aussi, comme celles de la place des Fêtes ou des Arènes. Leurs membres vous attendent au coin d'une rue, couteau dans la paume, pour vous dépouiller de votre blouson de cuir, de vos bottes de pompier et de vos *jeans* et repartent en vous laissant cul nu, arborant dès le lendemain ces trophées devant vous, comme si de rien n'était. Ce ne sont pas que des brutes ; grand lecteur de Céline, mi-dandy mi-anar, détestant le travail et citant volontiers Rimbaud, parlant aussi bien le verlan que le louchebem, l'argot des forts des Halles, le leader des Abbesses influencera durablement Robert, le fils d'un marchand de légumes de la rue Ravignan que le cinéma révélera sous le nom de Fabrice Luchini.

Ce Paris d'en bas et celui d'en haut se frottent dans les concerts où j'accours, des halles de Pantin au théâtre Déjazet. Le premier trouve toujours les moyens de déborder le service d'ordre pour entrer gratuitement, malgré les chiens et les matraques (il peut jeter des grenades lacrymogènes dans l'enceinte du Bataclan, afin de forcer les gros bras à ouvrir les portes), le second affiche sur les revers de ses vestes Cerutti une invitation *backstage* frappée du signe KCP, Koski-Cauchois-Production. Le mélange s'accélère en coulisses où *roadies*, *snobs* et *groupies* échangent boissons et substances tandis que Patti Smith ou Little Bob Story, Mink Deville ou Dc Feelgood affrontent la salle en Titans d'un soir.

Les premiers groupes punks viennent d'apparaître sur la scène du Gibus, à la République. Surgis des fanges londoniennes, ces groupes ne se contentent pas d'annoncer la fin du monde dans une esthétique que popularisera *Mad Max*, ils l'anticipent dans un climat d'apocalypse sonore en crachant sur leurs fans, qui se bousculent comme des bouteilles dans une cale. Ce n'est qu'après avoir insulté les journalistes présents et avoir plongé tête la première dans la foule – *slam !* – qu'ils recevront leur comptant de mollards et de coups.

Certains hôtes sont assez riches et naïfs pour leur ouvrir grandes leurs portes et sabrer en leur honneur le champagne, comme s'il s'agissait des Compagnons de la Chanson : je pense à l'héritière du roi bolivien de l'étain dont la salle de bains sera massacrée en un éclair par des spectres couturés d'épingles à nourrice, nous laissant barboter dans un lac de crème parsemé de bris de verre.

Mais les messages haineux des idoles à crête me touchent moins que la dérision subtile, nuancée, lyrique, d'une Edith Nylon. Connue pour des titres comme « Avorton », « Chromosome XO » et « Hydrostérile », la chanteuse étrenne agressivement son unique succès durable, lors d'un concert mémorable au Bataclan : « Je suis la femme bionique / Artères antistatiques / Perruques en nylon /Utérus en Teflon. » Las de s'échanger des coups fictifs, ses fans au sexe indécidable, une fois dehors, se mettront en quête des fêtes qui se prolongent jusqu'à l'aube, aux quatre coins de la capitale. Chez Huguette Spengler, une galeriste qui donne des *parties* sur sa terrasse, sous les ailes du Moulin-Rouge, dans une inimitable atmosphère de fin du monde, je remarque le métis que tente d'intéresser Princie Baroda. Autrefois richissime, Princie Baroda n'est plus qu'un maharajah ruiné arborant des rivières de pacotille sur des saris en lamé, une note orientale précieuse dans la décadence ambiante. Si lui-même a du mal à régler ses whiskys sour, c'est que l'Apocalypse approche *pour de vrai*.

Alain, Martiniquais haut et fier, vend de la poudre le jour et, la nuit, rejoint le patron d'une boîte des Champs-Elysées pour lui passer un collier de chien en l'attachant à quatre pattes à un radiateur, afin de lui administrer cent coups de fouet puis de le fourrer. Je l'entraîne dans un défilé de mode géant au théâtre du Châtelet, le quitte pour assister à un débat sur les dissidents soviétiques dans l'auditorium de la Fnac de la rue de Rennes, puis le retrouve dans un concert punk au palais des Glaces, dans le faubourg du Temple. Je parviens à l'attirer dans les jardins qui bordent le canal où il se laisse faire.

Ces transhumances assurent une forte pollinisation sociale ; le goût des riches est porté aux pauvres dont les mœurs atteignent en retour les privilégiés. Chacun s'encanaille et s'anoblit à la fois ; d'authentiques aventuriers s'élèvent en escamotant les frontières sociales, les fils à papa s'envoyoutent : élégance marginale et dandysme *trash*, à l'image de l'avant-Révolution ou du sortir de la guerre de 14-18. Le comte de Saint-Germain, dont la longévité prétendue fascina le Paris de Louis XVI, aurait aimé cette atmosphère (l'amant en titre de Dalida, très présent la nuit, affirme en être la réincarnation), comme Maurice Sachs, le ludion diabolique du Bœuf sur le toit : j'entends battre le cœur amphétaminé de la capitale sur plusieurs siècles.

Le mélange a ses accélérateurs. « Représentant personnel d'Andy Warhol à Paris », Joël Le Bon donne des verres où se croisent jeunes gouapes et fils de magistrats, rue des Grands-Augustins. Proche d'Yves Saint Laurent et de Pierre Bergé, alors à la tête du théâtre de l'Athénée, Joël aimerait me voir tenir le rôle principal d'*Equus*, la pièce de Peter Schaffer (un adolescent y crève les yeux de tout un tas de chevaux fous), alors que je ne prétends à rien dans ce domaine (je préférerais jouer un rôle éphémère dans sa vie). J'abuse de son hospitalité en suivant dans sa chambre un Black qu'il me présente, aux chevilles aussi fines que ses fesses sont bombées, avant de retrouver au salon une décoratrice entre deux âges, qui m'interroge avec une politesse exquise sur ce que j'ai pensé du *M. Klein* de Losey.

Tourbillon de fêtes, de générales, d'*after*, d'*off-off*. Période somnambulique et snob. Victime d'un irrésistible effet « lavabo », j'ai l'impression flatteuse de connaître plusieurs existences dans la même journée. Mes dons d'adaptation s'exaltent devant les mille déclinaisons humaines qu'encouragent les deux rives. Privé de tout repère, sans être cher à qui me raccrocher, j'arpente la capitale en quête des types humains les plus bizarres. Les tigres ne connaissent que la savane, les ours blancs que la banquise, le citadin s'adapte. Il peut dormir dans les égouts comme sous les combles, courir après la célébrité ou se satisfaire de la misère, se saouler au picrate ou aux concepts. Mi-paysan de Paris, mi-anthropologue improvisé, je me consume dans une observation sans fin de la plasticité humaine.

J'assiste à la première de *Loretta Strong* où Copi, drapé dans une robe Yves Saint Laurent de 1962, dardant des seins agressifs en plastique noir, se plaint de voir son frigidaire pillé par un homme invisible décidé à pénétrer sa « vagine » à coups de pic à glace. Célèbre pour ses pièces bouffonnes et ses dessins bizarres dans *Le Nouvel Observateur*, Copi vient de publier *Le Bal des folles*, un roman drolatique tout entier situé dans un sauna de la rue Sainte-Anne, l'artère abritant toute la vie rose de Paris. Il est entouré d'une bande de garçons dont Roger, un ami congolais, et Philippe Krootchey sont les piliers. La journée de Copi étant consacrée à cuver le vin blanc et les drogues dont il abuse la nuit, on ne sonne jamais avant quatre heures de l'après-midi à la porte de son petit appartement, en retrait de Pigalle. Filiforme et osseux, l'acteur-auteur-dessinateur nous reçoit tout barbouillé au lit en balbutiant quelques phrases comateuses, comme cette Femme assise qu'il met hebdomadairement en scène dans *Le Nouvel Observateur*. Du babil initial finissent par émerger des phrases étranges, qu'un accent à couper au couteau rend à la fois comiques et incompréhensibles.

J'aime parler à Copi, les amphétamines me rendent bavard. Son sens suraigu de l'absurde le condamne à une forme permanente d'autodérision, qui le vide en retour de toute substance apparente – Copi signifie *poulet* en argentin. L'effroi se lit parfois dans ses yeux quand le jour vient à tomber, quelques heures seulement après qu'il s'est « levé ». Le filiforme Copi ouvre alors les rideaux qui donnent sur un immeuble où une dizaine de filles font en alternance des passes, reste à contempler leur manège, se perd dans son propre brouillard, je m'attends presque à le voir pleurer. Mais la tristesse n'est qu'un des masques derrière lesquels ce pierrot lunaire protége sa frêle trajectoire terrestre.

Il est six heures du matin, je sors d'une nuit blanche à l'Olympic, je *shoote* dans une cannette de bière rue des Thermopyles, je n'ai plus grand-chose en poche. Je ne suis pas heureux, ne me le dites surtout pas. Je ne sais même plus où dormir, au moins je n'obéis à personne, je suis mon seul maître. Trois heures plus tôt, j'étais à fumer de l'herbe avec Alain le Dealer derrière la Banque de France, avalant sa fumée puis son foutre, mais peut-être ne le reverrai-je jamais, rien ne dure sous ce soleil-là.

Le petit Guy, un garçon qui zone aux alentours de l'Olympic, me dit que je pourrais toujours venir habiter chez René Scherer, un philosophe d'une raideur délicieuse à qui l'on peut parler de tout (il est parfaitement sourd) sauf de son frère, le cinéaste Eric Rohmer, personne ne sait pourquoi. L'auteur de l'*Emile perverti* habite un appartement de la rue d'Alésia où dort déjà Alex, dont la très jolie tête de renard me trouble : René Scherer ouvre grandes ses portes à tous les fugueurs. J'ai de nouveau un lit, c'est pour moi l'équivalent du luxe, je grignote un sandwich grec en dévisageant la Jeanne d'Arc de plâtre qui trône sur le balcon. La vie est belle à nouveau.

Je passe mes nuits rue Sainte-Anne, dans l'unique boîte à accepter largement les filles et les Noirs – le Colony est réservé aux petites folles en chemise blanche, tout comme le Bronx, où s'ouvre la première *back-room* parisienne dans une odeur de poppers, d'urine et de parfum bon marché. Elitiste, une boîte comme le 7 choque les militants homos, qui voudraient voir ces lieux s'afficher au grand jour. Décoré de tubes fluo violet, rose passé et vert pomme, qui clignotent en alternance au sous-sol, mis en abîme par un jeu de glaces et parsemé de tableaux d'Emmanuel Pereire, le 7 mêle avec grâce des gens qui se sont fait un nom dans la presse, le spectacle ou la pensée, et d'autres qui ne peuvent entrer que là – *drug dealers*, beautés blacks, héritières déjantées : « Embarquez-moi ce travelo ! », ordonnera un commissaire de la Mondaine lors d'une descente, en voyant une authentique princesse de B… faire état de son titre. La sélection est physique, non monétaire. L'épouse nicaraguayenne du *leader* des Rolling Stones y croise le Capitaine Capta', un fournisseur d'amphétamines à la banane huileuse de rocker. Fils de famille voyant sans angoisse arriver les fins de mois, parasites habiles à franchir portes et fenêtres, banquiers justifiant des salaires considérables par des contacts épisodiques avec des familles fortunées, beaux garçons à qui leur charme, leur influence ou leur talent en devenir attirent des protecteurs très dotés, à l'image d'Helmut Berger, l'amant-interprète de Visconti et l'une des créatures les plus méchantes que la Terre ait portée, mille sorte d'oisifs s'y retrouvent.

Je traverse le bar éclairé par ses bouteilles, puis le restaurant bondé où l'on dîne jusqu'à tard, bercé par les incantations de Fabrice Emaer, le maître des lieux qui accueille ses « chouchous » d'un légendaire *Champagnisez ce bébé de rêve !* Mais ni Roger, l'ami congolais, ni moi-même n'avons encore droit aux faveurs de ce Louis XIV gigantesque qui aurait fait ses classes chez Michou. En descendant au sous-sol, face au petit bar, je gagne la piste où les danseurs se frappent à coups de hanches. Derrière une paroi de verre, les platines sont tenues par un eunuque originaire de Cuba dont la tête rase et brune luit comme un galet sous l'éclat de la boule disco. La sono fait vibrer chaque bourrelet de Guy Cuevas-Caryon, que sa connaissance très fine du disco et de la soul, à travers l'écurie Tamla-Motown, va imposer comme le premier *disc-jockey* parisien.

Pris par les syncopes des mannequins noirs, dont les épaules et les jambes se meuvent en rythmes contradictoires, je danse les yeux mi-clos « Isn't she Lovely ? », « I Love to Love you, Baby » et « Back of Boogaloo », les hits de Stevie Wonder et de Donna Summer, que je rebaptise Dame Eté. Mes jambes deviennent aussi souples que des coupons de flanelle, je ne distingue plus grand-chose dans la pièce enfumée, sinon une odeur sure, un ragoût de sueur et de phéromones. Le mélange de peaux, de couleurs et de sexes engendre un climat de préorgie virtuelle. Je retiens mon envie, il est quatre heures du matin, je ne peux plus m'arrêter de tourner et de sauter, Bianca Jagger s'approche de moi en faisant rouler sa croupe, mes fesses se mettent à heurter en cadence les siennes. Personne n'est moins farouche que cette Nicaraguayenne au nez indien dont les seins tendus me troublent.

Les toilettes, en bas de l'escalier, sont hantées par un dragon qui s'exhibe à la fête des Loges, le corps ocellé de taches peintes au brou de noix, sous l'égide d'un Monsieur Loyal hurlant : « Trouvée dans une forêt, fille d'une panthère et d'un humain, exemplaire unique ! » En l'entendant évoquer ses spécialités érotiques

« maison » avec une gouaille obscène, je me persuade que Paquita est née dans une baraque à *strip-tease* du boulevard de Clichy et repars danser une nouvelle heure.

En ressortant à l'aube du 7, en direction de l'avenue de l'Opéra, je touche à l'extase. J'entends chanter les premiers oiseaux en atteignant le Royal Opéra, le café qui fait l'angle avec la rue des Pyramides, un repaire de gigolos et de sourds-muets qui ne ferme jamais. Je petit-déjeune aux côtés d'un garçon long, gracieux et lunaire que je suis dans un squat de la rue des Envierges, sur les hauteurs de Belleville. Le soleil fait déjà rosir la ville, je me glisse dans son lit en entendant les suçons des premières bennes à ordures, toutes ses initiatives sexuelles témoignent d'une incroyable générosité, je sens que d'autres nuits suivront. Je ne me réveille qu'à midi, face au portrait qu'il a fait de lui, avec un graphisme qui trahit son appartenance au groupe Bazooka, dont la presse publie largement les dessins : Thomas est déjà reparti.

Mon noctambulisme arrache des airs entendus à mon frère Philippe. Il constate mon agitation avec un sourire narquois, comme si elle était une nouvelle preuve de mon peu de solidité : le scribe regarde la phalène se ruer sur toutes les lampes. Il finit par s'impatienter, devant l'hémorragie de noms propres qui s'écoule de ma bouche, lors d'un dîner au 35. Lui qui montre une compassion franciscaine pour les victimes de l'Histoire (seuls les clochards suscitent son rejet curieusement) m'accuse à demi-mot de superficialité, sans voir que je tente aussi d'échapper aux valeurs étouffantes de notre fratrie. Je veux pouvoir danser jusqu'à l'aube et dormir avec qui me plaît, sans avoir à « produire » une théorie sur le plaisir ou lutter pour la libéralisation de *tous* les désirs. J'ai envie de vivre, j'assume mes défauts, j'aime la nuit.

Nous n'avons plus de nouvelles de Pierre, depuis qu'il s'est échappé de l'hôpital psychiatrique de Villejuif. Longtemps circonscrite aux beaux quartiers, son errance excède désormais la capitale, à en croire les rares signaux qu'il émet. C'est toujours plus loin qu'il part en quête de zones « non touchées » par les instances sociales qui cherchent à contrôler son psychisme. Mais nous ne pouvons rien pour lui, faute de pouvoir le localiser. Notre père lui-même perd courage : tous ses fils lui échappent, il ne comprend plus rien.

Je ne sais plus moi-même où j'en suis, trop de possibles, de gens et de lieux s'offrent à moi. Les cas de psychanalyse que je lis ne m'aident pas plus à y voir clair que les séminaires d'Armando Verdiglione, brillant Tartuffe qui attire de riches héritières de Milan sur son divan, auxquels j'assiste en Italie avec le « psychanalyste » aixois du cours Mirabeau. Il n'y a plus de classe ouvrière ou bourgeoise, dans ces ouvrages et ces conférences, mais des sujets névrosés, parfois psychotiques, pour la plupart bisexuels, même s'ils nient leur ambiguïté foncière en s'établissant homo ou hétéro. Chacun y est le responsable intime de son triomphe et de sa ruine ; le sens de l'Histoire se trouve en soi, à des profondeurs que le plus assidu des lacaniens peinerait à atteindre.

Les affirmations sexuelles obligent à des rôles, ma conviction est faite, et je n'ai pas envie de cautionner ces mensonges-là, la société encourage déjà assez l'imposture comme ça. L'ambiguïté me mine, en même temps. Les relations se sont enchaînées avec si peu de suite dans ma vie (Arlette, Roland) qu'il me semble les avoir vécues à distance, comme si je souffrais d'une amphibie sexuelle radicale. « Les tendances les plus opposées n'ont jamais réussi à faire de moi un tourmenté. Cet état de dialogue qui pour tant d'autres est à peu près intolérable devenait pour moi nécessaire », écrit Gide dans *Les Faux-Monnayeurs.* Je suis de ces « tant d'autres ».

Il me suffit de parcourir *La Confession d'un masque* pour m'identifier au jeune Mishima, se forgeant de toutes pièces un corps et une personnalité, et de lire dans une revue freudienne que le « schizoïde pense plus qu'il ne ressent » pour me reconnaître. Suis-je un parano léger ou un hystérique froid, un homo inabouti ou un hétéro raté ? Le médecin militaire avait peut-être vu juste en parlant de *névrose narcissique grave.* L'existence m'évoque plus que jamais un répertoire d'emplois et de costumes où il n'y aurait qu'à piocher pour se métamorphoser ; comme les occupants de l'Odéon, j'aime en changer mais ne sais qu'en faire. Je suis tout le monde et personne à la fois, anonyme et unique, troubadour itinérant et non choriste, hantant les bandes sans jamais m'y fixer. Je cours d'un monde à l'autre avec l'excitation de l'amateur découvrant, au Jardin des Plantes, la galerie de l'Evolution. La vie se résume à une succession de stages dans des milieux et des sexualités contradictoires ; le monde n'est que hasard et absurdité ; rien n'est vrai, tout est permis.

Il me semble parfois avoir été mis sur terre pour espionner les gens : il m'est si facile de me mettre à leur place, de m'installer dans leur vie ! Il m'arrive à l'inverse, faisant l'amour, de quitter mon corps et de m'élever pour le regarder s'accoupler. Les anges n'ont pas de *moi*, mes frères ont dû confisquer le mien.

Une définition me trouble : *Colloïde. n. m. (tiré du grec* kolla, *colle).* Chim. *Corps qui a l'apparence de la colle, de la gelée, et qui ne peut se cristalliser.* C'est bien la matière que je sens bouger en moi, qui me fait prendre toutes sortes de formes et me pousse dehors, avec cet appétit de vivre, cette curiosité pour les gens, cette peur de durer qui me change en toupie. C'est cette gelée qui m'a fait adorer puis détester manger, qui rend la contradiction plus forte que l'affirmation en moi, qui m'empêche de « prendre » et donc de me développer.

Je prie en secret pour que quelqu'un m'emporte. Qu'il ou elle m'ouvre sa voiture, m'emmène à la mer, me réconcilie avec la vie toute simple. Tout me paraît possible encore, le meilleur et le pire, à chaque tournant. Michel Dalberto, avec qui j'allais à l'école enfant, a donné un premier récital de piano remarqué ; le vrai-faux psychanalyste aixois s'est mis à attaquer des banques en compagnie d'un infirmier psychiatrique, avec ce même culot qui lui faisait recevoir des dizaines de patients sans avoir subi la rituelle analyse de contrôle, dans son cabinet (ils se feront prendre au sortir d'une agence, cours de Vincennes, confesseront tout au tribunal et feront cinq ans de prison).

Charlie Najman me demande ma carte d'identité pour passer la frontière italienne, je ne saurai jamais si c'est à des fins politiques ou toxicomaniaques. Je lui dis non, mais j'ai peur qu'il m'en veuille : ce ne sont pas des choses qui se refusent facilement. Tout le monde cherchait à sortir du système ; c'est *soi* qu'il faut fuir maintenant, abandonner « le vieil homme », disait saint Paul, détruire ce qui nous *aliène* depuis l'enfance. Le premier élan a pu nous mener aux usines Citroën, dans une ferme collective ou sur la plage de Goa ; le second menace de nous conduire dans un squat, à l'hôpital psychiatrique ou en prison.

Conscient de vivre une époque étrangère à beaucoup de lois sociales, je me mets à tenir un journal dans ce mode télex, chargé d'allitérations et de syncopes, d'énumérations et de mots-grenades, dédaignant ponctuation et grammaire, ces polices de l'écrit, qui servira de style à toute une génération. En fixant le souvenir de mes soirées au 7 et des rêves que je fais en tombant de fatigue à l'aube, il m'aide à combattre le sentiment d'inanité que cette vie nomade suscite.

J'exige qu'il se passe toujours quelque chose mais déteste que le temps passe. J'épingle ces instants-papillon dans l'espoir toujours déçu de saisir le plan caché de ma vie. Ce journal est mon seul point fixe, je suis de nouveau sans appartement.

Je roule mes vêtements en boule dans un sac à dos et sors, en pleine après-midi. Parvenu au carrefour Buci, j'entends crier « Arnulf ! » et me retourne sur François, un garçon que je croise régulièrement au 7. Fils d'un célèbre coureur automobile mort sur un circuit argentin, François Wimille use d'un langage extraordinairement châtié qui contraste avec son éternel Perfecto noir, ses jeans cigarette et ses bottes de pompier. Contributeur parisien d'*Interview*, le magazine d'Andy Warhol, où son « travail » se résume à être de toutes les fêtes et à « photographier » les présents, ce fils de famille taxe volontiers les gens de *raseurs*, comme les personnages de la *Recherche*. Son visage rayonne dans les bons jours de malice perverse ; il a des airs de vampire à la Christopher Walken, le héros du *Voyage au bout de l'enfer*, dans les mauvais. Son plus grand plaisir est de se faire inviter à manger un plat de moules par un *punk* fauché.

En apprenant que je ne sais plus où loger, François m'offre de rejoindre l'appartement qu'il partage avec deux amis, près du jardin du Luxembourg – je ne fais donc pas partie des « raseurs », peut-être même a-t-il des vues sur moi, je plais, dans le pantalon de cuir que j'ai volé chez Western House. Cinq jours plus tard, je me présente vers onze heures du soir à la porte du 80, rue de Vaugirard, au dernier étage d'un immeuble années 60.

Personne ne répond à mes coups de sonnette. Je finis par ouvrir avec la clef que François m'a remise. Je débouche dans un grand salon couvert de *Nanas* bariolées signées Nicky de Saint-Phalle. J'entre avec précaution dans chaque pièce, comme un voleur craignant de croiser l'occupant, mais l'appartement est désert. Je m'installe sur le lit-canapé du salon et attends en lisant le *New York* de Paul Morand.

Je finis par m'assoupir vers deux heures du matin.

… Je me réveille en sursaut : Frédéric Mitterrand se tient devant moi.

– Je suis Arnulf, fais-je confus, François vous a prévenu de mon arrivée, j'espère ?

– Non, il n'a rien dit, mais rendormez-vous, vous êtes ici chez vous.

Etrangement, François ne dort presque jamais là. Il passe de temps en temps avec David Rochline, qui vient de monter au Palace une comédie-bouffe où il incarnait Cécile Sorel, la grande théâtreuse d'avant-guerre, avant de passer la nuit à La Main bleue, la boîte *black* de Montreuil.

Accaparé par ses cinémas, Frédéric Mitterrand rentre vers deux heures du matin pour manger une laitue et un yaourt maigre en écoutant des tangos suicidaires puis s'endort, épuisé, dans la chambre regardant le couloir. L'autre est vide : André Téchiné, à qui des amis communs ont présenté Frédéric, tourne à Amsterdam *Barroco*.

Frédéric Mitterrand me semble très loin de moi, les premiers temps. Je fréquente les voyous qui font le siège de son cinéma, le samedi soir, il est l'ami de l'héritier des voitures Simca. Il ne connaît que des amours impossibles, c'est mon cas aussi, mais je pense que ça ne durera pas. Il lit *Point de vue images du monde*, le magazine des têtes couronnées, je préfère m'échiner sur *Tel Quel*, la revue de Philippe Sollers.

Avec les portraits en médaillon de sa mère posés sur ce qui me sert de table de nuit, il me semble incarner assez bien la vieille homosexualité, où il n'y a guère de mi-chemin entre le pur et l'impur, la damnation et l'extase. Le samedi soir, il ramène du Drugstore Saint-Germain des garçons qui repartent à l'aube en emportant parfois nos vêtements et nos appareils hi-fi, jamais nos livres, curieusement : une nuit, je dois frapper chez notre voisin, enjamber son balcon pour rejoindre le « nôtre » : toutes les clefs ont disparu.

Frédéric éprouve une sorte de volupté à être triste, sinon volé. Un pacte étrange et ancien, où la punition attise la jouissance, lui fait chercher les situations inconfortables : un éternel enfant tente de saccager son éducation trop morale. Mêlant une grande curiosité à l'indifférence, la culpabilité à l'ambition, le désir à la peur, le cynisme à des formes de candeur, il paraît vivre en sursis. Evitant ce qui pourrait l'exposer, fuyant les situations égalitaires ou réciproques, il peut se confier à un étranger qu'il sait ne jamais revoir, à la façon dont on se purge dans le noir, déjà plus difficilement à un intime.

Il aime paraître devant les foules qui font la queue devant ses cinémas, comme l'acteur qu'enfant il rêvait d'être ; il semble n'exister que dans la complication et une forme difficilement surmontable de solitude, où autrui n'est atteignable que par de subtiles procurations : je me trouve rudimentaire, presque grossier en comparaison.

Quand André Téchiné évoque sa mère, Frédéric s'attendrit si bien que j'en viens à croire qu'il a déjà perdu la sienne ; les larmes lui viennent, même s'il ne les fait pas couler : il anticipe le deuil, avec ce lyrisme qui lui fera faire des portraits de royautés foudroyées, à la télévision.

Notre cohabitation dure neuf mois.

Je ne veux pas voir qu'elle commence à lui peser. Je suis même incapable de lui montrer ma gratitude, en le voyant s'emparer de mes vêtements pour les porter à la teinturerie : tout étant à tout le monde, sa générosité me semble normale.

Nul n'a le sens de la propriété comme un voleur.

Le bois de Vincennes

La vie de Philippe, en 1976, reste conditionnée par l'espérance révolutionnaire. Non seulement l'activisme n'a pas usé mon frère, mais il se sent plus que jamais en charge de l'Histoire. N'ayant rien modifié aux injustices frappant nos pays, les horreurs perpétrées en Chine, au Vietnam et au Cambodge ont laissé intacte sa croyance. Que les plus purs se soient révélés les plus criminels, de Pékin à Phnom Penh, l'a assurément affecté, mais il veut voir dans ces crimes lointains l'effet de l'archaïsme du mode de développement asiatique, plus que d'une idéologie totalitaire. Pour la première fois vraiment nos façons de penser divergent.

Je m'amuse, pour le faire bisquer, à souligner le rôle de la bourgeoisie dans le progrès technique et, citations de Marx à l'appui, celui des rois de France dans la constitution d'un Etat-nation préjacobin. Mais je n'arrive qu'à réveiller la propension au sarcasme d'un aîné requis par son bras de fer contre un système inique, et plus que jamais certain de sa propre profondeur.

Que pèsent mes paradoxes, face à la mission qu'il s'est fixée ? En assurant un de Gaulle défaillant du soutien total des troupes, lors de son voyage à Baden-Baden en 1968, le général Massu a sauvé son régime et révélé ses fondements ; venu au pouvoir par un quasi-coup d'Etat en mai 1958, le vieux chef de la France libre a confirmé, dix ans plus tard, le rôle décisif des prétoriens : c'est donc l'ultime verrou à faire sauter.

Alors que tout le monde autour de nous cherche à se faire réformer, Philippe réussit à être admis au sein de l'armée de l'air, afin d'y implanter des Comités de soldats. L'armée a formé les Massu et les Hubert, il faut porter le fer en son cœur : guerre aux guerriers.

J'ai un choc en retrouvant mon frère à la gare de l'Est. Avec son cartable en cuir et ses branches de lunettes rafistolées par du chatterton, il m'évoque un botaniste partant à la recherche d'une plante rare dans les Vosges, plus qu'un activiste s'apprêtant à noyauter la Grande Muette. Les troufions déjà soûls qui fêtent leur départ en cassant des bouteilles achèvent de me convaincre qu'il ne ramènera que des cactus.

Philippe l'intellectuel part à vingt-cinq ans pour l'univers le moins fait pour lui, avec des bidasses de sept ans ses cadets issus de la France profonde. Ne l'ayant connu qu'avec un livre en poche, depuis l'enfance, je le vois mal endurer ces marches de nuit et ces reptations dans la boue, ces exercices de tir et ce climat de chambrée, de plaisanteries et de pets qui forment l'ordinaire d'une caserne. Comment lui, qui s'est toujours refusé à faire la vaisselle et le ménage, pourrait-il tolérer les corvées de patates et les bizutages ? Je crains qu'il ne trouve aucun appui à la caserne, hormis dans les petits carnets où il tient son journal.

Je me concentre sur le concours que je dois passer en juin. Déserté par ses locataires légitimes, l'appartement de la rue de Vaugirard se révèle le lieu approprié pour le préparer. Je savoure la chance que j'ai de pouvoir étudier librement Flaubert au soleil, à l'abri d'une terrasse donnant sur le jardin du Luxembourg.

Je travaille à un mémoire sur *La Tentation de saint Antoine* quand Pierre surgit à l'improviste, les joues mangées par une barbe de cinq jours. Comment a-t-il trouvé l'adresse de Frédéric Mitterrand ? Mystère.

Il est à la rue, comme je le craignais. Sans argent ni vêtements, sans papiers ni revenus, il ne rêve que de pouvoir dormir au sec et se laver. La canne blanche et les lunettes noires ont disparu. Délesté de tout folklore, Pierre n'a plus qu'un anorak de clochard sur le dos.

Le bain bouillant que je lui fais couler le rend loquace. Aux asiles paroissiaux et aux péniches de l'Armée du Salut il préfère désormais les caves d'immeubles, dont il force à coups d'épaule les verrous. Cela fait des semaines qu'il n'a pas changé de vêtements.

Qu'il ait trouvé la force de se « rematérialiser » sous mes yeux me fait croire qu'il a retrouvé en partie ses esprits. En l'entendant parler de venir s'installer dans la chambre d'André Téchiné, reparti à Amsterdam pour achever *Barocco*, je comprends que les choses sont plus compliquées. Je ne peux lui dire oui, et je redoute de lui dire non. Convaincu de ne pas être né là où l'administration l'indique – quel est son vrai père ? On le saura un jour… –, Pierre cherche à sonder la solidité de nos liens. Comme Hamlet, auquel il se compare volontiers, mon frère est entré dans l'ère du soupçon. Et le moindre rejet pourrait relancer son délire.

– Tu as besoin de te reposer, finis-je par lui dire.

– Et pourquoi pas ici ?

– Parce que je ne suis pas chez moi.

Il me jette un regard interloqué : ce concept de « chez soi » a visiblement perdu de sa signification pour lui.

Je détourne le regard, en voyant son sexe surgir de l'eau, tout éraflé. Aurait-il tenté…

– Mais en quoi ça te gêne, si je reste ? Tu sais te débrouiller, pourquoi tu ne m'aides pas ?

Je me sens coupable, il en déduit qu'il a raison, repart dans ses raisonnements confus. Un espace infini s'est ouvert en lui aux noms de Gérard Depardieu et d'Isabelle Adjani, les vedettes de *Barocco* : un enfant découvrant une vitrine de confiseries…

Alors la « cannette » saute, Pierre se met à parler de sa « soi-disant naissance » sur le ton de l'évidence, comme si j'étais bien placé pour savoir qu'il n'avait pas vu le jour dans notre foyer. Il n'appartient pas à la lignée d'Hubert, il a été conçu *autrement*.

Je pâlis. Ce n'est plus mon frère qui se tient là, mais un être qui use de sa bouche pour tenir des propos… aberrants. Qui ne joue plus au fou, parce qu'il l'est devenu *réellement*. Qui ne parle plus à Claude, ou à Arnulf, mais au tribunal devant lequel sa conscience l'a convoqué, avec son autoritarisme spontané, en lui demandant de décliner son identité.

– Je me demande si tu ne ferais pas mieux de te soigner, honnêtement, dis-je.

Je suis gêné en même temps, Pierre est mon aîné.

– Tu veux que je retourne dans ce goulag pharmaceutique de Villejuif ?!

– Non. Mais pourquoi pas La Borde ? Leurs méthodes n'ont rien à voir avec la psychiatrie traditionnelle…

– … ?

– Et tu pourrais y faire du cheval.

– C'est ça, je pourrais faire du cheval à La Borde, répond Pierre, sans la moindre conviction. Mais alors tu m'accompagnes.

Il sourit, en m'entendant dire oui. Comme s'il avait réussi à m'entraîner dans cet antimonde où n'existent plus que des jeux de mots abscons, des lambeaux de littérature et des pensées détraquées. Où il rêve d'une fille capable de l'entretenir et de lui faire l'amour, mais voit aussi son père, en rêve, le sodomiser impitoyablement. Où il n'est plus l'Eglise qu'Hubert rêve de bâtir, mais l'incarnation française du verbe *to peter out* – le synonyme de la disparition, de l'épuisement et de la mort.

J'ai physiquement la sensation qu'il « habite » un lieu bizarre où tout arrive *en même temps*, où le proche et le lointain, le passé et l'avenir fusionnent, un cahot panoptique dont mes voyages sous LSD m'ont donné l'avant-goût. La démence de mon frère n'est pas un état stable, pourtant, mais une virtualité qui s'actualise parfois, de plus en plus souvent. Il passe d'un monde à l'autre sans transition : santé et maladie sont les deux faces d'une même médaille.

– Mais tu sais, je me soigne très bien tout seul, ajoute-t-il en se savonnant les aisselles. Pourquoi j'engraisserais des psys ?

Tout comme Œdipe, le héros grec et freudien désormais, Pierre ne voit plus personne à même de le comprendre. Frappés de cécité sociale, les autres errent dans l'obscurité ; c'est lui la lampe Claude qui éclaire le monde. Certain d'avoir tous les atouts pour s'analyser lui-même, mon frère veut croire tous les médecins au service de l'ordre social, et les psys, des collabos. Il est devenu sur le tard le plus radical des soixante-huitards, le plus désespérant aussi.

J'insiste, je proteste, j'évoque mes propres difficultés à y voir clair en moi. Il me regarde avec défiance, comme s'il ne savait plus où me ranger, entre les amis des thérapeutes et les compagnons de la vérité. En le voyant se lancer dans une tirade bizarre sur notre mère, sans lien avec notre échange, j'ai l'impression que son esprit vient de changer de canal, émet sur une fréquence incompréhensible par moi.

Enfin Pierre vide la baignoire où une ligne de crasse s'est déposée. Il se rhabille en vitesse, ressort dans la rue en quête d'un bureau de tabac… et ne remonte pas.

J'ai peur de le voir revenir, les jours suivants, comme d'avoir à l'accueillir devant les deux occupants légitimes de l'appartement. Je rêve déjà la nuit que Rodolphe et sa bande viennent faire un « casse » rue de Vaugirard. J'imagine Frédéric Mitterrand trouver Pierre dans son lit. Mais Pierre ne sonnera plus, à mon grand soulagement.

Je ressors lessivé de la confrontation.

J'ai beau parler à mon frère avec fermeté, ses apparitions surprises me culpabilisent. En entamant le peu de stabilité qu'il me reste, elles me font craindre d'être sournoisement gagné par une maladie voisine, d'abriter un gène défaillant moi aussi – *un quart de gène,* dira Philippe en parlant de lui-même. J'ai l'impression que Pierre veut m'attirer dans sa tombe psychique, ce lieu bizarre où plus rien de réel ne lui arrive, où les hypothèses les plus invraisemblables deviennent pensables : un vrai trou noir, voué à sa propre déconstruction.

Mon aîné se rend à ma grande surprise à la clinique de La Borde. Il consulte un médecin, visite le lieu puis repart, très peu convaincu. J'en informe Arlette, laquelle suggère que mon frère l'appelle – une invitation que je transmets à Pierre, sans faire état du rapport que nous avons eu.

La psychanalyse qu'ils entament prend vite un tour étrange. Certain de ne pas être le seul « auteur » de son mal-être, Pierre réussit à convaincre Arlette que nous devons nous associer à la thérapie, son père, Philippe et moi. C'est non seulement la fratrie qu'il faut analyser, mais la famille qu'il faut rassembler, comme un chœur antique. « Pourquoi pas les habitants du 35 ? », manqué-je lui répondre.

Arlette et mon frère poursuivent seuls la thérapie.

Chacun d'eux m'en donnant des échos, je suis la glace sans tain dans leur jeu de miroir et ce que je « vois » est bizarre…

Pierre est devenu un si bon lacanien qu'il semble en savoir plus long qu'Arlette sur la méthode à suivre. Perpétuant une discipline que *L'Anti-Œdipe* a frontalement attaquée, tout en lui reconnaissant l'efficacité d'une méthode Coué, Arlette en est venue à douter de la validité de la *Talking Cure*[1]. Or Pierre y croit, et j'ai l'impression, à distance, qu'il dirige les séances. Comme s'il s'estimait mieux placé qu'elle pour se tirer d'affaire, et tenait à garder le pouvoir sur ce fou qu'il a « engendré ».

Arlette me paraît bientôt dépassée. Est-ce l'intelligence inquiétante de Pierre, ou le médecin très doux et un peu absent qu'elle a pris comme amant ? J'ai l'impression qu'elle perd la main, dans sa propre existence y compris.

1. Ex-disciple de Lacan, Félix Guattari continue lui-même de recevoir des patients sur le divan…

Un pessimisme profond me gagne. Je ne peux plus sortir dans la rue sans être pris d'angoisse : chaque passant me paraît abriter une bombe qu'un rien suffirait à déclencher. La société même semble n'échapper à l'implosion que par un effort permanent de refoulement, une répression si lourde qu'elle est garante d'un effondrement prochain. La raison est le masque que l'humanité effarée applique sur sa propre incohérence. Une sorte de lèpre ronge les êtres, mais la honte leur interdit de s'en ouvrir, ils s'écrouleraient en faisant de la poussière.

C'est pour échapper au chaos que je fais de l'Université ma thérapie, et m'investis plus que jamais dans l'examen que je prépare. Je me rends chez le coiffeur et ressens le picotement des cheveux drus sous ma paume, pour la première fois depuis sept ans. Je sors à la station Château-de-Vincennes pour rejoindre, avec la navette, la faculté où l'un des représentants les plus subtils de la Nouvelle Critique, Jean-Pierre Richard, me fait voir les connotations sexuelles qui saturent l'œuvre de J.K. Huysmans. La plume la mieux aiguisée de *La Quinzaine littéraire*, Lucette Finas, m'apprend à faire le *distinguo* entre le cliché, le poncif et le lieu commun à travers *Le Temps retrouvé.* Michel Deguy, le poète de *Ouï dire*, me fait lire et décrypter *Mon cœur mis à nu* de Baudelaire. Des maîtres attentifs, animés par le plaisir de transmettre leur savoir ou leurs intuitions, souvent affectueux, quoique n'aimant pas les imbéciles.

Décidé à rattraper mon retard, je deviens un étudiant assidu. Rejetant le dilettantisme propre aux lettres, je veux apprendre, progresser, me construire, malgré un mode de vie encore chaotique. Quand je suis las de faire *parler* les grands textes, comme à la question, je pousse une porte voisine pour suivre le cours de Gilles Deleuze, qui lutte avec un héroïsme souriant contre l'encrassement de ses poumons, celui de Jean-François Lyotard, l'auteur du bien nommé *Dérives à partir de Marx et de Freud*, ou de François Châtelet, un ogre dispensant un savoir jovial.

Je veux à nouveau tout connaître et comprendre. Pris de boulimie, je mobilise un esprit qui tend à l'introspection en lui infligeant une discipline d'acier, afin de le faire sortir de ses gonds. Ma génération est avant tout politique et musicale ; je découvre que je suis déjà plus littéraire et visuel en analysant Balzac et Proust. Je cesse de penser « nous » pour dire « je », baisse le son et ouvre les yeux. Je lis Alejo Carpentier, dont l'art du roman et la conception de l'Histoire me fascinent, mais aussi Paul Morand, dont la vitalité stylistique est un bon remède contre le spleen. En me redonnant l'illusion de pouvoir décrypter le monde, leurs œuvres m'assurent indirectement des fondations.

L'époque est à ces têtes pensantes que nous qualifiions avec dédain de *progressistes* à la GP, mais qui entretiennent depuis vingt ans l'aura intellectuelle de Paris, et vont triompher sur les campus américains sous le label *French Theory*. Je prends place dans la queue qui mène à la faculté de droit du Panthéon, où Jacques Lacan fait séminaire, parmi une théorie de psychanalystes, d'écrivains, de professeurs qui se ruent bien avant l'ouverture dans la salle pour installer leur magnétophone à portée du Maître, avoir l'occasion de lui adresser un signe, recueillir en retour un regard.

Tout ce que Paris connaît de marginaux et d'oisifs se retrouve aussi là. De ce dandy pauvre, qui a eu la chance d'être renversé par une voiture et vit depuis de la rente que lui versent les assurances (il arbore une canne aussi biscornue que les cigares du Maître), à cet immense travesti, Daphné, qui marche avec la dignité d'une girafe et m'étonne par le calme, la distance et la superbe avec lesquels « elle » traite les sujets les plus abstraits.

Le brouhaha de mondanités, d'une cuistrerie assumée, s'étend jusqu'à l'apparition par une porte dérobée de la fidèle Maria. L'esclave hispanique du Maître s'avance sans bruit, comme sur des patins, en portant l'éponge et la craie avec lesquels Il tracera au tableau noir ces nœuds borroméens dont les tores doivent restituer les liens unissant le Réel, le Symbolique et l'Imaginaire. Comment saisir le premier en sachant que ni le second, ni le troisième ne pourront jamais suffire à le matérialiser, qu'il sera toujours le grand absent de nos destinées ?

Vêtu d'une veste à carreaux bigarrée de clown, Lacan fait enfin son entrée. Silence de crypte, troublé par le seul déclenchement des magnétophones – faute de publications, les enregistrements pirates sont très recherchés. Ponctuée de toux refrénées et de mugissements laudateurs, dont la mélopée évoque un vieux rite byzantin, la cérémonie commence. Gagné par l'encens, le Maître émet des messages dont le caractère d'énigme, souligné par son gongorisme inné, me renvoie plus à Mallarmé qu'à Freud. C'est un immense poème de l'Inconscient qui tente de se frayer un chemin, dans les douleurs de la gésine…

Je viens avec le secret espoir de comprendre ce qui arrive à Pierre. Affecté par la courtisanerie et l'obscurité ambiantes, je repars avec une vision obscurcie des choses : trois vies ne m'auraient pas suffi à comprendre tout ce qui se dit là. Ce n'est pas tant l'atmosphère, plus Vatican ou Versailles que Vincennes, que la philosophie de ces monologues à prétention scientifique : je n'aime pas trop ce monde régi par le manque, le leurre et le Père, où ni les rapports sexuels ni l'autre n'existent vraiment et où la symbolique pèse bien plus lourd que l'élémentaire humanité. J'ai aimé l'étude de Lacan sur les crimes paranoïaques des sœurs Papin, qui inspirèrent *Les Bonnes* de Genet, et la tentative d'assassinat manquée d'une psychotique sur cette actrice dont le nom apparaît encore sur les colonnes Morris, Hughette ex-Duflos. Je me méfie déjà plus de cette volonté d'annexer les mathématiques et la topologie à l'étude du moi profond.

L'enseignement de Barthes, *a contrario*, me semble bienfaisant. Trop sensible pour se satisfaire d'abstractions, l'auteur de *Mythologies* ne formule de propositions que personnelles, relatives et souvent réversibles, au contraire des assertions cabalistiques de Lacan. Après une décennie d'engagement collectif où la littérature elle-même est tenue pour un *mode de production*, la conscience de l'auteur opérant comme un métier à tisser, Barthes a été l'un des premiers à mettre entre parenthèses les présupposés de la Nouvelle Critique, dont il est le parrain incontesté, en s'accordant le droit de dire *je*. Les gardiens du temple ont beau gronder contre cette « régression humaniste », la transgression est si féconde que nous sommes toujours plus nombreux à suivre ses cours au Collège de France, les premiers rangs de l'amphithéâtre 6 étant là encore l'enjeu de luttes féroces entre détenteurs de mini-radiocassettes.

Quoiqu'aussi teintée de snobisme, l'atmosphère est bien plus chaleureuse qu'au Panthéon, et il faut bientôt ouvrir deux autres salles au public en les dotant de haut-parleurs. Avec sa voix chaude, ses gestes lents et ouatés, sa carnation douce et pâle, Barthes est l'image même de l'abondance et de l'humanité. Son goitre peut trahir la bourgeoisie provinciale, il évoque d'abord le garde-manger naturel du pélican, plein de bonnes choses pour sa descendance. Son intelligence est si vaste que je ne sais plus parfois qu'en faire ; submergé par les citations latines et les étymologies grecques, je repose mon stylo et me laisse bercer par cette voix onctueuse, formée avant-guerre par un ténor, qui se répand comme une cire tiède dans mes tympans.

La littérature reprend soudain vie à mes oreilles ; les formulations sinueuses, l'élégance native et les préciosités charmantes de Gide ressuscitent, avec leur cortège d'« idiosyncrasies » et d'« anacoluthes ». Tout ce que Barthes dit me paraît *déjà écrit*, comme prêt à l'impression et sans la moindre rature, « avec ce tact du rien qui est le charme de son parlé », comme Henri de Régnier le disait de Mallarmé.

Si certains des livres de Barthes restent coulés dans le plomb structuraliste, ses cours s'enchaînent et se dénouent avec une fluidité envoûtante. Le langage semble avoir trouvé en lui un organisme idéal pour s'incarner, faute d'y trouver un rival sérieux – désir, sport ou coquetterie. Ici le monde est pensé, jaugé, formulé, non plus de façon idéologique mais littéraire, avec le moins de préjugés possible et autant de nuances qu'une soie changeante.

Un sentiment de reconnaissance me gagne, au terme de cette décennie de logomachie, devant cet homme d'âge et d'habitude, si peu révolutionnaire d'aspect, avec ses tweeds et ses cols roulés « 60 », si proche de mes préoccupations en même temps. En quête d'une pensée qui m'aide à exister, après toutes celles qui ne craignaient pas de tuer, je fais mon miel de l'expérience qu'il n'a pas su mettre à son propre service. Barthes semble toujours prêt à penser autrement et cette mobilité, ce repentir, me semblent le sceau même de l'intelligence – jamais arrêtée, d'autant plus encline à s'amender qu'elle est vivante. « Il pensait dans d'autres têtes ; et dans la sienne d'autres que lui pensaient », notait Brecht, qu'il cite cette année-là.

Habillé en propriétaire d'une chasse en Sologne, ou en capucin revenu à la vie civile, l'auteur du *Système de la mode* est bien évidemment un homme d'une autre époque, mais je ressens si bien les limites de la nôtre que ce décalage, loin de lui nuire, tend à faire de lui le dernier des Justes, le lointain héritier d'un Montaigne parcourant sa bibliothèque idéale, un peu engoncé dans les rites d'un 1900 provincial.

J'avais suivi un ou deux épisodes du séminaire qu'il tenait à l'Ecole pratique des hautes études, rue de Tournon, mais l'atmosphère Ancien Régime m'avait un peu refroidi, à travers la garde rapprochée de ses « favoris ». Au Collège de France, Roland Barthes appartient personnellement à ses auditeurs, c'est à chacun qu'il se confie : le commentaire semble chez lui s'être intégralement substitué à la vie.

Si son cours sur le *neutre* me captive, c'est qu'il est profondément vécu. Je devine la douleur d'un homme peu masculin, féminin encore moins, qui n'a pas dû être souvent demandé et qui, se résignant, a fini par *ne désirer rien*. Son apologie du retrait, du doute, du non-vouloir, son refus de l'affirmation agressive au nom du détachement « asiatique » arrivent à point nommé pour légitimer mon désengagement, en lui donnant une sorte de noblesse taoïste.

Sa problématique du *neutre* et son analyse de l'androgynie, *genre propre aux êtres qui n'engendrent ni ne conçoivent*, me touchent au cœur, comme son évocation de l'anorexie. « Maigrir est l'acte naïf du vouloir-être-intelligent », lis-je dans *Roland Barthes par Roland Barthes.* Je me reconnais en l'entendant ajouter : « Sain ne daignéje/Fou ne puis/Névrosé suis. »

Nous savons qu'il aime les garçons, mais lui-même semble l'avoir oublié. Son regard croise parfois l'un d'entre nous, entortillant son stylo dans une interminable mèche, mais il ne s'y attarde pas, en sorte que je l'imagine sans désir propre. Le Sultan semble avoir discrètement chargé ce Grand Eunuque de recruter des garçons pour son harem. Nous sommes quelques-uns à imaginer pouvoir en faire partie. Hervé Guibert nous a pourtant précédés d'une bonne foulée.

Je sais que les tables rondes et les colloques l'ennuient. « Résistance au groupe, à la bande, au raout », ai-je lu dans *Roland Barthes par Roland Barthes* deux ans plus tôt. Fait pour le tête-à-tête, la confidence, l'extrême intimité, Barthes semble souffrir d'être confronté à tant de spectateurs à la fois. Mais il s'est dit ouvert à nos suggestions et même à nos objections, aussi sommes-nous nombreux à tenter en fin de cours notre chance.

Je descends ce jour-là les marches pour lui faire remarquer qu'il y a, en matière sexuelle, une neutralité par excès – les deux sexes s'annulant du fait d'une égale attirance, dans le désir d'un sujet – et une autre par défaut.

« C'est très vrai », me dit-il avec une gravité douloureuse, après avoir pris le temps de réfléchir. Je me sens pousser des ailes, j'imagine déjà les expressions envieuses dans mon dos.

Le regard de Barthes se détache soudain du mien pour prendre l'expression de la jeune fille rêvant à son avenir, entre deux sonates de Chopin. Je tente de retrouver son attention en lui demandant l'origine d'une citation de Mallarmé faite durant son cours, mais déjà un autre auditeur s'avance avec une question pressante. Barthes se retourne vers lui, paraît revivre, puis se détache, cesse à son tour de l'écouter, retombe dans un puits sans fond.

Est-ce lui qui boude la vie ou elle qui le dédaigne ? Tout semble l'ennuyer. Il me fait penser à un vieil enfant qui aurait perdu son compagnon de jeu naturel, et que rien ne pourrait distraire du fantôme qui le hante, pas même le plus beau des Alcibiades. Une expression de lassitude abyssale achève de m'éloigner, celle-là même qu'il affiche au 7 où je le croise parfois, sagement attablé au restaurant, jamais sur la piste de danse, où il n'aime pas descendre.

Barthes suscite des sentiments protecteurs en moi, qui pourrais être son petit-neveu. Je le sens si armé par l'esprit, et si démuni devant la vie… J'aimerais l'aider à mettre toute cette matière grise à *son* service. En lisant *Fragments d'un discours amoureux*, j'ai l'impression d'un homme qui rêve en lisant Goethe d'un Werther qui ne viendra pas, et qui n'a qu'une connaissance littéraire des sentiments. Qui parle de « délire amoureux », mais rentre chaque soir dans des draps froids, à deux pas de la chambre où sa mère l'attend.

Si j'imagine pouvoir l'aider à sortir de son impasse, c'est sans doute pour mieux oublier la mienne, mais je sens bien que son corps, et son âge, seront toujours les principaux obstacles à son épanouissement. Candide, je me vois le rassurer sur l'admiration affectueuse qui l'entoure, en évoquant les lecteurs qu'il s'est acquis, du Japon à l'Argentine. Mais sans doute Barthes aurait-il élégamment dissuadé mes efforts, en faisant allusion au désir de devenir le maître de son maître, si courant chez les jeunes hystériques.

Comment secourir un homme aussi convaincu de sa propre impuissance, pour finir ? Le bonheur n'est sans doute pas fait pour Barthes, cet homme né pour décrire *tout* ce qu'il ne lui arrivera jamais.

Une feuille couverte de sa fine écriture se détache de son dossier, quand je redescends lui parler. Je pose dessus mon classeur, attends de voir son attention se relâcher puis m'empare du tout, le cœur battant. L'autographe me déçoit ; Barthes y a noté au crayon noir les horaires des trains reliant Paris à Bayonne – ultime étape avant sa maison d'Urt, dans le Pays basque ; au revers, sous la rubrique *Acception*, il a écrit à l'encre bleue : « Le texte vulgaire et le texte bourgeois me plaisent, le texte imbécile me fascine. » J'ai gardé ce talisman ; Barthes m'a redonné foi en l'intelligence.

Je me soumets au mois de juin 76 au concours national des Ipes. C'est une suite d'épreuves qui confèrent, aux quelques élus qui l'emportent, le statut d'élève-professeur et permettent de faire des études en étant payé comme enseignant, jusqu'à l'agrégation. Par chance, l'épreuve-reine repose sur le *Plaisir du texte* : j'ai cinq heures pour tirer l'essence d'un fragment où Barthes évoque ces écrits qui ne concernent que leur auteur, en se servant de leurs lecteurs comme d'une simple soupape névrotique.

Les idées me viennent en nombre. Je prends des notes en tous sens et me retrouve devant un fatras d'intuitions impossibles à ordonner. J'ai si bien perdu l'habitude d'écrire que je ne sais même plus composer un plan : rétives à toute ordonnance, mes pensées prolifèrent, s'étouffent. J'attends encore une heure et me lève, humilié.

– Mais qu'est-ce qui t'arrive, Arnulf ? lance ma voisine.

– Je pars, je n'y arrive pas.

– On ne quitte jamais un concours, tranche la fille d'Hélène Cixous en me rasseyant d'autorité.

Je me souviens qu'Anne Berger a subi de nombreux examens à la Sorbonne avant de rejoindre Vincennes, et me remets au travail. Je rends un devoir mal fait qui me vaut, par miracle, le poste d'élève-professeur.

Je suis sauvé.

Requiem

Pierre évolue désormais dans un monde autre, dont il est à la fois le gardien et le prisonnier, derrière des rideaux de brume de plus en plus délicats à pénétrer.

En janvier 1977, je reçois une carte m'apprenant qu'il pérégrine à travers la France de bus en train. Après avoir cheminé dans l'est du pays, en récoltant ici des mirabelles et en faisant là les vendanges, il s'est présenté à la frontière suisse, où les douaniers l'ont refoulé. Dans sa rage à détruire ses papiers, mon frère aîné avait été jusqu'à brûler son passeport.

Pierre dort à la belle étoile, depuis, mais surtout qu'on ne s'inquiète pas, tout va bien pour lui, jamais sa vie n'a été plus libre et aventureuse.

J'appelle notre père pour le « rassurer ». Mais Hubert craint que son fils ne tombe sur une communauté hippie – il n'en existe pourtant plus beaucoup –, et ne s'initie aux drogues : le LSD précipite le déclenchement des syndromes schizophréniques, a-t-il lu. Pierre ne va plus assez bien pour s'offrir des expériences psychédéliques, me semble-t-il, mais je peine à en convaincre mon père.

Philippe n'est pas beaucoup mieux loti. Malgré un long travail d'entrisme à la caserne de Lunéville, l'activiste n'est pas parvenu à esquisser l'ombre d'un Comité de soldats. Surpris par un appelé en train de glisser des tracts sous les traversins des bidasses, il a été mis aux arrêts de rigueur et interrogé par la Sûreté militaire.

Les gradés lui font depuis une vie d'enfer.

Objet de brimades constantes, Philippe a fini par avaler des tubes d'aspirine afin de se faire porter pâle, échappant ainsi à de nouvelles sanctions.

J'ai soudain des doutes, quand il m'appelle de l'hôpital.

Aimerait-il souffrir ?

Pourquoi s'être jeté dans la gueule du loup, sinon ?

Je soupçonne de la présomption, dans son attitude : comment un intellectuel tel que lui pourrait-il penser gagner son bras de fer contre l'armée ?

La même semaine, nous apprenons que Pierre a posé son balluchon à Bourg-en-Bresse, la ville où Hubert est né, afin de solliciter son internement au centre psychiatrique de l'Ain, route de Louhans. Œdipe est revenu sur les lieux où son père a été conçu. La boucle est bouclée.

Hubert respire, paradoxalement : la présence volontaire de son aîné dans cet hôpital suppose qu'il se *sait* désormais malade, et veut se soigner.

J'écris à Œdipe pour ses vingt-neuf ans, le 13 avril 1977.

Mon frère me répond dans une brève lettre à la calligraphie soignée qu'il aimerait récupérer ses lunettes, abandonnées au 35 : son œil droit est tombé à moins de 1/10, et il souffre de constants troubles visuels. Certes il arrive encore à lire un peu, mais des livres grand public uniquement (*Le Parrain*, de Mario Puzzo, *Le Livre de la vie*, de Martin Gray, un imposteur affirmant avoir été déporté dans les camps), et il ne peut écrire plus de quelques lignes par jour.

Il projette de passer un concours pour entrer dans l'administration des Postes et Télécommunications – « niveau bac, pas très difficile », précise-t-il avec un laconisme poignant. Mais il n'est guère optimiste, ses capacités de concentration se sont effondrées depuis la taupe. Il me souhaite à son tour bon anniversaire, sans plus se souvenir de la date, puis signe : « Ton frère, Pierre. »

Une profonde lassitude émane de sa lettre. Comme s'il avait épuisé la violence qu'il renfermait et, à bout de forces, m'appelait à la rescousse. Je me sens requis de devenir l'aîné de mon grand frère.

Je prends le train pour Bourg-en-Bresse avec mon père, en priant pour le trouver dans un état passable.

Le centre psychiatrique de l'Ain est moins un asile qu'une Cour des Miracles où errent les idiots, les alcooliques, les fainéants et les séniles dont les familles de la région ne veulent plus. Des fantômes vont et viennent en pyjama dans une allée de graviers menant à un dépôt. Je n'ai jamais vu un tel un concentré de détresse humaine.

Un infirmier nous mène jusqu'au jardin où quelques pensionnaires s'aèrent sous le regard de « blouses blanches ». Je tente de requinquer Hubert en lui parlant de mon succès au concours des Ipes quand un malade bouffi et barbu s'avance à pas lents en fixant ses pieds.

Je peine à reconnaître mon frère, qui a horriblement grossi sous l'effet des anxiolytiques. Il me prête sa joue à embrasser, je lui demande comment il se sent intérieurement, il a le regard vitreux et la voix pâteuse. Rongés par la nicotine, ses ongles sont devenus aussi bruns que ceux de notre oncle Pascal – des ongles de fou, pensé-je, en réprimant un haut-le-cœur.

– Tu te sens comment ? lance notre père.

– Bof.

– Tu manges ?

– C'est pas bon.

– Tu sors ?

– Non.

– Mais tu fais quoi, de tes journées ?

– Rien.

– Aucun sport ? insiste Hubert.

– Je reste dans le vestibule, murmure Pierre en désignant du doigt une salle remplie d'égarés parlant tout seuls.

Il joue parfois aux cartes, va à la cantine demander un rab de gâteau, mais il est en général si fatigué qu'il n'a accepté qu'une excursion en deux mois.

Je l'interroge avec insistance sur ses lectures, dans l'espoir que la salve finisse par le réveiller, mais il ne me répond qu'à moitié, forme mal ses phrases. J'ai l'impression qu'il lui manque des dents, comme à Pascal, avant de découvrir qu'il entend mal. Un bruit parasite grésille à ses oreilles, en déformant tout ce qu'on lui dit. Comme s'il vivait sous cloche, et souffrait de réverbérations.

Purgé de son délire mais aussi de toute envie, Pierre se survit. Il n'a plus d'énergie pour rien, même pour allumer sa cigarette – le vent éteint à chaque fois l'allumette. Je manque pleurer, en cherchant dans son regard une lueur. L'Eglise que voulait bâtir notre père s'est effondrée. Le fils tant attendu de la Reconstruction est devenu le meilleur agent de sa destruction.

Je lui reparle de son roman sur l'attaque de l'ambassade de Chine, mais ces propos se perdent aussi dans les sables. Hubert lui donne alors des nouvelles de son meilleur ami, désormais installé comme psychiatre à Paris. Le nom de Didier résonne lui aussi dans le vide, Pierre ne semble plus trop savoir de qui il s'agit. « Moi, pas là », répète Meursault, dans *L'Etranger* ; Pierre pourrait en dire autant. Sa personnalité s'est effondrée, mais il ne semble même pas s'en soucier, comme s'il comptait sur les médecins pour réunir les restes.

Je lui parle de Philippe, sans lui dire qu'il s'est fait aussi hospitaliser, à Nancy, au service neurologique de Sédillot, où il attend le jugement du tribunal militaire. Pierre ne réagit pas plus. Rien ne peut exprimer plus intensément la solitude et la souffrance que ses yeux morts.

Soudain Hubert lui reproche son attitude apathique, comme si elle relevait de la mauvaise volonté. Pierre le dévisage, mais il n'y a plus ni haine ni défi dans son regard. Le fort en thème n'est plus qu'un légume, l'élève de Julien Gracq un crétin. Pris dans une graisse psychotique, Pierre n'est même plus capable de mettre un pas devant l'autre sur une longue distance. Enfermé derrière les barreaux de son corps, l'ex-sportif semble parvenu au terme de sa trajectoire.

Hubert a un malaise, en arrivant à la gare de Bourg-en-Bresse. Il est né là, soixante-sept ans plus tôt, d'une mère horriblement sévère et d'un père pharmacien, lui-même issu d'une famille grenobloise ruinée. Mais la pharmacie ne rapporte rien alors, et il lui a fallu se débrouiller. Monté à Paris pour faire ses études, ayant manqué de peu l'Ecole navale, il a quitté la marine après son mariage afin que nous ayons un père, non un fantôme, avant de reporter sur son aîné tous ses rêves de réussites scolaires.

Et voilà que ce fils se retrouve dans l'asile de cette même ville bressane…

Tout cet amour pour en arriver là ! Toutes ces années de latin-grec pour finir dans ce dépotoir !

Avoir eu autant d'atouts en main, et se retrouver si démuni…

J'essaye de rassurer mon père en lui disant que Pierre a au moins cessé de se détruire, faute d'en avoir encore l'énergie, mais j'ai du mal à y croire, de retour à Paris. J'erre dans le deux pièces que je loue à un ami de Philippe, près de la Nation, en pensant à ce frère de vingt-neuf ans, à l'air aussi éteint qu'un volcan d'Auvergne.

La maladie de Pascalou pouvait être perçue comme l'effet déplorable de la consanguinité insulaire ; cette réitération m'accable, à une génération de distance. Comme si les mêmes gènes produisaient les mêmes effets.

Je n'ai plus envie de rien. Je me débats dans une ville froide, en proie à l'angoisse et au fatalisme.

Ce que Pierre vit est trop atroce pour que je puisse me mettre à sa place. Pourtant je ressens le poids de l'instance, en moi, qui a su m'imposer mille sévices, m'interdire de manger et à l'occasion de vivre, et je crains à nouveau d'abriter un peu de sa maladie, qui n'attendrait qu'un facteur propice pour se déclencher.

Quand Barthes disserte sur l'acédie, ce *spleen* qui frappe les moines, les rend indifférents à Dieu, au monde et pour finir à eux-mêmes, je me comprends.

Je n'ai plus de goût pour rien, je regarde la vie s'écouler derrière une sorte de vitre, qui me rend étranger à tout élan, incapable de la moindre spontanéité.

Philippe rentre alors à Paris, après un an d'armée. Je le retrouve au 35, encore plus marqué que je ne le craignais.

La hiérarchie n'a pas réussi à le casser, par miracle, mais les arrêts de rigueur, l'isolement, l'hôpital ont laissé des traces. De grands cernes noirs dessinent autour de ses yeux comme des lunettes, et il a perdu sept kilos. Seul effet positif de ces mois de caserne : il s'apprête à publier un livre sur la question militaire, avec d'autres, chez Maspero. Sous pseudonyme.

Je m'étonne qu'il ne veuille pas signer son livre, il évoque des raisons de sécurité, finit par s'impatienter. A quel titre apparaîtrait-il sous son nom ? Pour satisfaire quelle vanité, quelle obscure prétention à la notoriété ?

Lawrence d'Arabie avait renoncé à tout droit sur son livre, *Les Sept Piliers de la sagesse,* après avoir aidé les tribus arabes du Nadj à se libérer. Et lui signerait Philippe Arnaud ? Quelle imposture, quelle ignominie…

Cet acharnement me consterne : Philippe a pris au pied de la lettre l'idée qu'on se faisait, enfants, des écrivains : il les croit des morts-vivants. Il s'interdit donc d'exister. Littérairement, mais aussi physiquement, ce qui dépasse ma compréhension. Quelque chose l'empêche de vivre sa sexualité, qu'il a pourtant très tôt assumée, un frein obscur ne le fait aller que vers des garçons incapables *a priori* de lui *rendre son désir*. Comme si, dans ce domaine aussi, il était son pire ennemi. Ou qu'il se refusait à jouir avant d'avoir vu s'écrouler l'ordre infâme qui régit la vie sociale.

J'ai la réaction inverse. Je ne veux pas finir comme Pierre, entouré de déchets humains, ni consacrer comme Philippe mon énergie à disparaître. Je veux une vie belle et chaude, entourée d'êtres décidés à ne pas attendre « l'an prochain à Jérusalem ».

– Reinette t'embrasse, ajoute au passage mon frère.

Je revois le pavillon de Saint-Mandé et les quatre couples qui l'entouraient. Certains se sont installés à Bagnolet, d'autres à Montreuil, tous l'ont accueilli à bras ouverts, à son retour de la caserne.

Reinette aimait bien parler avec moi, quand je restais dormir à Saint-Mandé. Elle était la plus espiègle des occupantes, la plus libre aussi, sexuellement.

Elle m'appelle un soir aux Imprimeurs libres, alors que je « mène » la Marinoni à plein régime, pour murmurer d'une voix rauque : « J'ai envie de toi. »

Moment de pur embarras : compagne de Fabrice, l'un des meilleurs amis de mon frère, Reinette est « taboue » à mes yeux.

Le message met une semaine à m'atteindre.

Je reviens vers elle, sans savoir que faire.

Fabrice doit quitter Paris, des amis prêtent à Reinette une maison de campagne près de Melun, nous y passons notre premier week-end.

Elle est la fille de républicains espagnols réfugiés à Toulouse, je suis le fils d'un officier de marine qui a mené des missions au nom du Comité de non-intervention, durant cette même guerre d'Espagne. Elle a-do-re Jerry Lewis et George Cukor, la *soul* de Carole King et les chats persans, les biscuits anglais et les bains moussants : la sensualité et l'exubérance incarnées.

Son compagnon souffre tant de la voir me rejoindre la nuit qu'il envisage de coucher avec nous, dans l'espoir de la récupérer. Elle n'en a pas plus envie que lui – moi non plus, cela tombe bien. Elle veut entrer profond en moi, habiter mon cœur. Elle a tant à donner et à prendre, affectivement, que je finis par caler. *Je pourrais faire l'amour avec un homme, une femme, ce wagon aussi bien*, lui dis-je dans le train qui nous ramène à Paris : elle me regarde horrifiée.

Elle insiste pour venir en Corse, où je passe les vacances avec René, mais je ne tarde pas à lui demander de repartir : je ne peux lui donner ce qu'elle attend de moi. Aussi libre, crue et possessive que Bernadette Lafont dans *La Maman et la Putain*, Reinette sollicite à l'excès tout ce qu'il y a de plus féminin en moi : rejet.

... Une femme m'avait d'emblée offert le meilleur, cette fois encore, et je m'étais montré incapable d'aimer.

Serais-je condamné à aller d'un corps l'autre sans rien éprouver, affectivement ?

Pouvoir tout faire, sexuellement, c'est s'interdire à terme de s'engager, donc n'être jamais rien : je comprends qu'il me faut trancher.

Je vois bien vers quoi ma nature penche, mais je ne reconnais à aucun choix le droit de me définir *intrinsèquement*. Et je ne veux pas entrer dans un rôle, celui de pédé me semblant aussi convenu que celui d'hétéro. J'aimerais détenir *ma* définition, conforme à *mon* désir, mais suis bien incapable de la produire.

Tout le monde, autour de moi, se situe désormais. René a opté pour les femmes, Régis aussi.

Je gamberge et me contredis.

Dès que la question est abordée, je m'entends parler faux ; mes oreilles sifflent au moindre aveu, un effet Larsen me brouille l'esprit.

... Hétérosexuel, on l'est pour ainsi dire de père en fils, cela ne peut donc me définir *en particulier* : le descendant d'une dynastie de maîtres verriers ne peut se contenter de faire à son tour des vitraux, s'il cherche à personnellement existir. L'homosexuel est pour partie sa propre création, à l'inverse ; il doit se construire sans modèle préexistant – c'est encore le cas du moins – et définir le registre, discret, assumé ou flamboyant, où il veut figurer.

Il lui faut *s'imposer*, pour acquérir une identité.

Pourtant cette sexualité est aussi une forme d'héritage, dans mon cas : tous mes frères aînés en relèvent, à des degrés divers. Cet héritage a beau être *horizontal*, et devoir tout *a priori* à notre libre arbitre, il me semble lourd à porter.

En parler à Philippe ? Pas facile à aborder, entre frères. Et Philippe n'est pas un modèle d'accomplissement, dans ce domaine.

Quant à Pierre…

Notre sang serait-il « atteint », comme le dit Hubert ?

Trop injuste. Trop idiot. Trop affreux.

Et pourtant la question rôde…

Je ne me sens bien que dans l'eau des piscines, des lacs et des mers, là où il n'y a plus ni contour, ni frontières, ni différence, ni sexe. Les courants me portent, je nage sans savoir pourquoi je nage, j'exulte de pouvoir enfin exister sans avoir à réfléchir.

A peine remets-je pied sur terre que je me demande si je n'aurais pas d'abord simulé l'homosexualité, face à Roland, comme Pierre a simulé la folie avant d'y plonger. Ou si l'une ne serait pas le masque de l'autre, les schizophrènes passant souvent par une phase qui les confronte à leur propre homosexualité.

Roland, René, Reinette, Arlette… les prénoms valsent dans ma tête. J'ai le choix entre vivre avec un homme, une femme, ou faire cohabiter l'homme et la femme qui se débattent en moi. Ça jacasse en mon for intérieur comme dans la tour de Babel.

Je recommence à sortir, pour oublier.

Je retourne au 7 et danse jusqu'au tournis. Je suis au carrefour des sexes, des races, des couleurs, je danse des reins, des épaules, des fesses, je triomphe.

Un regard se pose sur moi.

Je fais comme si de rien n'était, danse plus que jamais, reprends souffle contre un pilier.

– Arnulf?

Je me retourne, cherche à percer l'obscurité...

– Arnulf? Ça fait des mois que je pense à toi...

Mon cœur bat.

Je reconnais le jeune homme à qui j'ai longuement parlé, lors d'une fête donnée dans un appartement de la rue des Beaux-Arts, quelques mois plus tôt. Un physique altier, des lèvres violettes, une intelligence lapidaire, des mots choisis, rythmés, scandés presque, Jacques s'était intéressé aux romans « célibataires » de Huysmans que je lisais, mais aussi à l'étude sur Bécassine que je rédigeais.

La rencontre m'avait marqué. Mais il est mon aîné, je ne me voyais pas prendre l'initiative...

– Tu as dîné ? dit-il en m'entraînant hors de la piste.

Je mens en répondant oui ; je crains de passer pour vénal, en acceptant son invitation. Il s'amuse de ma gêne, insiste pour que je le suive au restaurant, j'insiste à mon tour pour dire que j'ai déjà mangé, malgré l'évidence, il propose qu'on déjeune ensemble le jeudi suivant.

J'accepte : j'aurai vingt-deux ans le lendemain.

C'est une petite rue très vivante du VIIe arrondissement, entre Seine et ministères, avec ses galeries et ses bouchers.

J'entre dans l'appartement de l'homme avec qui vit Jacques. Des tableaux aux murs, des statues dans les niches, une moquette prune au sol, des livres dans les chambres, la cuisine, les penderies, encore des bouquins dans les couloirs, toujours des livres à la tête des lits, une marée de livres à tous les tournants…

On marche vers la Sorbonne, déjeune dans une brasserie sous une affiche montrant une main d'homme lisant *Champions du monde,* au graphisme Art déco.

Jacques aime aussi le style clair, imaginé, aérien et impatient de Morand. Il sait ramasser en trois mots ce que d'autres ne peuvent dire en cent phrases, balayer d'un geste les « petits-bourgeois hystérisés » qui forment le gros de mon entourage, m'encourager à radicaliser mes points de vue. De l'ironie, une grande sagacité critique, une égale curiosité pour les œuvres et les idées qui s'épanouit dans *Cinématographe*, la revue qu'il dirige et qui éclipse alors *Les Cahiers du cinéma*, encore englués dans le sirop maoïste.

Le monde se déploie et se densifie, à l'écouter. Comme s'il en reflétait chaque élément, en le coloriant.

Quelque chose m'inquiète, en même temps.

Jacques dégage une telle force, une telle assurance !

Je crains qu'il ne découvre mes limites, et que le soufflé ne retombe au premier accroc. J'ai peur, j'ai envie. Je le fuis, le cherche, appelle puis fais le mort. Il est fier, il me veut, je l'attends aussi, jamais au même moment. Son désir a quelque chose d'impérieux, le mien a besoin de se faire attendre, c'est un pas de deux embarrassé, un tango d'hommes, chacun danse à son rythme.

J'aime son nom, Fieschi. Moins parce qu'il est corse que du fait du *k* que les Français, d'instinct, prononcent *ch*, faute de savoir l'italien.

Il ne fait pas des jeux de mots lourds, comme Roland, il est généreux, logique, humain, élégant…

Et pourtant je fuis.

Il s'impatiente, lors d'un séjour à Cannes, la ville où sa famille s'est installée après avoir quitté l'Algérie. Je pleure dans la baignoire. La relation qu'il espère me fait peur, les fantômes d'Arlette et de Roland s'agitent dans ma mémoire, je refuse même le *rapport* qu'il m'offre, faute de mieux, le mot me fait penser à un immeuble ingrat. Il s'indigne, s'emporte, je m'effondre.

Je retrouve après deux semaines de silence Jacques dans un chalet du bois de Boulogne. On longe le lac inférieur lorsqu'il évoque ses séjours aux Etats-Unis, de Fire Island à Key West. J'entrevois les gouffres que cache sa façade parfaite. Une autre voix, plus profonde, presque démunie, se fait entendre : celle du vrai Jacques, non représenté…

Les drogues qu'il a absorbées en nombre, outre-Atlantique, l'ont lancé dans des voyages dont il n'est pas revenu indemne. Le moindre choc peut réveiller la terreur qu'il a connue, sur une autoroute interminable du Grand Ouest, où il ne savait même plus le nom des gens qui l'entouraient, ni de la ville qu'ils étaient censés rallier. L'exil auquel il avait été contraint, enfant, en quittant sans délai Oran, s'en était trouvé comme monstrueusement rejoué.

Ces failles m'aident à fendre sa cuirasse, non pas à vaincre mes inhibitions. J'ai peur de le décevoir, plus encore de m'engager. Je n'ai connu que des marginaux depuis que j'ai fui le domicile familial, et la perspective d'une vie confortable m'angoisse.

Le bonheur me semble une chose banale, étriquée, si impersonnelle que je n'imagine pas un instant m'y épanouir.

Jacques insiste. Je recommence à tergiverser.

J'attends qu'il me rappelle et le redoute intimement.

Un brouillard me gagne, dès que j'envisage l'avenir ; mon *moi* fait de l'encre afin de protéger sa chère maladie.

Jacques force alors mes résistances, sa virilité me fait du bien, la femelle en moi s'apaise, je manque défaillir en l'embrassant.

Le soir, je retrouve l'appartement que je partage avec un ami étudiant. Il n'y pas de tableau au mur, pas de « Récamier » où s'allonger, comme chez l'homme avec qui Jacques vit, tout juste des poufs remplis de billes où s'effondrer.

Je passe et repasse *Boris Godounov*, la musique de Moussorgski matérialise le sentiment que j'attends, j'accède à une forme supérieure de vie.

« Что Ж, Пойдем На Голоса, Бояре »…

Je redécouvre le russe, retombe sous le charme de ces sons rauques et lyriques, le français paraît si plat, mélodiquement.

Le téléphone sonne, un soir de 1977.

Une voix spectrale m'annonce que Pierre a été découvert inanimé dans son lit par l'interne de garde du Centre psychiatrique de l'Ain. Lavage d'estomac, vidange par siphonnage, il a régurgité tous ses tubes de barbituriques. Il se repose depuis, sous surveillance médicale. Mais l'alerte a été chaude, précise Hubert.

Je préviens Philippe, pars acheter des billets à la gare de Lyon et remplis une valise de biscuits et de livres pour notre aîné. Je rejoins le 35 pour ne pas laisser Hubert en plan, ouvre le canapé-lit, mais ne dors pas de la nuit.

L'hôpital civil de la capitale bressane rappelle à la première heure, le lendemain matin. Pierre vient de quitter sa chambre, a rejoint le grand escalier central, est monté jusqu'au troisième étage et s'est jeté tête la première dans le vide.

Malgré la violence du choc, il a pu se relever et faire quelques pas, avant qu'un infirmier ne le prenne en charge. Le pronostic est réservé, il est en soins intensifs, vivant.

Nous décidons de partir le jour même pour Bourg-en-Bresse. Cette fois encore, Hubert choisit de laisser le petit Jérôme en dehors de tout cela. Son dernier fils doit avoir une enfance heureuse, comme les autres.

L'hôpital rappelle alors qu'on ferme la porte : Pierre vient de mourir des contrecoups de sa chute. L'onde de choc a mis douze heures pour produire ses effets.

Nous avons du mal à parler, durant le trajet. Cette mort sans phrase nous pétrifie.

Un homme en blanc nous accueille, à la morgue de l'hôpital. On le suit à travers un couloir éclairé au néon jusqu'à une salle tapissée de céramiques. Il fait coulisser les tiroirs d'une armoire de métal, soulève délicatement un drap.

Tuméfié par le choc, le visage de Pierre a doublé de volume. Son corps lui-même est soufflé ; le costume noir a l'air rempli de son, à la hauteur du torse ; on dirait l'un des gérontes qui dirigent l'Union soviétique. Ce monstre, c'est notre fils et notre frère.

Déjà le tiroir se referme pour éviter la décomposition.

Il y a du soleil sur la France,

Et le reste n'a pas d'importance, chantent Stone et Charden dans le café dont l'on pousse la porte.

Il y a du soleil sur la France
Allons viens vite qu'on profite
De la vie, répète le juke-box.

J'insiste pour me rendre à l'hôpital et emprunte les escaliers. Je monte jusqu'au troisième étage, me penche aussi dans le vide et vois miroiter, huit mètres plus bas, le sol où il s'est fracassé.

Je me recule d'instinct : c'est le vertige que j'éprouvais déjà en fixant le trottoir, du balcon du 35.

Je vacille, en arrivant au cimetière de Grenoble : ma mère, nos deux grands-parents, nos ancêtres paternels reposent là. Mais nous ne sommes plus que trois, devant la fosse…

Le corps de Pierre prend place dans la cuve en béton, je jette une rose sur son cercueil.

Mon regard parcours la stèle.

Auguste Arnaud : 1885-1969
Paule Arnaud : 1923-1973

Je vois qu'on meurt de plus en plus jeune, dans la famille : quatre-vingts ans en moyenne pour nos ancêtres, cinquante ans pour ma mère, trente ans à peine pour mon frère. Qui sera le prochain ?

Le prêtre fait son homélie, mais tout sonne faux dans son prêche, il n'a jamais vu Pierre de sa vie.

Je ne tiens plus debout, lors du trajet retour. L'univers tout entier se dérobe sous mes pieds. Je me sens comme aboli.

Jacques me propose de venir chez lui, une fois à Paris. Je débarque rue de Verneuil et me mets au lit.

Je ne peux plus ni parler, ni manger, durant les deux semaines qui suivent. Je passe les heures à regarder les murs et les rideaux de sa chambre, en leur trouvant plus de vie qu'à moi, puis à dormir d'un sommeil de plomb. Une sorte de coma psychique ponctué de réveils nauséeux.

Je trouve la force de mettre un pied dehors, la troisième semaine, mais l'instinct me retient d'aller plus loin. Pierre se tient quelque part par là.

Un soir, dans la rue de Poitiers, je le vois s'éloigner dans la rue. Son corps n'est plus mutilé, ni ses traits gonflés. C'est le Pierre d'avant, beau, droit, sombre, entier. Le sportif qui m'a sauvé de la noyade, dix-sept ans plus tôt, dans une piscine surpeuplée.

Où a-t-il trouvé l'énergie de sauter dans le vide, sinon dans l'espoir d'en finir avec les faux moi qu'il engendrait avec tant de naturel, du bon élève à l'aveugle ?

La mort de notre mère a été un coup de tonnerre dans un ciel serein ; avec le suicide de Pierre, on ne peut plus invoquer le hasard. Plus puissantes que notre volonté, plus sombres que notre intelligence, des forces supérieures agissent. Je découvre l'existence du Destin.

Entrant dans une église, Philippe entend à quelques jours de là le prêtre lire cet extrait de la Bible : *L'Eternel dit à Caïn : où est ton frère Abel ? Il répondit : je ne sais pas ; suis-je le gardien de mon frère ? Et Dieu dit : qu'as-tu fait ? La voix du sang de ton frère crie de la terre jusqu'à moi…*

Philippe s'en veut de ne pas avoir su tirer d'affaire le sien…

Pierre avait travaillé si dur, adolescent ! C'est sur lui, Philippe, que la « malédiction » aurait dû tomber, non sur l'enfant plus-que-parfait chargé de reprendre le flambeau. C'est lui qui faisait enrager notre père ! Le sort s'est trompé.

En serrant Philippe dans mes bras, je pense : Quel merveilleux projet que la vie ! Mais quel gouffre aussi, entre l'intention et les faits… Je ne sais pourquoi, je fais le lien avec le communisme…

Cette mort nous rapproche comme un secret partagé, Philippe et moi.

On se revoit, s'appelle, se serre les coudes.

Un soir, nous allons voir l'*Ordet* de Dreyer au cinéma. Dès l'apparition du héros, je sais que le film nous est *personnellement* destiné. Cet homme de vingt-sept ans qui déserte la ferme paternelle pour prêcher parmi les dunes en lançant à des assemblées fantômes : « Malheur à vous, imposteurs ! », ce malade menaçant de l'index des foules imaginaires, c'est Pierre s'en prenant aux auditeurs passifs des églises, aux victimes consentantes de la comédie sociale comme au pape, cet escroc prétendant succéder à Pierre, qui lui-même n'avait pas été chargé de bâtir son Eglise par le Christ, puisqu'il ne s'appelait pas Pierre.

Preben Lerdoff Rye est si complètement Johannès, le fils malade, que je ne peux croire à un acteur : ce sont les gestes erratiques et le phrasé pâteux des patients du Centre psychiatrique de l'Ain. Mort et enterré *dans la vraie vie*, notre frère se perpétue à l'abri du film danois, en faisant revivre toute notre famille. Quand Johannès ressuscite Inger, sa belle-sœur morte en couches, c'est notre mère qui se relève ; et quand le vieux Morten Borgen erre dans les dunes en criant « Jo-han-nès ! », je revois notre grand-père cherchant Pascal dans les cafés de la porte de Saint-Cloud.

Ce grand-père, curieusement, vient du même village que Renée Falconetti, la Jeanne d'Arc du cinéaste danois. Il a vu le père de l'actrice revenir en Corse, après avoir fait fortune dans le ramassage d'ordures en banlieue parisienne, et errer dans les ruelles de Sermano en décrochant des téléphones fictifs pour donner ses ordres à tel conducteur de benne – la ruine suscitée par les intrigues d'un rival l'a rendu fou.

Plus étrange, Gérard, le meilleur ami de Jacques Fieschi, est le petit-fils de Renée Falconetti – on le verra chanter dans *Perceval le Gallois*, de Rohmer.

La mort de Pierre est un tel choc que je mets trois mois avant d'ouvrir l'armoire du 35 qui nous servait de penderie, enfants, et où Hubert a rangé ses affaires. J'enrage en n'y retrouvant ni ses carnets ni son roman.

Mon père finit par balbutier qu'il ne voit pas pourquoi il faudrait garder les traces d'un fou.

Cet autodafé me dévaste.

Il ne reste rien de Pierre, hormis quelques livres marqués πr et un pull-over tricoté par notre mère ; Hubert a achevé de détruire le peu de « vie » que la schizophrénie avait épargné. Notre frère a disparu de la terre sans laisser la moindre trace.

La culpabilité achève de m'accabler : je n'ai pas imprimé les poèmes de ma mère, Hubert a détruit le roman de Pierre, les trahisons s'enchaînent.

J'ai l'impression, chaque matin en me douchant, que c'est à une étrange bienveillance que je dois d'être encore en vie. Mon temps est compté, désormais, la mort n'est plus un horizon improbable. Cette découverte ne m'interdit rien, elle exige au contraire que je m'active, que je fasse quelque chose de bien ou d'utile. Il m'arrivait de m'ennuyer ; je ne suis plus qu'angoisse.

– Partons en Italie, me dit Jacques.

Son insistance me touche, je ne suis plus seul face au destin, j'existe enfin pour quelqu'un.

Il conduit vite et bien.

La BMW traverse des hectares de vignes, déjà surgit le mas que possèdent ses parents dans la région de Draguignan.

Des motards de la Polizia Stradale nous arrêtent, à l'approche de Gênes : excès de vitesse. Je crains un retour de sort, mais l'amende est légère, Jacques siffle en reprenant le volant, rien de grave ne semble pouvoir nous arriver.

Florence me paraît froide, sous la pluie : palais hautains, ruelles désertes, Arno gris. Sur la passerelle qui court autour du Dôme, je suis pris d'un vertige qui m'oblige à m'asseoir : c'est la même hauteur qui me séparait du sol où Pierre se fracassa, à Bourg-en-Bresse.

Tout change à Rome : visites, bains, siestes, viandes, sorbets, mer et soleil, chaleur et volupté, j'abuse de ce dont j'ai si longtemps manqué. Tout me ravit : son corps nu paraissant au balcon de notre petite chambre de l'hôtel Carriage, via Condotti, les berges du Tibre, les nuées de coquelicots du Janicule et les pins de la Villa Borghèse.

Je jouis par les yeux et les oreilles, en route pour Ostie. Le soleil et la mer me réconcilient, l'Italie c'est la Corse plus la civilisation, je ne sais plus ce qui m'arrive, j'arpente la plage en pensant à ma mère, si heureuse en Méditerranée.

Je me sens muer, la peau tombe sans que j'aie à frotter, un corps tout neuf m'est donné. J'aime l'état amoureux, une liquidité voluptueuse gagne toute chose, il n'y a plus de frontière entre le monde et moi, entre Jacques et moi, ni entre tous ceux que j'ai été.

Je me lance à corps perdu dans cette « relation » qui me faisait si peur, de retour à Paris. J'ai l'impression d'être heureux, pour la première fois depuis longtemps. Inquiets de me voir m'endurcir, trois mois plus tôt, mes amis me trouvent soudain « fleur bleue ». Je les laisse dire.

Jacques a grandi dans l'Algérie française, au milieu des bombes. Il n'a aucune nostalgie pour ce monde, personne ne peut même imaginer qu'il en vient, il est trop sophistiqué pour ça, mais il a vu tant de morts, de part et d'autre, qu'il a tiré des « événements » un profond scepticisme historique, un dégoût pour toute forme d'idéologie.

Il n'envie rien ni personne. Il constate les êtres, les résume en une formule, les remet à leur place et passe au suivant.

Son intense masculinité, à laquelle des restes de timidité donnent un charme irrésistible, trouble les hommes les moins suspects. Tout son entourage rêve en secret d'être lui. Beau, brillant, il est le premier à relativiser ses atouts, au travers d'une constante auto-ironie. Comme si « tout cela » n'était pas si important, que l'essentiel était ailleurs.

Mais où ? Il en rit lui-même...

A peine sortons-nous de *Saturday night fever*, un délicieux navet dansé, qu'il tire de sa poche l'un des carnets où il note, depuis l'âge de huit ans, tous les films qu'il voit, les noms des acteurs, du monteur, en leur attribuant de zéro à cinq étoiles...

Mémoire sans faille, ironie légère, trouvailles verbales, Jacques m'apparaît soudain – petit goût de blasphème – comme la réincarnation synthétique de mes deux frères.

L'homme avec qui Jacques vit souffre, mais il me fait bon accueil, s'intéresse aux idées qu'on enseigne à Vincennes, pourtant aux antipodes des siennes, m'accorde d'emblée la meilleure place, avec une générosité qui me bouleverse. On se plaît, il m'aime et je l'aime aussi, nous en sommes les premiers surpris mais c'est ainsi.

Mon installation dans leur appartement lumineux précipite la délivrance. C'est bon d'avoir une maison, de manger à heure fixe, d'avoir des échanges structurés. Bernard a une mémoire sans fond, dont les racines plongent dans les siècles. Il a connu Cocteau et Picasso, Barthes et Duras ; leurs œuvres deviennent vivantes et la vie, déjà littéraire.

Bernard a dédié son existence au plaisir, à la curiosité et au savoir. Content de lui et des autres, il mène une existence… particulière – réveil vers onze heures, téléphonages sans fin dans des bains brûlants, déjeuner tardif en terrasse d'un café, promenade chez les bouquinistes et visites de musées, ou plongée en apnée dans la correspondance de Mérimée. Et le soir, dîner vers onze heures au 7 à la table de Fabrice Emaer, en compagnie de Jacques, d'une actrice sortant de scène et d'un aventurier yougoslave qui tient chaud au maître des lieux. Cela fait cinq générations qu'on ne fait rien, chez les Minoret : une coupe de bois assure, tous les cinq ans, la relance de la *dolce vita* héréditaire. Non seulement Bernard n'en éprouve aucune gêne, mais il s'avère le meilleur propagandiste de sa façon d'être, une vivante réclame pour la paresse et le bonheur de vivre.

On apprend à se partager Jacques, affectivement. Cela demande du tact, la jalousie peut se réveiller à chaque instant, mais on s'en sort mieux que bien. Jamais on ne s'ennuie à trois, exclus ces silences, ces pesanteurs, qui plombent tant de couples. Qu'on visite Genève, Amsterdam ou Lucques, c'est toujours la même boulimie d'endroits, de références, de livres.

Après avoir écrit un roman à vingt ans, Bernard a publié des pastiches littéraires et une pièce. Lise Deharme, qu'André Breton a passionnément aimée, lui rend parfois visite – elle reste l'amie de Julien Gracq, l'ex-professeur de Pierre. Et son ami Olivier de Magny, longtemps éditeur aux Lettres Nouvelles, garde le contact avec Nathalie Sarraute.

Je réalise soudain que c'est l'homme qui commentait, en 10/18, beaucoup des titres du Nouveau Roman, dont ce *Graal Flibuste* suivi de son *Robert Pinget ou le Palimpseste* qui me fascinait, adolescent. Olivier de Magny découvre de son côté que *la bonne dame corse* qui allait avec sa propre mère fleurir l'autel de l'église Sainte-Jeanne-de-Chantal, porte de Saint-Cloud, n'était autre que ma grand-mère : un retour aux sources, en somme.

Ultime signe du destin, Robert Pinget m'apparaît parfois triste et voûté, au détour des rues du quartier. Son profil d'aigle me rappelle celui de son ami Samuel Beckett, mais sa silhouette émaciée m'évoque si peu le plaisir qu'il perd de son prestige à mes yeux ; j'aurais voulu qu'elle me redonne envie de ses livres.

J'ai soudain l'impression, en voyant Bernard évoluer en peignoir de bain, encore à trois heures de l'après-midi, d'être un agent immergé dans un monde étranger – « un sous-marin » chargé d'espionner une société rivale, aurait dit un militant. Je l'observe avec les yeux de celui que j'étais, trois ans plus tôt, et tombe dans un auto-voyeurisme incrédule. Est-ce bien Arnulf, vautré dans le fauteuil Charles X de cet appartement-là ? Est-ce bien le garçon à qui l'on proposait de faire sauter les gradins du 14 Juillet, sous les pieds du président de la République ? Ne jouerait-il pas encore un rôle, dans cette rue du

VIIe arrondissement, alors même qu'il pense atteindre à sa vérité ?

Je me mets à la place de Philippe découvrant, avec un étonnement amusé, la nouvelle palinodie de son cadet, et à mon tour ris de ce comédien toujours en quête de personnages.

La lecture puis l'écriture achèvent de me stabiliser. En découvrant mes articles dans *Cinématographe*, Fabrice Emaer se persuade que j'ai un avenir littéraire et s'offre à me verser une pension. Je passe mes journées à rédiger une maîtrise sur Vautrin, clef de voûte du monde balzacien, qui me vaut une mention.

Je vais voir tous les films, passe la journée dans les musées, tient des listes compulsives de peintres, de sculpteurs et d'écrivains. La lumière émanant des êtres m'attire. Je les interroge sans répit sur ce qu'ils aiment et font, leurs origines et leurs finalités ; au désert succède un océan fabuleux.

Arnulf cesse de voler, de se bourrer de Captagon et de confondre les sexes. Ayant retrouvé une fratrie, il abandonne petit à petit son surnom et redevient Claude Arnaud.

Il n'y a plus une feuille de papier à cigarette entre lui et moi ; nous parlons la même langue, Babel se comprend enfin.

C'est bon de ne faire qu'un, surtout à deux.

Philippe

Jérôme, le plus jeune des quatre frères, avait souffert d'avoir été tenu à l'écart, à la mort de sa mère. Il s'est senti délaissé après mon départ de l'avenue Ledru-Rollin, son retour au 35 puis le suicide de Pierre. Elevé seul par Hubert, qui reporte sur sa personne en formation tous ses sentiments de veuf, il ne sort de leur relation fusionnelle, à l'adolescence, que pour s'en prendre à son tour à lui, après s'être brusquement détaché de nous.

Il a beaucoup lu, lui aussi. De le psychanalyse, des romans, des essais. Il cesse progressivement de fréquenter les librairies et les salles de cinéma, comme si elles symbolisaient les impasses fraternelles, pour mieux se consacrer à son grand combat œdipien.

Il a besoin de faire de la place pour s'épanouir, le vieux chêne lui prend trop de lumière.

Marqué par les conflits qui l'ont opposé à ses aînés, Hubert n'a plus l'énergie pour riposter. Il tend à éviter l'affrontement, cherche à gagner du temps. Il n'est plus le capitaine de vaisseau rêvant de piloter un sous-marin rempli de fils obéissants. Abdiquant l'essentiel de son autorité, il n'aspire plus qu'à une vie douce et tranquille. Loin d'apaiser Jérôme, cette démission décuple l'hostilité d'un cadet qui, après avoir intégré une grande école, exige comme Pierre sa victoire génétique.

La faiblesse d'un père qu'il a connu superbe exacerbe le fils, dont l'intelligence, déjà vive, s'aiguise jusqu'à la paranoïa.

Ce nouvel affrontement équivaut à ces répliques qui suivent les séismes : l'onde de choc est moins forte, mais les dégâts sont bien plus terribles, le terrain est fragilisé. Hubert avait cru tenir enfin le fils qu'il attendait, en voyant Jérôme faire de brillantes études. Mais Jérôme se met lui aussi à déserter les cours.

De morale et générationnelle, la guerre devient territoriale : le cadet veut marquer son pouvoir sur l'appartement et la conduite des affaires familiales. Il peut faire montre d'une telle hargne que notre père, traumatisé, craignant à nouveau la fatalité corse, prend contact avec un médecin. Tout concourant à un nouveau drame, Philippe et moi inventons un prétexte pour attirer notre cadet en dehors du 35 et, une fois dehors, rangeons ses affaires dans deux valises et les déposons chez la concierge. Floué, Jérôme se résigne à partir, mais nous en veut mortellement..

Au nom de quoi agissons-nous contre lui, un adulte selon la loi ?

Et à quel titre lui refuserions-nous le droit d'affronter aussi Hubert ?

Philippe, qui l'adorait enfant, est le plus sévère, étrangement. Il ne supporte pas ce match inégal qui voit un garçon de vingt ans, en pleine possession de ses forces, s'acharner sur un homme de soixante-quinze. « Etrangement », car mon aîné, pour le reste, refuse d'assumer toute forme d'autorité. Rejetant ce monde au nom de celui dont nous rêvions, dans le huis clos fraternel puis les sous-sols révolutionnaires, Philippe dédaigne tout plan de carrière, s'interdit toute ambition, maraude en marge des groupes et des institutions.

Les années 80 lui sont un cauchemar. La marchandise triomphe, l'affairisme s'affiche, la bêtise exulte à la télévision. Il vilipende les clowns qui rentrent dans le rang, désavoue les amis qui acceptent de paraître sur les petits écrans, tout en faisant mine de dénoncer l'ordre établi. La réalité n'est plus à ses yeux qu'un spectacle dégoûtant.

Il peut passer six mois à apprendre l'arabe littéraire, qui ne lui sert qu'à écouter Radio Le Caire, mais il se refuse à perdre une heure dans une administration. Il s'interdit plus que jamais de publier quoi que ce soit, afin de ne pas grossir la foire ambiante. Simenon reprochait à Gide le soin qu'il prenait à *paraître* ce qu'il pensait être : Philippe vit de sa seule existence, en se refusant *catégoriquement* de faire commerce de sa singularité. Ce monde n'est pas le bon : pourquoi y ferait-il son trou ? Prétendre même au statut de personnage serait pour lui trahir. « Dans le monde réellement renversé, le vrai est un moment du faux », écrit Guy Debord dans *La Société du spectacle* : rien ne peut paraître légitime à Philippe, avant le Grand Soir.

Son sens critique devient étouffant, sa méfiance envers l'imposture tourne à la paranoïa. Il me donne l'impression d'être posté dans une tranchée et de tirer sur quiconque sort du rang. Plutôt que de se fixer un but et de devenir ainsi reconnaissable par autrui, mon frère prend un malin plaisir à effacer toute possibilité d'identification. Comme si la seule affirmation honnête de soi consistait à se dire « personne ». Comme si le *moi* dont la société encourage l'essor était le produit d'une simulation.

Je ne le comprends plus très bien, à partir de là. Comment lui, qui n'a jamais souhaité être quelqu'un d'autre, contrairement à moi, se refuse-t-il obstinément à être lui-même ? Et pourquoi se refuse-t-il d'écrire, alors qu'il a tant à dire ? Pour quelles raisons veut-il rester *à tout prix* occulte, sinon pour préserver un orgueil ancien, né de l'assurance de sa propre supériorité ? Parce qu'il n'est pas assez démocratique pour accepter de faire ses preuves *dans la réalité* ?

Si au moins ce retrait apaisait mon frère ! Mais il engendre une forme chronique d'insatisfaction, qui se déguise en dédain universel. Philippe porte le fardeau de cette incessante lucidité dont je sais, depuis Pierre, qu'elle finit par se retourner contre soi. A trop vouloir ne pas se salir les mains, Philippe étouffe sa conscience.

Rejetant toute activité sociale, il passe ses nuits à visionner des cassettes de films qui montent en piles dans sa chambre. La vie y est si intense, comparée aux destins grisâtres que suscite la réalité !

J'ai beau détester aussi l'époque, je fais en sorte de l'oublier ; j'ai milité si jeune que mes facultés d'indignation se sont émoussées, le poids de l'injustice s'est montré bien plus fort qu'elles. Philippe me le reproche ; que je puisse vivre sans espérer l'effondrement de ce monde abject lui est pénible. Je l'ai connu si flamboyant que je le retrouve avec peine dans cette version caustique, et perds de mon plaisir à le voir. Je ne reconnais pas le frère dont j'avais tant aimé la démesure rieuse et l'ironie souveraine.

J'ai envie de lui dire « Baisse la garde, la roue tourne », mais il ne m'entend plus. Il me dévisage derrière ses gros verres de lunettes, grâce auxquels il tient toute chose à distance, au point de douter qu'il existe encore quelque chose répondant au nom de « monde extérieur ».

La faim le fait sortir du bois, au milieu de la décennie. Il accepte un poste d'animateur culturel dans les environs de Paris – un travail qu'il exerce comme un apostolat pour faire découvrir les films de Dreyer, de Pasolini et de Bresson aux habitants de Brunoy, puis de Fontenay-sous-Bois. Il lui arrive désormais d'écrire des textes de circonstance sur ces films, mais il refuse toujours de les signer, comme il interdit à ses amis de citer son nom quand ils adressent des remerciements au terme de leurs livres. Il n'accepte de publier que sous des pseudonymes grisâtres, ou dans des revues obscures : prétendre au rang de critique, ce serait être assez fou pour vouloir, dans les bibliothèques, se ranger auprès d'un André Bazin. Impensable. Honteux.

Philippe a toujours exercé une sorte de censure sur le monde ; les ciseaux de son intelligence séparent d'instinct les auteurs authentiques des histrions. Plus que Pierre encore, il a une conception paralysante des qualités qu'il faut réunir pour publier. Il faut naître avec un univers, un style, une œuvre, si l'on veut prétendre entrer dans la Bibliothèque.

Déjà à l'œuvre dans les médias, la simplification du langage l'affecte en profondeur, mais elle ne diminue en rien sa conviction d'être indigne de la religion que la littérature a suscitée, sous le soleil noir de Nerval, et qui triompha à l'ombre de Mallarmé, changeant des centaines d'hommes en livres *de leur vivant*. Tout comme le nom de Yahvé dans le culte mosaïque, la littérature ne peut s'exprimer que de façon ésotérique à ses yeux ; il comprendrait qu'il faille apprendre une langue aussi rare que l'arménien ou l'hébreu pour la dire. Plutôt que de trahir sa foi, en publiant des textes « indignes », Philippe reste des après-midi entières à lire, dans le silence de sa chambre.

Ce tabou n'a pas d'effet sur moi. Pierre est mort sans avoir vu vivre ce roman qu'il reprenait sans cesse ; Philippe s'interdit la seule activité qui pourrait l'épanouir, je ne veux pas finir ainsi. Vila-Matas affirme dans son *Journal volubile* que la littérature n'est pas un métier, mais le mal, parfois héréditaire, qui frappe ceux qui veulent *tout dire*, avant d'évoquer la compulsion de ces familles « qui transmettent de père en fils le désir démesuré de parfaire et d'achever les choses terrestres » : je veux faire de cette maladie un remède.

Je crois en l'œuvre, en son pouvoir unique d'élucidation, mais je n'ai pas une vision « sacrée » de la création. Je sais que les livres ne naissent pas dans les choux, qu'il y a un corps derrière les écrits de Robert Pinget ; que *Graal Flibuste* ne lui a pas été dicté par l'ange Gabriel, mais qu'il y a travaillé sans relâche, des mois durant ; qu'il lui arrive de faire ses courses, de régler ses factures et de payer ses impôts : Julien Gracq lui-même n'était-il pas « entretenu » par Louis Poirier, le professeur de Claude-B...

Pourquoi le fait d'écrire serait-il incompatible avec celui de vivre ?

J'ai vu notre mère cribler de lettres ses proches, avec une énergie qui faisait trembler les tables, même au plus fort de sa maladie. J'ai vu notre grand-mère travailler à ses livres avec ardeur, jambes nues sous son jupon, au fond de son canapé. Je ne crois donc pas à une activité éthérée. La réputation de Catherine Turchini-Zuccarelli ne dépassait guère les frontières du Languedoc et de la Corse, à sa mort, mais elle prenait soin, avant de publier, de bombarder l'Europe de missives annonçant la Bonne Nouvelle. Ses livres n'étaient pas certains de traverser les siècles, mais elle n'avait pas de doute sur sa légitimité littéraire. Je présage même qu'elle pensait honorer Dom Sauveur Paganini, le recteur de l'université de Montpellier, en lui envoyant ses ouvrages. Monseigneur Marty, l'archevêque de Paris, et Angelo Rinaldi, qu'elle avait connu aux côtés de son neveu Emile chez Mana sa mère, avaient droit aussi à des envois appuyés. Celle que Philippe et moi surnommions en riant Lilina T-Z, en hommage à l'essai de Barthes sur la *Sarrasine* de Balzac, comptait bien sur la solidarité insulaire pour obtenir des louanges, en attendant un prix.

Certes, *Bonnes gens du Languedoc* avait été publié à compte d'auteur – autre sujet de moquerie pour nous –, mais il avait été *vu* dans les librairies. Il figurait dans la bibliothèque familiale, aux côtés des ouvrages de Claudel et de Cocteau, et pourrait être un jour traduit, qui sait ? Ses ventes avaient plafonné à quelques centaines d'unités (des obligés corses et des connaissances sétoises, pour la plupart), mais les millions d'exemplaires de *Papillon* ne faisaient pas du bagnard un écrivain pour l'éternité. *Les Merveilleuses Apparitions de Notre-Dame*, qui s'étaient un peu mieux vendues, souffraient indéniablement d'avoir été publiées par les Nouvelles Editions latines, lesquelles vivaient encore de la traduction française du *Mein Kampf* d'Hitler. Et Angelo Rinaldi ne gardait sans doute pas d'assez bons souvenirs de la messe dominicale en l'église

Saint-Jean-Baptiste de Bastia pour célébrer comme elle le méritait *cette* compilation de récits mariaux tirés de la vieille encyclopédie Quillet, réécrits dans un style inspiré de Flaubert – « La tuerie ne s'interrompait jamais ; Vichilibos était insatiable », lit-on à propos des sacrifices aztèques. Mais notre ironie n'était sans doute qu'une expression d'impuissance jalouse, car Paul VI n'avait pas hésité à adresser à notre grand-mère, pour la remercier de l'envoi de ces *Apparitions*, via sa Secrétairerie, une lettre de bénédiction qui l'avait comblée plus que le prix Médicis n'aurait pu le faire – et ce, malgré l'agressivité des lettres que Pierre avait pu expédier à ce même pape – « On me dit que vous avez encore souillé votre petit linge… ».

J'ai donc sous les yeux la preuve que l'édition peut être compatible avec la vie. Qu'il n'y a pas besoin d'être mort pour écrire, et Proust ou Faulkner pour toucher, bien au-delà de ce pape que notre aîné s'évertuait à insulter, mais qui lui aura survécu plusieurs années. Les piles de livres de notre arrière-grand-père, le docteur Pascal Zuccarelli, qui encombraient les placards du 31, boulevard Paoli, donnaient peu d'espoir sur la pérennité des ouvrages de circonstance, la plupart concernant les stations thermales de la Corse ; du moins avait-il laissé une trace.

Mes frères s'interdisent de publier ? Je le ferai pour eux. De même que Pierre était devenu fou à la place de Philippe, selon ce dernier, je surseoirai à leurs « pannes » en écrivant, comme dans ces familles siciliennes où le jeune marié est remplacé par son cadet, en cas de défaillance durant la nuit de noces. Je ne peux admettre que tout ce que nous avons vécu retourne au néant.

Je n'avais peut-être pas d'essence, mais j'allais tenter de m'assurer une existence. Et parce que je n'étais sans doute guère réel, au fin fond de moi, j'éprouvais le besoin de me réaliser en composant des livres capables de susciter un jour – qui sait ?! – l'élan qui nous faisait léviter, au 35.

Que le cadet soit le premier à publier va paraître un peu suspect à Philippe : il connaît trop mes capacités d'adaptation pour ne pas remettre en cause l'authenticité de mon choix.

Il me traite en riant d'imposteur quand j'évoque mes projets, et j'en ris avec lui. Mais je préfère être ridicule que de dépérir, essuyer la mitraille que de tirer sur tout ce qui bouge.

« Le client : Dieu a fait le monde en six jours, et vous, vous n'êtes pas foutu de me faire un pantalon en six mois.

– Le tailleur : mais monsieur, regardez le monde et regardez votre pantalon. » Ce dialogue de Beckett me plaît.

Je mets de la rectitude de Philippe, comme de ma propre faculté d'adaptation, dans mon portrait de Chamfort que je dédie à Pierre, à πr plutôt. Je *nous* reconnais dans cet homme que la cour fêta, mais qui cessa d'écrire à la fin de l'Ancien Régime, écœuré par la corruption ambiante, qui servit passionnément la Révolution puis se suicida en pleine Terreur – un homme double, changeant, rigide et versatile à la fois. Je cherche à vérifier si sa vie a été conforme à ses maximes, et découvre entre elles un hiatus, presque une faille. Ses contradictions sont si patentes qu'elles l'humanisent à mes yeux ; j'ai longtemps été essentialiste, comme mes frères. J'estime désormais qu'on est avant tout ce qu'on fait, littérairement.

J'aime Epicure parce qu'il a vécu en épicurien, c'est-à-dire en très grand stoïcien, et que sa pensée lui a permis de surmonter d'horribles douleurs. J'aime Diogène parce qu'il a réellement vécu dans un tonneau, sans rien faire de ses dix doigts, sinon se masturber en public, comme il l'avait annoncé en « quittant » la société. La plupart des auteurs préfèrent vivre comme tout un chacun en publiant des pamphlets enragés contre le travail, la famille et la société.

Je reste très sensible à l'usage des idées, mais je crois d'abord à ce que je vois. Pour avoir éprouvé tout ce qu'il affirme, Nietzsche m'en impose plus que beaucoup de philosophes enseignés à l'Université, qui se sont contentés de catéchiser sous des coupoles. Je ne veux plus de ces théories qui s'épanouissent en chambre, mais qui pâlissent dès que le soleil paraît. Le spinozisme foncier d'un Deleuze, relayé par l'activisme universel de Guattari, leur commun rejet de la psychanalyse aussi, leur faisaient dédaigner tout négatif, tout appétit intrinsèque pour la domination et le mal, la catastrophe ou le néant. Ils prônaient un sujet sans racine ni territoire, sans organe ni cerveau central, « démoisé » et euphorique, bouturable à l'infini, quasi schizoïde dans son expansion sans bornes ; j'ai des raisons de douter de sa *viabilité*.

Non parce que mon frère aîné est devenu fou alors – il le serait probablement devenu malgré toutes les théories et tous les (anti) psychiatres de la terre –, mais parce que cette perle rare n'existe que dans l'imagination des auteurs de *L'Anti-Œdipe*, dont la pratique me paraît trahir une adhésion incomplète à leur théorie. Deleuze a beau valoriser les plis, les plans d'immanence et les ruptures, il fuit les fous et ne quittera jamais sa femme et ses enfants, en trente ans de vie, ni ne reviendra sur son horreur des voyages – des traits qui trahissent un goût certain pour la stabilité, on me l'accordera[1]. Hostile à la famille et aux couples – j'ai assez vu son fils Bruno le regretter –, Guattari avait profondément souffert du départ d'Arlette, comme il avait été bouleversé par la mort de sa mère : l'Anti-Œdipe marchait donc, mais dans un sens surtout.

Quelque chose échappait à leur théorie. Quelque chose d'opaque, d'inévitable aussi, qui pourrait s'appeler le réel et qui, par ses contradictions mêmes et son idiotie foncière, m'apparaît plus intéressant à « penser » que leurs concepts, car plus mystérieux dans sa capacité inépuisable à survivre à toutes ses dénonciations, ou ses interpétrations.

Je continue à le juger horriblement décevant, ce réel, mais je lui reconnais une forme d'opacité énigmatique, comme s'il n'était que la somme inquantifiable de nos contradictions.

Philippe me reconnaît à partir de là le droit d'écrire. Le résultat aurait été moins net si mon livre avait été plus directement personnel, mais la *chose* n'est plus taboue. On peut publier sans déchoir, ou se ridiculiser.

---

1. « Nous essayons d'extraire de la folie la vie qu'elle contient, tout en haïssant les fous qui ne cessent de faire mourir cette vie, de la retourner contre elle-même », dit-il dans ses *Dialogues* avec Claire Parnet.

Il n'a toujours pas un accès facile au plaisir. Malgré l'incroyable détente érotique ambiante, un frein inhibe toujours ses élans. Il aime, depuis nos premières colonies de vacances, se glisser dans le lit de garçons assoupis et les réveiller en les faisant jouir. Le pensionnat lui avait permis d'élargir son territoire d'action, mais il peine à trouver depuis des lieux pleins de garçons endormis, dans Paris. Comment se glisser sous leurs draps sans risquer les pires ennuis, alors qu'on n'a rien d'un violeur ? Le monde est rempli de dortoirs dans lesquels Philippe ne peut se faufiler.

Je n'avais pas compris que le hasard des gènes lui avait fait trouver d'emblée en moi son type physique, comme j'avais trouvé en lui mon modèle affectif. Jusqu'au jour où, revenu au 35 fêter mon vingt et unième anniversaire, je l'entends s'approcher du canapé où je m'endors et le sens se glisser sous les draps.

J'hésite : à chaque caresse pourrait surgir Hubert, qui se tient par-delà la cloison. Mais le Commandeur continue à dormir, comme Jérôme dans la chambre du fond.

Pour la première fois Philippe prend son plaisir en même temps que moi : il se l'était toujours interdit jusque-là.

Des années durant il va affronter la même scène. Il est dans le métro, le bus, la rue. Une musique, une éclaircie lui fait lever les yeux : un garçon jeune, frais, lumineux, se tient devant lui. Sa peau, ses cils, ses boucles, son sourire dessinent un imperceptible halo, comme autour de l'ange venu annoncer la bonne nouvelle à Marie. Le désir monte en lui comme une sève, inonde son corps et sature ses veines. L'envie d'aborder l'apparition devient si impérieuse qu'il se décide, malgré le respect qu'« elle » lui inspire, à recourir à ces mots qu'il maîtrise si bien. Ceux-ci s'accumulent dans sa gorge, en viennent à l'étouffer : son désir est trop fort.

Comment reprendre pied ?

C'est à l'ange de dire, dans les Annonciations.

Le garçon finit par s'éloigner.

Comprenant qu'il a laissé passer sa chance, Philippe s'élance enfin. Il rassemble ses forces, arrive en vue de « l'apparition », cherche la phrase la plus subtile, entrouvre les lèvres… Le rayonnement de l'ange est trop fort… Le temps d'élaborer une autre tactique et la silhouette disparaît à l'horizon. Philippe s'éloigne, ébloui et accablé à la fois.

Qu'est-ce qui l'empêche d'aller au-delà ? Pourquoi se cogne-t-il à un mur, dès qu'il tente d'atteindre par la parole celui qu'il rêve de toucher ?

Il est trop fin pour ne pas savoir que le fait même de réfléchir à son inhibition lui fait perdre un peu plus de ses moyens…

Alors il sort l'un des petits carnets dans lequel il tient son journal pour y relater l'épisodc sans la moindre rature : les lettres à l'élégance cunéiforme s'enlacent, avec une précision remarquable. Comme si la scène avait d'emblée été faite *pour être écrite*.

Tout comme il redoute, en publiant, d'être dénoncé comme escroc, Philippe s'empêche de toucher aux garçons qu'il désire de crainte d'être détruit par leur refus.

Il n'est pas moderne sur ce point : il ne s'autorise pas jusqu'au bout. Elaborés avant 68, ses scénarios érotiques restent marqués par une forme intériorisée d'interdit, le lourd héritage d'alors. Et personne, psychanalystes ou amis, n'arrive à le sortir de cette formule bloquée.

Quelle chance j'ai eu de grandir dans une époque encourageant le désir !

Les hasards de la vie mettent parfois Philippe en contact avec un garçon, sans qu'il ait rien prémédité. Le phénomène s'inverse alors : oubliant son inhibition, Philippe se met à parler abondamment. L'élu ne tarde pas à découvrir l'étendue de sa sensibilité, de son intelligence et de son savoir. Heureux de retenir son attention, mon frère parle sans reprendre souffle. Le garçon l'écoute, fasciné, mais le désir de Philippe prend une telle ampleur que le sien propre s'en trouve inhibé ; à son tour de se sentir asphyxié.

En tombant amoureux de l'homme qui vivait avec Annick, dans leur communauté de Saint-Mandé, Philippe avait souffert d'irréciprocité. Annick était ensuite tombée amoureuse de lui, de son intelligence, de ses airs de *brahmane ironique*, lors d'une des rares permissions que l'armée de l'air lui avait accordées, mais le désir de Philippe s'était avéré trop fragile pour qu'ils aillent au-delà.

Quand mon frère retombe amoureux, dix ans plus tard, il n'en parle qu'à deux ou trois intimes, dont Annick, sans révéler le prénom ni le métier de l'élu – il a toujours été d'une rare discrétion sur sa vie privée. Il faudra du temps à Annick pour comprendre que Philippe, cette fois encore, est tombé amoureux de l'homme avec qui elle vit.

Philippe va rencontrer Ahmed, par l'intermédiaire d'un enseignant de la faculté de Saint-Denis, peu avant que le jeune Tunisien ne retourne dans son pays. Il reçoit de lui des lettres emplies de déclarations enflammées et de demandes d'argent, de plaintes et de douceurs. Il va voir Ahmed au pays, vit quelques semaines de bonheur mais, rentrant à Paris, se retrouve seul dans son appartement en rez-de-chaussée, qui longe les voies ferrées de la gare de Lyon.

Mon frère s'est choisi avec le temps des modèles moins tonitruants que Malraux. Michel Leiris d'abord, pour l'acuité stylistique et la sincérité inégalée de ses écrits autobiographiques, où il avoue une quasi-impuissance sexuelle. Armand Robin ensuite, par son désintéressement franciscain. Ce cadet d'une innombrable famille bretonne, admissible à Normale sup et aux Langues O, a délaissé toute ambition académique pour apprendre le grec, le latin, le suédois, le flamand, le chinois, l'arabe, le finnois… A force de s'altérer nationalement, il a réussi à esquisser en soi une patrie mentale, un monde « d'avant le monde » qui l'aide à échapper au réel et le fait vivre en rédigeant un bulletin d'informations tiré de l'écoute de dizaines de radios étrangères, auquel de nombreuses institutions s'abonnent.

Ces nouveaux modèles ne font pourtant pas de miracle ; Philippe reste interdit d'écriture, comme en partie de sexualité : *Ma vie sans moi*, dit l'un des titres d'Armand Robin. Son monde érotique est plus que jamais celui du pensionnat en révolte de *Zéro de conduite*, le film de Jean Vigo, où un inoubliable adolescent nu voltige sur lui-même avant d'être porté en triomphe, parmi un fouillis de plumes d'édredons, par des collégiens surexcités. Mais ce monde a disparu, sauf dans ses fantasmes.

Indicible ou innommable, son secret lui prend une bonne part de son énergie vitale. Il reste l'ami délicieux, attentif, généreux, capable de passer une semaine à relire le manuscrit d'un proche ou d'accourir dans la nuit pour lui prêter main-forte. Pour lui-même, il n'a pas les mêmes prévenances.

Son dédain pour les tâches ménagères trouve dans sa solitude un redoutable relais. Le trois pièces de la rue de Charolais devient un mausolée où Philippe entasse livres et disques, mais aussi nourriture et restes, ordures et épluchures. La baignoire se change en vaisselier, puis en poubelle, tout comme les éviers. Les déchets s'accumulent jusqu'à former des fatras d'un demi-mètre parmi lesquels ses pas vont finir par dessiner des sentiers menant à la salle de bains, la cuisine et l'entrée.

Un pharaon s'apprêtant à partir pour le grand voyage, si l'on a l'esprit poétique ; un clochard *avec* domicile fixe, si on l'a réaliste. Toujours propre, habillé avec goût, Philippe est dans un état d'abandon intérieur que personne ne soupçonne, moi le premier.

Ses céphalées lui infligeant de véritables casques neurasthéniques, il passe ses nuits d'insomniaque à téléphoner à ses amis, à écrire et à lire. Il souffre de savoir parler d'à peu près tout, sauf de ce qui l'empêche de vivre.

De nouveau je me sens impuissant devant cet aîné qui s'interdit d'exister.

Tout juste nommé à la tête de la Cinémathèque, un ami cherche alors à l'attirer hors de sa tanière. Philippe a beau décliner deux fois son offre, Dominique Païni insiste, promet et concède, jusqu'à ce que mon frère accepte de devenir son principal conseiller. Philippe trouve à la Cinémathèque un refuge idéal contre la grisaille du monde social. L'existence seconde qu'autorise le cinéma lui permet, par son aspect spectaculaire, désinhibant et collectif, d'échapper à cet enfermement que l'orgueil lui inflige, au nom du Livre. La lumière émanant de l'écran, par son intensité, devient l'expression d'un mystère laïc où verbe et corps s'expriment dans un même élan séminal, à l'image des rayons de l'ange fécondant Marie. Indissociable de sa sexualité, la cinéphilie s'avère une thérapie efficace : là où le film est, tout frein est aboli.

Non seulement mon frère accepte de se « compromettre » au sein du monde réel – la version extraordinairement épurée qu'en offre la Cinémathèque, du moins –, mais il publie enfin sous son nom dans des revues spécialisées. Comme s'il avait trouvé dans le cinéma un territoire échappant à l'interdit qui le bride depuis tant d'années. Son nom cesse d'être tabou, sa signature commence d'être recherchée. Les étudiants affluent pour suivre son enseignement à Paris-VIII et, pendant une saison, à l'école expérimentale de cinéma fondée par Gabriel García Márquez à Cuba. Mais il faudra encore beaucoup de pressions amicales avant qu'il n'écrive l'essai sur Robert Bresson qu'il évoque depuis des années et recueille enfin les bénéfices de son étonnante intelligence, mise au service du cinéaste le plus exigeant qui fut jamais.

Lancée, la machine ne va plus cesser de tourner. Aux textes critiques succède un ouvrage collectif consacré à Guitry, antithèse jubilatoire de Bresson, puis des scénarios de fiction, des tournages, des sorties en salles, avec leur lot de gratifications et de blessures. Mon frère découvre enfin qu'on peut vivre sans nécessairement trahir, et prendre sa place dans Paris sans avoir à invoquer à tout instant « l'an prochain à Jérusalem ».

L'admiration qui l'entoure à la Cinémathèque ressuscite l'adolescent explosif dont j'applaudissais chaque saillie. Imbattable à l'oral, Philippe redevient l'esprit fulgurant avec qui j'avais grandi, le clown merveilleux capable d'imiter tous les ridicules des adultes, entre deux passages à vide. Il crée de toutes pièces un personnage de femme revêche, Josette Khannibal, qui répond à sa place quand des *fâcheux* l'appellent au téléphone, afin de mieux les aiguiller vers des voies de garage. Disposant de cartes de visite, de papier à en-tête, de notes de frais, Josette K. sera régulièrement sollicitée par des collègues de Philippe souhaitant aussi se défaire d'obligations fastidieuses – son fantôme hante encore la Cinémathèque, dit-on.

Philippe va jusqu'à usurper l'identité de Dominique Païni, durant ses missions à l'étranger. Il reçoit en son nom et dans son bureau, discute des contrats et signe des chèques en contrefaisant sa signature, en profite là encore pour se venger des raseurs que même la redoutable Josette Khannibal n'a pas réussi à éconduire. C'est la façon qu'a mon frère d'« assumer » l'imposture qui préside à sa toute nouvelle position sociale.

Fils d'ouvrier, autodidacte brillant et vital, aussi naturellement heureux que Philippe est porté à la mélancolie, Dominique Païni a tenu à ce que Philippe soit bien traité et, pour la première fois, mon frère gagne bien sa vie. Leur tandem, par son énergie rieuse et sa vigueur intellectuelle, va marquer la Cinémathèque durant les dix ans qui suivent.

Parfois Hubert se rend au Palais de Chaillot pour une projection. C'est un autre homme, désormais. L'âge, les coups, la lassitude l'ont changé en une personne tolérante et douce. Usé par les conflits, l'officier autoritaire a laissé place à un homme bon et fataliste, d'une sollicitude presque maternelle, passant son dimanche à préparer des *Irish stew* qu'il nous sert, dans la salle à manger du 35.

Il aurait préféré nous voir devenir ingénieur dans le nucléaire ou programmateur en informatique, mais il a fini par s'habituer à ces fils bizarres qui ne lui ont jamais apporté de belle-fille, encore moins de petits-enfants. Il a fait bon accueil à Jacques et à Bernard, avec qui je vis, comme aux compagnons que je ramène parfois, lors des repas du dimanche. Je ne lui ai rien dit de définitif à ce sujet, j'estime qu'il en a assez vu. Ayant fini par casser sa dépendance névrotique, Jérôme s'est mis à étudier le commerce et la finance. Il a pris à bras-le-corps la réalité, seul territoire que ses aînés lui aient concédé, et s'y accomplit.

Hubert n'aime pas se vanter. Il faut lui soutirer, phrase après phrase, le récit des trois débarquements qu'il a effectués en 1944 à la tête de commandos de fusiliers-marins. D'abord à Toulon, où plusieurs de ses camarades sont tombés sous les balles nazies, puis dans le golfe de Saint-Tropez, enfin au cap Cerbère, près de la frontière espagnole, où il eut à remettre sur pied des embryons de municipalités françaises avant l'arrivée des Américains.

Quand il évoque ce camarade de promotion entré dans « une boîte d'hélicoptères », Philippe et moi sommes pris de fous rires. Nous l'appelons la Berlue, lui faisons jouer tout un tas de rôles absurdes, dans l'armée ou l'industrie. Son regard s'emplit d'étonnement. Il n'en revient toujours pas d'avoir engendré des êtres si peu aptes à comprendre à quoi sert une usine d'hélicoptères, et qui en parlent comme d'une boîte de camembert. Mais que ferait un vieux soixante-huitard confronté à des fils devenus juge au tribunal de commerce ou responsable de l'Administration pénitentiaire ?

Hubert ne pose aucune question sur nos vies affectives, par crainte des réponses. Il devine que je vis désormais seul avec Bernard, Jacques étant parti avec un autre garçon, mais ignore que Philippe est tombé amoureux d'un jeune homme qui travaille à la Cinémathèque.

Vif, loyal, aigu, Pierre K. admire mon frère, mais ne semble pouvoir aller au-delà, faute de désir. Est-il sur le point de changer d'avis ? Certains le croient, en les voyant partir tous deux en Corse, à l'automne 1996. Philippe semble si heureux pour une fois de s'éloigner de la Cinémathèque !

Le temps est maussade, les premiers jours, il pleut sur Bastia, Bonifacio et Sartène. Mais le ciel se dégage quand ils sortent du musée Fesch, à Ajaccio. Les vitraux diffusent une lumière si joyeuse, à Cargèse, que Philippe monte en chaire pour simuler un sermon dans l'église grecque. Il grimace dans le dos des passants, une fois dehors, chante à tout propos – *la prima donna*, disait déjà Hubert.

Le soleil brille, à leur arrivée à Porto.

Galvanisé par cette éclaircie, Philippe se jette à l'eau.

Pierre retourne à leur voiture lui chercher une serviette, par-delà l'embouchure du fleuve, mais de retour sur le rivage, au sortir du bois d'eucalyptus, Philippe ne dépasse plus des flots, soudain très agités. Ses vêtements sont sur le rivage, lui reste introuvable.

Les plongeurs écument pendant vingt-quatre heures les fonds, un hélicoptère ratisse le rivage, puis les golfes avoisinants. Rien. Très vite, la famille me prévient qu'on retrouve rarement les noyés, dans le golfe de Porto. Les courants y sont si forts que les corps peuvent être déportés jusqu'aux côtes italiennes.

Un immeuble me tombe sur la tête.

J'ai l'impression de vivre *Les Dix Petits Nègres*, ce roman dont les héros disparaissent l'un après l'autre, selon une logique implacable.

Pourquoi le sort s'acharne-t-il sur nous ? Je repense à la gardienne du cimetière marin de Sète : « Qui sait ? Peut-être je vous enterrerai tous ! », comme à la malédiction qui frappa nos ancêtres, dans le village de Zuccarello.

Beaucoup se refusent à croire à un simple accident. Mon frère est si secret qu'une partie de la famille se persuade, sur place, qu'il a arrangé sa disparition et refait sa vie dans un pays comme la Chine (ils l'ont encore entendu dire quelques phrases en mandarin, pour le plaisir d'imiter l'obséquieux Chou En-lai recevant des diplomates américains). Connaissant son goût pour les livres d'espionnage, certains de ses proches l'estiment capable d'avoir planifié son transfert par bateau vers d'autres rivages, après avoir abandonné les traces de son ancienne vie sur la plage de Porto. Il vivrait sous un autre nom, au loin, comme Lawrence d'Arabie son héros qui, pour se faire oublier, était devenu simple soldat dans l'aviation sous le nom de John Humes Ross.

En voyant paraître, quatre jours seulement après sa disparition… *Son aile indubitable en moi*, un essai sur la rencontre dans le 7e art, ou plutôt une apologie du coup de foudre cinématographique, son ultime ouvrage, certains s'imaginent qu'il aurait pu partir rejoindre quelqu'un, très loin.

J'ai moi-même du mal à croire qu'il ait suffi de quelques galets projetés par la mer pour anéantir Philippe. Notre mère nous ayant mis à l'eau très jeunes, il nageait vite et bien. C'était en Méditerranée qu'il se sentait le mieux, oubliait aussi sa propension à vouloir tout expliquer ; le bain de chance s'était révélé un tombeau.

J'imagine qu'il n'a pas assez combattu les vagues, qu'il lui a manqué de cette énergie que donne une vie heureuse : cette existence insatisfaisante ne méritait sans doute pas qu'on se batte *mordicus* pour elle.

Peut-être derrière la barre une vie plus liquide commençait-elle, avec la chaleur et le relief qui manquent à la vie réelle… Peut-être avait-il choisi de se donner la mort dans l'île de notre mère, comme l'avait fait Pierre dans la ville natale d'Hubert.

La Cinémathèque lui rend un hommage touchant, au Palais de Chaillot. Philippe, qui aimait tant rester dans l'ombre, occupe toute la hauteur de l'écran, cathédralisé par l'amplitude de la salle. Mon frère avait quantité d'amis, et bien plus que quiconque pour finir, mais chacun n'avait droit qu'à une facette de sa personnalité, exclusivement. Un réseau très cloisonné l'entourait, de sorte que personne ne pouvait jamais le cerner tout entier ; ainsi son secret était-il préservé.

Chacun me rappelle ce que je dois à Philippe : il est mon frère selon les lois de la sensibilité plus que du sang, qui si souvent éloignent. Le sort a d'emblée mis à ma portée l'être le mieux à même d'éveiller ma sensibilité. Je suis son expansion dans le monde réel, un alter ego qui aurait pu franchir la cloche de verre et le tas de décombres où il nichait. De ce modèle platonicien, otage du monde des Idées, je suis la déclinaison dans les faits.

La justice le déclare mort après deux ans. Son corps ne sera jamais retrouvé.

Je suis presque soulagé de ne pas avoir à le porter en terre au cimetière de Grenoble ; j'aurais mal supporté de le voir finir dans un espace si confiné, si froid, si « social ». Je préfère qu'il ait la mer pour cercueil, des algues pour stèle, et des poissons comme asticots. Dire que j'aurais pu le retrouver mort dans son « terrier » de la gare de Lyon !

En déblayant avec Jérôme les monceaux d'ordures qui obstruent son appartement, sa baignoire et sa cuisine, je découvre la centaine de carnets dans lesquels il notait ses pensées, ses états d'âme. J'entame leur lecture, vite douloureuse, bientôt insupportable. La même scène se reproduit, à intervalle régulier : un rayon de lumière, l'apparition d'un garçon, la tétanie qui gagne Philippe, l'aura de l'élu qui s'épaissit, se vitrifie presque, jusqu'à en faire une sorte d'Intouchable, l'emprisonner dans une cloche virtuelle, pareil à un E. T. éminemment désirable. L'acuité des descriptions, l'extraordinaire lucidité de Philippe sur son « cas » me sont un ultime motif d'affliction ; désirer si fort et être si peu gratifié me semble la définition même du malheur.

Une partie de moi coule aussi en mer, ce jour-là. Je n'ai pu admettre qu'il ne soit rien resté de Pierre ; je ne supporte pas plus que Philippe n'ait jamais trouvé avec qui vivre. Je l'ai tant aimé, enfant, que j'en viens à m'accuser de n'avoir pas su aider mon frère à s'épanouir, alors qu'il avait tant fait pour m'ouvrir l'esprit. C'est moi qui aurais dû mourir noyé, dans la piscine Molitor.

La plupart des gens abstraitement imaginatifs sont acculés à une sorte d'isolement. Les plus forts créent des systèmes alternatifs de pensée, esquissent à l'occasion des religions, mais les autres restent en deçà, comme écrasés par le poids de la réalité. Ils n'ont affaire qu'aux fragments de leur univers, peinent à en assembler les morceaux. « Il est mort de ne pas savoir comment on allume un feu, comment on ferme une fenêtre », disait Jacques Rivière de Proust, en ajoutant que cette inexpérience lui avait permis d'écrire. Philippe est parti avant d'avoir pu unifier les mille idées qui lui venaient à tout instant à l'esprit.

Sans projet ni désir, sans appétit ni volonté, je m'expulse de moi-même, les mois suivants. Philippe erre en mer ? J'erre sur terre, en quête d'un tombeau digne de nous. Il fait froid dans le monde comme en moi ; une force irrésistible me tire vers le bas, exige que je coule aussi…

J'ai du mal à jeter la plus petite trace de sa vie. Je récupère ses livres, sa correspondance, ses carnets, ses amis aussi, parfois. Un phénomène étrange se produit, à mesure que je cannibalise ces legs, Philippe se met à revivre en moi. Il délaisse sa tombe liquide pour revenir hanter mon corps, lire avec mes yeux, réfléchir à ma place. Ses os touchent les miens, du cou aux phalanges – nous avons les mêmes mains. Je suis son vivant cercueil, la chair de son squelette.

Sa mort me fait déraisonner, pensé-je. Mais une étudiante que je rencontre dans le brouhaha d'une fête me demande : « Vous ne seriez pas le frère de Philippe Arnaud ? » Elle a été son élève à Saint-Denis, nous avons les mêmes intonations, à l'entendre…

J'ai l'impression qu'il parle encore à travers moi.

Il m'empêche d'exister, des mois durant.

Un ennemi intérieur mine toutes mes tentatives pour rejoindre la vie, et donc le trahir.

Je me rends dans l'île, pour le premier anniversaire de sa disparition. Je prends la route de Corte et monte vers Santa-Lucia-di-Mercurio. Arrivé au col où notre grand-mère aimait se recueillir, devant la chapelle consacrée à saint Antoine, patron des objets perdus, je m'arrête pour cueillir un bouquet d'immortelles, ces fleurs qui poussent déjà séchées en embaumant le maquis. Je reprends la route à travers la montagne, descends la forêt d'Aïtone en suivant le Golo jusqu'au golfe de Porto, arpente la plage où Philippe a disparu.

Je jette mon bouquet à la mer quand une vague me cingle. Je suis trempé de la tête aux pieds, « il » a tenté une dernière fois de m'entraîner, je ne me suis pas laissé prendre.

Hubert encaisse ce nouveau choc. Si heureuse avec notre mère, sa vie n'est plus qu'une suite d'épreuves incompréhensibles. Il lui est arrivé de chercher une compagne, dans les petits annonces des journaux. Il a même eu une aventure avec une femme rieuse et légère, aimant les croisières et le bridge, mais il s'est refusé à « tromper » notre mère en l'épousant, comme je l'y encourageais.

Il est devenu aussi doux qu'un agneau, à force de solitude. *Merci de m'avoir tenu compagnie*, me dit-il quand je le quitte. Il se vit parfois comme le seul représentant « sensé » d'une famille marquée par la folie, une forme insidieuse d'inceste et une vision si littéraire de la vie qu'elle a dissuadé toute inscription raisonnable dans la réalité. Je lui montre désormais toute la tendresse possible, Jérôme redouble d'attention pour lui. Victime oubliée de cette période violente, il m'apparaît comme l'emblème de l'étrange fatalité qui accabla notre famille, au sortir de 68.

Mon ami Charles Najman décide alors de m'emmener dans un pays lointain, où il a comme refait sa vie. Je me mets à l'eau, en arrivant en Haïti, et nage au large. Le mort-vivant ressuscite, en voyant son corps ne plus faire qu'un avec l'eau ; quelques brasses dans une crique, une sieste à l'ombre d'un palmier…

La vie reprend ses droits.

Je retrouve courage en découvrant l'héroïsme des esclaves qui fondèrent Haïti, les premiers à s'être rendus maîtres de leurs maîtres. Je me prends d'admiration, puis d'affection, pour ce peuple de survivants.

J'ai un étrange pressentiment, un jour où je nage à Jacmel. Il me semble deviner une présence dans l'eau : Philippe dérive, yeux mi-clos, un sourire aux lèvres, derrière le rideau d'eau. Mais il est seul encore, insomniaque comme jamais, et cette idée m'attriste : je ne peux le laisser pourrir pour l'éternité.

Il m'encourage à aller plus loin, à profiter de ce que je suis jeune encore pour le rejoindre. Cette fois je me cabre. Je veux vivre à tout prix, profiter de l'horizon que je devine. « U mórtu allarga u vivu », comme on dit en Corse : le mort augmente la place du vivant. A son petit sourire triste, je sens qu'il me soupçonne d'avoir éprouvé aussi du soulagement à sa mort, comme à celle de Pierre. Tant d'écrivains sous le même nom…

Il ne m'accuse pas de l'avoir tué, juste d'avoir su profiter de leur disparition, pour me faire une place au soleil.

Que puis-je lui répondre ? Il n'a pas entièrement tort.

Je n'aurais sans doute pas écrit ce livre, s'ils étaient encore en vie.

L'Odyssée

Notre père survécut trois ans à Philippe. Plus doux et compréhensif que jamais, il finit par mourir dans son sommeil, d'un arrêt du cœur, à quatre-vingt-neuf ans, sans même se voir partir, en paix avec sa conscience.

Jérôme et moi allons l'enterrer au cimetière de Grenoble, entre notre mère et Pierre, ses propres parents et grands-parents. Un homme que chacun de ses fils avait à sa façon voulu tuer, et qui avait eu à enterrer ses deux aînés, après sa femme. Un homme digne, droit, étonnant de stoïcisme, que Jérôme et moi aurons entouré jusqu'au dernier moment.

J'ai un choc en voyant pâlir le nom de Marie-Paule ARNAUD, comme si elle appartenait déjà à une autre ère.

Je pense à la vie trop brève de cette mère qui aura « engendré » presque autant de drames que d'enfants, comme à ses poèmes, jamais édités par ma faute. Avait-elle compris que Pierre allait vers la folie, comme autrefois son frère Pascal ? J'ai l'impression de n'avoir été pour elle qu'un enfant charmant mais excédentaire, mais peut-être est-ce ma propre inattention à elle, durant la maladie, que je cherche à faire oublier.

Le soir, elle me visite en rêve pour me rappeler ce qu'elle a fait pour moi. Je lui fais comprendre que je sais et me réveille en sueur. Encore en écrivant ce livre, je crains de ne pas lui avoir rendu la vie qu'elle m'a donnée.

De retour à Paris, nous vidons l'appartement du 35 avec Jérôme, jetons les vêtements de nos *deux* parents, vidons la cave de ses malles, mettons en vente les meubles et les tableaux de notre enfance. Mon cadet se montre courageux, dans cette nouvelle entreprise de destruction concertée. Préparé de longue date au drame, habitué à serrer les dents, le « petit frère » accomplit ces rites macabres avec une discipline de survivant.

L'appartement du 35 est racheté par un couple de femmes. De notre père, je ne garde qu'une horloge de marbre et une pipe fabriquée à Saint-Claude, Jura, l'année de la Révolution, et Jérôme qu'une commode « Louis XVI » et un cartel Régence.

J'ai longtemps pensé que les trois maisons d'édition auxquelles Pierre avait envoyé son roman pourraient en avoir gardé trace. En voyant la masse de manuscrits qu'elles reçoivent chaque jour, j'ai fini par perdre espoir. Déjà qu'elles ne peuvent plus stocker les livres qu'elles impriment ! Il ne me reste donc rien de lui, hormis un cahier de grec où le lycéen de quinze ans analyse le rêve de Nausicaa, au chant VI de l'*Odyssée* : « Mais son éther absolument sans nuée s'y déploie, et une lumière éclatante la parcourt. C'est là que se réjouissent dans leur félicité les dieux à longueur de journée. » J'espère que sa connaissance du grec lui aura ouvert leur porte.

De Philippe, je conserve précieusement les lettres, les écrits, les scénarios que réalisèrent ses amis cinéastes

(Jean-Pierre Limosin, Christine Laurent, Alain Bergala, qui l'encouragea inlassablement à écrire...), beaucoup de livres et quelques cassettes, toute une culture qui l'aura nourri, exalté, parfois étouffé. J'ai pensé publier ses carnets, étonnants de lucidité et de style, mais l'éditeur à qui je les soumis les jugea impropres à l'impression, trop intimement personnels. Comme si son problème devait rester à jamais secret...

De lui, il me reste encore les photos qu'il prit juste avant de mourir, sur la plage de Porto. Son ami Pierre est saisi de profil, pensif, assis sur le sable devant une mer qui commence à s'agiter. Mon frère se tient dans l'ombre, derrière l'appareil, sa position préférée.

Je mets parfois la chemise grise, légèrement moirée, qu'il portait avant de se jeter à l'eau. Elle reste d'une étonnante fraîcheur, malgré les années.

Notre grand-père finit à son tour par s'éteindre dans son appartement bastiais, magnifique de lucidité et d'ironie, à cent six ans passés. Longtemps relégué dans l'ombre par l'activisme de sa femme, André Turchini avait commencé de s'affirmer après la mort de Lilina TZ, en 1981, mais sa personnalité ne s'était réellement épanouie qu'après son centenaire. Il était devenu un homme disert, doté d'un humour étrange à la Beckett, qui lui faisait murmurer *Cheeeeeese* quand on lui apportait un plateau de fromages.

Jérôme et moi dûmes une nouvelle fois retourner au 35 pour vider l'appartement d'un des nôtres, jeter sa vaisselle et ses vêtements, fermer à jamais ses rideaux et ses portes. Quand il ne nous resta plus rien à partager, mon petit frère choisit à nouveau de s'éloigner.

Rien n'a changé depuis notre enfance, au 35. Ni les balcons vert minium, ni les boîtes aux lettres en pin. J'ai appris entre-temps que cette barre d'immeubles avait été construite par le fils de Gustave Charpentier, l'auteur de *Louise* – un « stupide opéra », au dire de Proust. Le musicien vécut assez vieux pour voir l'œuvre de son fils, dont la façade reproduit l'introït de la partition de *Louise*, chaque noire étant figurée par un balcon.

Cette façade « musicale » contribua-t-elle à la vocation de Christian de Portzamparc, l'architecte qui y grandit, dans l'appartement qu'on occupa après la naissance de Jérôme ?

Notre poulailler était régi par une invisible horloge : à 7 h 30, les bols se gorgeaient de cacao Van Houten, de Ricoré et de Nesquik ; à 9 h 15, les concierges emplissaient les boîtes aux lettres, peu avant que les femmes de ménage espagnoles ne glissent des patins sous leurs pieds...

L'ennui.

J'ai beau savoir que Georges Perec a habité avec profit le quartier, je reste insensible à son charme. « Je me souviens que Reda Caire jouait au cinéma de la porte de Saint-Cloud », dit-il dans son recueil de micro-souvenirs, mais « de mon temps » plus personne n'y élevait la voix. Il existe bien un écrivain que la porte de Saint-Cloud fascine, au point d'errer des heures entre les rues du Général-Delestraint et Parent-de-Rosan, dans l'espoir de percer le mystère de ces artères vides tout en traquant le fantôme de quelque trafiquant, repéré sur un Bottin Mondain de 1942. Mais pour rêver de ce quartier, il faut n'y avoir jamais vécu.

Vous habitiez le 35 !? s'exclama la psychanalyste à qui j'évoquais notre enfance, après la mort de Philippe. Elle-même y rendait régulièrement visite à Maud Mannoni, laquelle avait créé une école pour jeunes psychotiques à Bonneuil, comme à son mari Octave, écrivain et psychanalyste lui aussi – tous deux vivaient à trois étages de chez nous. Pour elle et son mari, ce quartier était donc paré du prestige qui lui faisait cruellement défaut à nos yeux. Peut-être les Mannoni étudiaient-ils aussi les rites de cette tribu sans plumes. L'aurions-nous su que notre vision du 35 n'en aurait pas été de beaucoup changée ; le poulailler était vraiment trop absurde.

Peut-être Michel Dalberto, le petit camarade avec qui je me rendais le matin au lycée, déjà un excellent pianiste à vingt ans, garde-t-il un meilleur souvenir. Le silence ambiant dut nourrir le lyrisme pudique de cet interprète de Schubert et de Schumann, alors qu'il ne m'aura marqué que négativement. Je vis depuis dans la terreur de l'ennui, des situations qui se figent, des relations qui s'empoussièrent, des territoires trop définis. Tout comme Clodion le chevelu aimait jouer la comédie du thé avec les amies de sa mère, avant de les ridiculiser avec ses frères, l'ex-Arnulf a besoin de changer de camp pour échapper à la routine, de franchir des « frontières » pour se renouveler, de muer pour s'affranchir de la nécessité d'être lui-même. Quand il trouve les hommes trop durs ou ingrats, il cherche l'affection d'une femme : qui sait où cela le mènera…

Je n'ai jamais pu retourner au cimetière de Grenoble : trop de morts m'attendent au pied de ces montagnes. Je peine aussi à revenir en Corse, un pays idéal pour les enfants, déjà plus rude pour les adultes. N'ayant plus de part dans la maison de Santa-Lucia-di-Mercurio, que les nationalistes ont plastiquée voici quelques années, je rechigne à descendre à l'hôtel comme n'importe quel « pinzutu ». Je rêve de la maison que ma famille aurait dû construire près de la mer, pars découvrir d'autres continents, et laisse passer les saisons.

Notre grand-père s'était résigné à faire interner son fils après la mort de sa femme. Notre oncle Pascal a passé le restant sa vie dans un asile d'Ajaccio, où il mourut à près de soixante-dix ans, délaissé par beaucoup, ses neveux les premiers. Les livres de Catherine Turchini-Zuccarelli n'ont jamais été réédités, comme ceux de son père, le bon docteur Pascal. Mais l'exploitation des eaux d'Orezza, dont Cacou s'était fait l'intarissable propagandiste, a repris avec éclat, comme d'autres productions insulaires : on la trouve désormais dans les meilleurs restaurants du continent. Et les librairies bastiaises vendent encore les souvenirs de son fils Charles, qui manqua tant de fois nous tuer au volant de son Aronde.

Tous ces morts m'ont donné le sens de l'anticipation. Je ne sais pas perdre mon temps, j'entends à chaque seconde l'horloge tinter. Le fleuve de nos vies file vers l'océan de la mort, je *dois* courir plus vite. Je regarde avec un mélange de stupeur et d'envie les natures sereines : comment vivre en paix, quand on connaît déjà la fin de la pièce ? A trente ans, j'en avais mentalement quarante, à quarante, j'ai déjà un pied dans la tombe.

Philippe et moi riions de l'esprit tragique de notre grand-mère : un simple héritage insulaire aggravé par la bigoterie, pensions-nous. Mais le destin, en tuant autour de nous, m'a communiqué en partie son fatalisme. Je vis avec la hantise d'un effondrement qui me fait paraître toute journée paisible comme un petit miracle. C'est moins mon psychisme qui risque de céder (je suis habitué à son instabilité) que la réalité elle-même. Le monde va tomber en ruine, le volcan se réveiller.

J'imagine parfois que la réalité veut se venger de mes efforts constants pour la fuir, ou la contourner. Elle exige de savoir pourquoi je ne fais rien d'*utile* pour elle, contrairement aux millions de soldats qui l'entretiennent et d'employés qui la font marcher. Loin de l'agresser, je lui montre tout le respect que mes aînés n'avaient pas pour elle. Je fais semblant de lui répondre, de m'intéresser à elle, d'approuver ses requêtes ; puis je reprends mon existence.

L'intelligence est souvent la clef de la vie, parfois sa pire ennemie. Celle de mes frères pouvait tourner pour elle seule, sans souci de leurs besoins, en les réduisant au rôle de *mule*. Requis d'écrire aussi leurs livres, je me vis comme le rescapé d'un cirque familial qui aurait eu à reprendre en main tous les numéros, les autres étant tous tombés en vol. Mais je ne veux pas mourir pour la littérature. Je n'ai aucun dédain pour nos besoins élémentaires, même si seuls les livres peuvent assouvir ma vocation de somnambule. Je veille à satisfaire régulièrement mon corps, en le faisant nager et jouir, manger et voyager. Je continue à lui faire faire la vaisselle, la cuisine et un peu de couture, par hygiène. Je tire parfois un plaisir aussi vif à laver une chemisette qu'à écrire une page : j'ai la certitude d'avoir fait quelque chose d'inattaquable. Le slogan qui m'avait tant choqué en 68 m'aura en fin de compte aidé : oui, la culture est parfois l'inversion de la vie.

Nous croyions avoir l'éternité devant nous, dans les années 70. Nous étions convaincus d'être nés jeunes et joyeux, comme nos parents étaient nés vieux et soumis. Notre âge était notre essence, notre désinvolture allait nous préserver contre toute dégradation. *On n'est pas contre les vieux, mais contre ce qui les a fait vieillir !* criions-nous, certains que cette honte nous serait épargnée. Le temps s'est plu à prouver que nous appartenions à la même espèce que nos *vieux*. Certains d'entre nous ont trois fois quatorze ans, d'autres deux fois vingt-sept ans, les derniers ont beaucoup plus que leur âge, plus personne n'est jeune.

Ma génération s'est pensée en bloc, il n'y avait de place que pour les collectifs, les communes et les groupes. La solidarité était censée faire taire les intérêts privés, l'ambition, la jalousie. Qui aurait osé dire que le nuage stupéfiant où nous voguions n'était pas la « vraie vie » ? Comment deviner que notre sentiment d'irréalité devait aussi aux privilèges que nous avions reçus en naissant, dans un pays que l'histoire et la géographie avaient gâté, dans une ville partout enviée ? Comme les héros de *Voleurs*, de Mishima, nous avions perdu *la mesure propre à évaluer le réel*.

Le destin s'est chargé de dissoudre ce noyau d'âge. Projetant les individus à des années-lumière l'un de l'autre, il a creusé les distances entre ces particules autrefois soudées. Il a couvert de succès et d'or les plus doués ou les plus âpres, a relégué dans l'obscurité et la routine la plupart. Il n'a accordé le bonheur qu'à quelques élus, condamnant les autres à des vies de famille bancales ou à un célibat perpétuel. Nous disions en toute occasion *nous* : il n'est plus resté que des monades disant *je*.

Arnulf ne m'apparaît pas toujours sympathique, avec le recul. Aussi fragile que dur, ingrat et immature, il a tous les travers de cette bohème à qui la figure sacralisée de Rimbaud servait encore de caution. Il refuse de se fixer un but, sinon en creux, vit en parasite par rejet intégriste de toute forme d'exploitation. Il veut toujours étendre le champ des possibles, sans rien sacrifier de sa personne, préfère flotter que se réaliser.

Je suis pourtant son héritier. C'est contre lui que je me suis élevé, lors d'une seconde adolescence, mais c'est au nom d'une partie de ses valeurs que j'ai combattu les autres. Je dois donc beaucoup à ce second géniteur, mi-apache mi-glaneur. Encore aujourd'hui, c'est en lui que je puise la force d'échapper aux situations les plus convenues. C'est lui qui se remet à rire des convives, me pousse vers la sortie.

C'est un privilège d'être en vie. Ce le fut doublement de l'être dans les années 70, tout est plus morne et âpre aujourd'hui. Je remercie le sort d'avoir permis à Bastien le trotskyste puis à Arnulf le maoïste de s'épanouir alors, et de les avoir retirés sans trop de dommages du jeu. Ils m'ont fait vivre des choses dont j'aurais tout ignoré, loin du climat si particulier d'alors. Ils m'ont donné le plaisir d'être sur terre au moment précis où j'aurais souhaité surgir.

Il n'y a plus que Bruno Guattari, le fils de Félix, Maren Sell l'éditrice, Merri Jolivet et Guy de Rougemont, ces deux piliers de la « Jeune Peinture », pour m'appeler *Arnulf* quand je les croise dans la rue. Celui que j'étais alors pointe le bout du nez, au seul rappel de son nom, mais c'est bien moi qui leur parle. J'essaye de faire cohabiter ces deux moi-mêmes, durant notre échange, mais la formule est instable. Aucun ne détient ma vérité, me semble-t-il, je ne suis pas ma propre essence, Philippe me le faisait déjà remarquer. « Les actes, les émotions, les idées s'installent brusquement chez un personnage, y font leur nid, le quittent, sans qu'il y soit lui-même pour grand-chose », écrit Sartre des romans de Dos Passos : c'est ainsi que je me vois à travers le temps.

Les cinq années qu'Arnulf aura vécues, après Bastien, forment une petite vie dans la grande, comme la bulle d'air dans le niveau des menuisiers. Cette mesure brisée, il ne me fut pas facile de restituer l'air si particulier de ce temps-là, avec son piquant fait de pollens, de haschich et de gaz lacrymogènes. « Si vous vous souvenez des années 60, c'est que vous n'y étiez pas », a écrit un critique rock : il aurait pu en dire autant des années 70, qu'une malédiction littéraire a longtemps poursuivies.

Ce passé qui s'éloigne aurait fini par me devenir incompréhensible, sous la masse des clichés qu'il a engendrée, sans l'effort de réminiscence que ces pages ont exigé. « Cette réalité que nous risquerions fort de mourir sans l'avoir connue, et qui est tout simplement notre vie » (Proust), seule la littérature pouvait la ressusciter, dans sa vérité quintessentielle, tout intérieure, au contraire des photos et des films, si trompeurs dans leur évidence.

Ces années appartiennent désormais à l'Histoire et pourtant leur fraîcheur, leur démesure font encore rêver. Le communisme sexuel et locatif a beau être tombé en désuétude, une partie de la vie des trentenaires d'aujourd'hui a été conçue alors, parfois aussi de leur idéologie. La nostalgie ne constitue jamais une bonne politique, mais elle traduit à l'occasion une intuition fondée : on ne reverra pas de sitôt une époque si excessive. Nos vieux pays n'en ont plus les moyens, ni même l'envie. Chacun a trop réellement peur de la misère pour s'offrir le luxe de tout renverser.

Toujours intense, parfois fatal, ce « moment » incarne l'essence même de l'existence, si on la tient aussi pour un processus envoûtant de destruction. Si peu ont su se tenir au niveau d'exubérance et d'insoumission qu'il promettait ! Et les autres l'ont payé parfois si cher... Pour s'être incarnée dans celle de mon frère aîné, la folie de cette époque m'est doublement inoubliable.

Je serais curieux de croiser Arnulf, au carrefour Saint-Séverin par exemple. Subirais-je son charme, son ambiguïté ? M'agacerait-il par son inexpérience ? Reconnaîtrais-je enfin ce que je lui dois, et le remercierais-je d'avoir tout essayé, avant de me forcer à reprendre des études ? Je ne suis plus ou moins certain que d'une chose : il me reprocherait de l'avoir trahi, en prenant ma place dans la société. Que pourrais-je lui rétorquer ? Qu'il était sans aucun doute un personnage de cette génération si occupée d'elle-même, mais qu'il n'était pas de taille à survivre dans les marges, qu'il était destiné à terme à être « récupéré », faute d'avoir la force de risquer de mourir en dissident ? Le dialogue tournerait à l'incompréhension, je le crains. Arnulf se fâcherait en me voyant afficher le petit sourire que déjà Philippe lui opposait. Je me vexerais à mon tour en m'entendant traiter de cynique, ou de désabusé. Chacun a ses raisons.

Sur un point je lui suis resté fidèle : je n'obéis toujours à aucun horaire, je ne suis l'employé ni le maître de personne. En m'encourageant à vivre pour les livres, le fantôme de notre fratrie me condamne néanmoins à travailler plus durement que quiconque. Mais c'est bien cette discipline qui m'a lancé à la découverte de cet ancien *moi*, lequel doit autant à ses frères qu'à sa génération et qui se serait à nouveau dissous en eux, à jamais, si je n'avais tenu à le reconstituer dans *son biotope*, comme dirait un savant.

J'ai longtemps cru que le hasard dictait mon destin, même si j'en étais *physiquement* l'auteur. Le temps passant, je le vois comme la réalisation dans le monde visible d'un texte caché dont mes frères seraient les cosignataires, mais dont le vrai inspirateur serait l'esprit d'enfance, avec ce qu'il suppose de refus de la réalité, de désobéissance civile, d'insolence spontanée et de rage autodestructrice. Mais j'avais aussi conscience que ma génération *s'écrivait* à travers moi, entre autres, et que j'aurais un jour à témoigner d'elle. J'avais tant lu avant de vivre que je gardais tendance à voir les choses de façon littéraire. Ce livre s'est en quelque sorte élaboré en moi, à mon insu ou presque, à mesure des années. Il n'attendait qu'un prétexte pour se matérialiser. Je n'ai eu qu'à en dérouler les volumes.

Les géniteurs d'Arnulf furent nombreux. Un élève de Charlemagne avait baptisé cet autre moi-même, alors que j'arrivais à un cours sur le Moyen Age avec un certain Guérault. « Tiens, voilà Arnulf et Guérulf ! », avait ironisé Fabrice Coat, qui faisait du troc dans la cour du lycée, échangeant des vélomoteurs contre des chaînes hi-fi rafistolées, à quinze ans déjà. Après avoir ouvert les Bains-Douches, la seule boîte qui sut rivaliser avec le Palace, Fabrice Coat est devenu producteur.

Je faisais des recherches sur Chamfort à la Bibliothèque nationale quand je tombai sur François Moureau, le professeur devant qui j'avais fait mon exposé sur Gide, peu après 68. Je lui appris que j'avais écrit une pièce sur Madame du Deffand et Julie de Lespinasse qui venait d'être créée par Madeleine Renaud. Ce dix-huitiémiste m'avoua qu'il était un spécialiste de la première, mais connaissait mal la seconde, pourtant sa nièce et confidente. « Tiens, vous aussi », fis-je avec un petit sourire, heureux de lui renvoyer sa formule, quinze ans plus tard.

Je n'ai plus jamais eu de nouvelles de Serge, le lycéen avec qui je pris des drogues durant tout un été, en Auvergne. Il habite encore la même adresse, si j'en crois l'annuaire, une rue voisine du Palais-Royal que je traverse chaque jour en bus, en me disant que je finirais bien par croiser sa silhouette.

Je ne sais pas ce qu'est devenu Raymond B., qui posa des bombes sous les gradins de la Bastille, pour le 14 Juillet de Giscard. On ne trouve pas trace de lui via Internet, sans doute refuse-t-il de nourrir les moteurs de recherche, ces pieuvres. Autre membre de la cellule d'Aligre qui voulut m'entraîner dans la lutte armée, Marc S. ressurgit en 1982 de la façon la plus étrange. Le 2 avril de cette année, il se passa « enfin » quelque chose avenue Ferdinand-Buisson : le second attaché de l'ambassade d'Israël, chef du Mossad en France, y fut abattu, peu avant qu'une voiture n'explose rue Marbeuf en faisant un mort et soixante-trois blessés : tout comme la bombe qui venait d'exploser dans le Capitole, tuant cinq passagers, l'attentat montrait la détermination de Carlos le Chacal à obtenir la libération de sa maîtresse et de son lieutenant parisien, arrêtés dans un parking autour d'une voiture abritant cinq kilos de penthrite.

Marc S. fut jeté à son tour en prison pour avoir acheté, préparé et maquillé l'automobile : les policiers avaient découvert chez lui des fausses cartes d'identité et un pistolet. Un travail bâclé, le véhicule tout cabossé affichait des plaques d'immatriculation flambant neuves, on avait même parlé de coup fourré…

Beaucoup des gens croisés dans ce livre sont morts, de maladie ou d'accident, faute de vouloir, ou de pouvoir, mener une vie ordinaire. Thierry Jonquet, qui me fit entrer à Lutte ouvrière, s'est imposé comme l'un des auteurs du renouveau du polar français, à la suite de Jean-Patrick Manchette. Marqués d'abord par l'espérance internationaliste, ses livres finirent par dénoncer le péril islamique et la criminalisation des banlieues. Il vient de mourir d'un arrêt cardiaque et, surprise !, Almodovar s'apprête à adapter un de ses livres.

Après avoir dirigé la GP et servi d'Antigone à Sartre, Pierre Victor découvrit la pensée d'Emmanuel Levinas, puis les textes fondateurs auxquels elle se référait. La Thora finit par remplacer *Le Capital*, et la religion l'idéologie ; Levinas fut répudié à son tour et sa pensée de l'ouverture condamnée, dans des livres toujours plus abscons. Tout comme Pierre Victor allait partout disant l'ouvrier dépositaire d'une essence morale et historique, Benny Lévy se mit à prêcher l'absolu dont le nom juif serait porteur, sans paraître faire le rapprochement. Brillant à l'oral, son style était aussi toujours lourd à l'écrit : la lettre meurt, privée de corps.

Chassé de Dhuizon et de la rue de Condé, durement atteint par la mort de sa mère, la dépendance à l'héroïne de sa compagne et l'esprit mercantile des années 80, Félix Guattari mourut en 1992 d'une crise cardiaque. Une foule imposante, émue et joyeuse, suivit son corps à travers les sous-bois du Père-Lachaise au son de l'accordéon. J'y retrouvai Arlette Donati, après quinze ans de séparation. Etablie en Sologne, non loin de Dhuizon, elle me confia sa joie d'avoir pour patients des paysans ignorant tout de la psychanalyse, contrairement à ses analysants parisiens, et je ne pus m'empêcher de penser à Pierre, mon frère si savant et malheureux. La plupart de ses collègues rêvaient d'écrire, elle s'était accomplie en donnant vie à deux enfants.

Elle mourut quelques années plus tard d'une rupture d'anévrisme.

Ironie du sort : Bruno Guattari, l'aîné des deux fils du coauteur de *L'Anti-Œdipe*, conditionne des poudres chocolatées, comme son grand-père.

En juin 2006, découvrant les polaroïds érotiques de Robert Mappelthorpe au Whitney Museum de New York, je tombai en arrêt devant le visage jeune, frais et souriant pour l'éternité du garçon qui avait introduit Arnulf chez Frédéric Mitterrand : la légende indiquait juste « François », sans nom de famille, comme si le photographe, son amant d'un temps, n'était parvenu à le sauver qu'à moitié de l'oubli. Après avoir écrit une pièce en alexandrins, *Fin de race*, François Wimille est mort du sida, dans les années 80. Tout comme Michel Foucault, Hervé Guibert, Copi, Emmanuel Pereire, le peintre du 7 et tant d'autres, frappés au cœur d'une époque qui avait fait du plaisir son ultime combat contre l'ordre et l'ennui...

Olivier de Magny, dont les préfaces m'intriguaient tant au 35, a rejoint Robert Pinget, Julien Gracq et Maurice Blanchot dans la tombe, avec déjà moins de livres sous le bras.

Mon oncle Emile est aujourd'hui maire de Bastia, comme son père autrefois.

L'auteur d'une autobiographie poignante, *La Mauvaise Vie*, et d'une adaptation de *Madame Butterfly*, l'opéra de Puccini, Frédéric Mitterrand, est aujourd'hui ministre. Qui l'aurait imaginé, en le voyant se battre contre la bande de Gros Débile ?

Maren Sell est l'éditrice française de son ami Peter Sloterdijk. Anne Berger, qui m'empêcha de quitter le concours des Ipes, a remplacé sa mère à la tête du département d'études féminines de l'université Paris-VIII, à Saint-Denis. Après avoir dirigé pendant dix ans la Cinémathèque, avec Philippe à ses côtés, Dominique Païni est entré au Centre Pompidou où il a monté la rétrospective qui contribua à donner à Cocteau une seconde jeunesse : Philippe vit, parle, s'épanouit, quand nous nous voyons, il n'est même pas besoin de le citer.

Jacques Fieschi est scénariste et réalisateur, Charles Najman cinéaste et essayiste, les pastiches de Bernard Minoret viennent d'être réédités. Et mon frère Jérôme vient de refaire brusquement surface.

Da capo

A l'été 2008 j'entre à l'hôpital Cochin. On m'endort, m'ouvre le ventre et me recoud.

Je me réveille parmi des malades hors d'âge, passe deux jours face à un homme sénile qui ne cesse de vouloir s'évader de son lit à barreaux et un cancéreux qui, ne tolérant pas la sonde implantée dans son urètre, finit par l'arracher aux toilettes, d'où il ressort couvert de sang et d'excréments.

J'ai l'impression d'être dans l'antichambre de ce pays sans fond où mes aînés m'attendent.

J'obtiens d'être soigné parmi des vieux un peu moins cabossés. Ils regardent sans fin la télévision, baissent un peu le son quand ils reçoivent une visite, le remontent puis s'endorment.

L'un finit par accepter d'éteindre son poste afin que je puisse lire. Il me presse en échange de lui faire la conversation. C'est un homme courtois, plutôt frais, avide de confidences. Sa vie a été bouleversée après qu'il a eu l'idée *formidable*, la retraite venue, de s'inscrire dans un club de bridge. Il passe depuis son temps en entraînements et en tournois – « un carreau, deux cœurs, deux sans-atout ».

C'est le *Mané, Thécel Pharès* du festin de Balthazar…

Je revois les habitants du 35 qui saluaient mon père en levant leur chapeau, et tiraient fierté d'appartenir au club de bridge de l'avenue de Versailles. La pression exercée par le vide hospitalier fait ressurgir, par contrecoup, des pans entiers de mon enfance, au cœur de ce royaume du néant ; le choc de l'opération révèle la carotte d'apesanteur que le quartier avait creusée en moi. Je revois la main de mon père introduire la clef Fichet dans la serrure, le couloir menant au salon, Pierre, Philippe et moi-même lisant dans nos lits gigognes, ce monde nourri de lectures croisées et d'énigmes qui intriguaient tant Clodion le chevelu.

Cet enfant-là vit encore en moi, autant que l'adolescent qui lui succéda. C'est grâce à lui que j'aime rire et danser, c'est lui qui m'a permis de survivre à tout, comme d'endosser tant de personnages. Je le regarde avec reconnaissance et regret, comme l'adulte que je suis devenu sera sans doute vu par celui qui me succédera, dans vingt ans.

Si je suis encore là.

TABLE

Cet ouvrage a été imprimé
en juillet 2010 par

CPI

FIRMIN-DIDOT

27650 Mesnil-sur-l'Estrée
N° d'édition : 16350
N° d'impression : 101122
Dépôt légal : août 2010

Imprimé en France

Cet ouvrage a été composé
par IGS-CP à L'Isle-d'Espagnac (Charente)